당송 예악지 역주 총서 06

구당서
여복지

신당서
거복지

이 책은 2018년 대한민국 교육부와 한국연구재단의 지원을 받아 수행된 연구임
(NRF-2018S1A5B8070200)

당송 예악지 역주 총서 06

구당서
여복지
신당서
거복지

연세대학교 중국연구원
당송 예악지 연구회 편

學古房

　연세대학교 중국연구원은 부상하는 중국에 대한 전문적인 연구의 필요성에 부응하고자 설립되었다. 본 연구원은 학술 방면뿐만 아니라 세미나, 공개강좌 등 대중과의 소통으로 연구 성과를 사회적으로 확산하는 데 노력해왔다. 그 일환으로 현재의 중국뿐만 아니라 오늘을 만든 과거의 중국도 중요하다고 판단하고 학술연구의 토대가 되는 방대한 중국의 고적古籍에 관심을 기울였다. 중국 고적을 번역하여 우리의 것으로 자기화하고 현재화하려는 중장기적 목표를 세우고, 이를 단계적으로 추진하고자 '중국 예악禮樂문화 프로젝트'를 기획하였다. 그 결과 '당송 예악지 연구회'는 2018년 한국연구재단의 중점연구소 지원 사업에 선정되어 출범하였다.

　중국 전통문화의 중요한 특성을 대변하는 것이 바로 예악이다. 예악은 전통시대 중국을 포함한 동아시아 국가 체제, 사회 질서, 개인 간의 관계를 설명할 수 있는 중요한 개념이다. 국가는 제사를 비롯한 의례를 통해 정통성을 확보하였고, 사회는 예악의 실천적 확인을 통해 신분제 사회의 위계질서를 확인하였다. 개개인이 일정한 규범 속에서 행위를 절제할 수 있었던 것 역시 법률과 형벌에 우선하여 인간관계의 바탕에 예악이 작동했기 때문이다.

　이렇게 예악으로 작동되는 전통사회의 양상이 정사 예악지에 반영되어 있다. 본 연구원이 '중국 예악문화 프로젝트'로 정사 예악지에 주목한 이유도 이것이다. '당송 예악지 역주 총서'는 당송시대 정사 예악지를 번역 주해한 것이다. 구체적으로 『구당서』(예의지·음악지·여복지), 『신당서』(예악지·의위지·거복지), 『구오대사』(예지·악지), 『송사』(예지·악지·의위지·여복지)가 그 대상이다. 여복지(거복지)와 의위지를 포함한 이유는 수레와 의복 및 의장 행렬에 관한 내용 역시 예악의 중요한 부분이기 때문이다.

'당송 예악지 역주 총서'는 옛 자료에 생명력을 부여하는 작업이다. 인류가 자연을 개조하고 문명을 건설한 이래 그 성과를 보존하고 전승하는 중요한 수단 중의 하나는 문자였다. 문자는 기억과 전문傳聞에 의한 문명 전승의 한계를 극복해준다. 예악 관련 한자 자료는 그동안 접근하기 어려워서 생명력이 없는 박물관의 박제물과 같았다. 이번에 이를 우리말로 풀어냄으로써 동아시아 전통문화를 보다 정확히 이해하는 데 토대가 되길 기대한다. 이 총서가 우리 학계를 포함하여 사회 전반에 중요한 자산이 되길 바란다.

연세대학교 중국연구원 원장 김현철

일러두기

1. 본 총서는 『구당서』 『신당서』 『구오대사』 『송사』의 예악禮樂, 거복車服, 의위儀衛 관련 지志에 대한 역주이다.

2. 중화서국中華書局 표점교감본標點校勘本을 저본으로 사용하였다.

3. 각주에 [교감기]라고 표시된 것은 중화서국 표점교감본의 교감기를 번역한 것이다.

4. 『구당서』 『신당서』 [교감기]에서 약칭한 판본은 구체적으로 다음과 같다.

    殘宋本(南宋 小興 越州刻本)

    聞本(明 嘉靖 聞人詮刻本)

    殿本(淸 乾隆 武英殿刻本)

    局本(淸 同治 浙江書局刻本)

    廣本(淸 同治 廣東 陳氏 菊古堂刻本)

5. 번역문의 문단과 표점은 저본을 따르는 것을 원칙으로 하되, 원문이 너무 긴 경우에는 가독성을 위해 문단을 적절히 나누어 번역하였다.

6. 인명·지명·국명·서명 등 고유명사는 한자를 병기하되, 주석문은 국한문을 혼용하였다.

7. 번역문에서 서명은 『 』, 편명은 「 」, 악무명은 〈 〉로 표기하였다.

8. 원문의 주는 【 】 안에 내용을 넣고 글자 크기를 작게 표기하였다.

9. 인물의 생졸년, 재위 기간, 연호 등은 ( )에 표기하였다.

구당서 「여복지」와 신당서 「거복지」 해제

1. 『구당서』와 『신당서』의 서지사항

『구당서』는 후진後晉 천복天福 5년(940)에 고조 석경당의 명으로 착수해서 개운開運 2년(945)에 완성되었다. 유후劉昫가 총 책임을 맡았고, 장소원張昭遠, 가위賈緯, 조희趙熙, 정수익鄭受益, 이위광李爲光 등과 재상 조영趙瑩이 편수에 참여하였다. 모두 200권이며, 본기 20권, 지 30권, 열전 150권에 달한다. 북송대에 『신당서』가 나온 뒤로 원본이 유실되었다. 명 가정嘉靖 연간(1522~1566)에 문인전聞人詮이 두 종류의 송宋 소흥잔본紹興殘本을 얻어 상호 보수하여 복각함으로써 비로소 『구당서』가 세상에 전해질 수 있었다.

당의 289년간은 전쟁이 잦았으며, 특히 당 중기에 일어난 안사의 난이나 당 말기 번진의 할거 등의 변란으로 사료를 보존할 수 없는 지경에 이르렀다. 하지만 『구당서』는 당이 멸망한 후 30여 년 만에 찬술되어, 비교적 상세한 사료를 직접 사용할 수 있었다. 그래서 비록 송나라 사람들로부터 정밀하지 못하다는 평을 받았지만, 1차 사료를 보존하고 있다는 점에서 가치가 있다. 특히 숙종 시대에 편찬된 『국사國史』는 『구당서』를 편수하는데 중요한 근거 자료로 제공되었다. 그 밖에도 『구당서』 「여복지」는 『대당개원례大唐開元禮』『당육전唐六典』『당회요唐會要』『동전通典』『속회요續會要』『대중통류大中

統類』1)『곡대신례曲臺新禮』2) 등을 참고하였다. 당 무종 이후, 헌종, 의종, 희종, 소종, 애종 시기는 실록조차 남아 있지 않아서, 이 시대의 역사적 사실은 개인이 소장한 책이나 문집 등에서 채록하기도 하였다. 다양한 방면의 사료에서 채록하다 보니 가공되지 않은 당시의 사료를 그대로 전하는 부분도 많다. 예를 들어 "금상천조今上踐祚" "상즉위上卽位" "상초즉위上初卽位" "본조本朝"라는 표현은 바로 그러한 사실을 보여주는 부분이다. 황제의 조령詔令이나 관리들의 장주章奏, 의문議文 등을 그대로 수록한 부분도 생생한 사료를 전해 주는 대목이다.

『신당서』는 송 인종仁宗 경력 5년(1045)에 시작해서 가우嘉祐 5년(1060)년에 완성되었다. 전체 225권에 본기 10권, 지 50권, 표 15권, 열전 150권에 달하며, 당대의 문장가였던 송기宋祁, 구양수歐陽修를 비롯하여 범진范鎭, 여하경呂夏卿, 왕주王疇, 송민구宋敏求, 유희수劉羲叟 등이 참여하였다. 본기와 지, 표는 구양수가, 열전은 송기가 주도하였다. 『신당서』는 송대 이후 명청대까지 줄곧 정통의 자리를 유지하여 대부분 『신당서』를 읽었으며, 『구당서』를 읽지 않았다고 한다. 판본은 남송대의 각본 4종 외에도 원, 명, 청대를 거치며 꾸준히

---

1) 『大中統類』는 劉瑑이 宣宗 大中(847~859) 초에 지은 법률서다. 大中初, 轉刑部侍郎. 瑑精於法律, 選大中以前二百四十四年制敕可行用者二千八百六十五條, 分爲六百四十六門, 議其輕重, 別成一家法書, 號大中統類, 奏行用之.(『舊唐書』 권177 「劉瑑傳」)

2) 『曲臺新禮』는 태상박사였던 王彦威가 지은 30권의 예서다. 元和十三年, 太常博士王彦威爲曲臺新禮三十卷.(『新唐書』 권11 「禮樂志」1)

복각이나 영인되어 보전되었으며, 소장처는 북경도서관, 국자감, 일본정가문고日本静嘉文庫 등 다양하다.

　『구당서』가 오대십국의 혼란기에 단 4년에 걸쳐 편찬되었던 것에 비하면, 『신당서』는 17년이라는 긴 기간에 걸쳐 편찬되었다. 『구당서』가 북송인들에게 체계가 없고, 정밀하지 못하다는 평을 받았기에 『신당서』는 이러한 부분을 수정하여 많은 사실을 서술하면서도 문장은 더 간결하게 완성되었다. 『신당서』는 당인의 문헌 및 당나라 역사 저작을 고루 사용하여 신중하게 선별하여 편찬하였는데, 그 중 참위나 기담 등의 내용은 삭제하였다. 그래서 『신당서』 본기의 경우는 『구당서』 본기의 10분의 7을 덜어냈다.3) 『신당서』는 『자치통감』의 편수 시기와 가까운데, 『자치통감』을 편수하면서 사마광이 300여 종의 사료를 참고하였다고 하므로, 『신당서』 역시 그 정도의 사료를 사용하였을 것으로 생각된다.

　『신당서』 「거복지」는 『구당서』 「여복지」를 기반으로 하였지만 『구당서』에는 없는 부분들도 많이 수록되어 있다. 『책부원귀册府元龜』 『태평어람太平御覽』 『정관정요貞觀政要』 『한창려집韓昌黎集』4) 『육선공한원집陸宣公翰苑集』5) 『백씨장경집白氏長慶集』6) 『조야첨재朝野僉載』7) 등과 같이 『구당서』에서는 참고하지 않았던 새로운 사료들을

---

3) 瞿林東, 『二十五史隨話』, 人民敎育出版社, 1988, 75쪽.
4) 『韓昌黎集』: 韓愈(768~824)의 문집이다.
5) 『陸宣公翰苑集』: 陸贄(754~805)의 문집이다.
6) 『白氏長慶集』: 白居易(722~846)의 시집이다. 시 2,800여 수가 수록되어 있다.

수록하고 있다[8])는 점에서 사료적 가치가 높다.

2. 『구당서』 「여복지」와 『신당서』 「거복지」의 구성과 체제

『구당서』 「여복지」와 『신당서』 「거복지」는 당대를 살아가던 사람들이 어떤 옷을 입었는지, 어떤 이동 수단을 이용하였는지, 또 어떤 장신구를 애용하였는지, 일상생활에서는 어떤 용구들을 사용하였는지 등을 알 수 있는 사료다. 물론 황실과 관료들의 생활을 주로 반영하여 일반인들에 관한 내용이 소략하다는 한계가 있지만, 수레나 기마, 복식, 장신구, 인장, 의장 등의 내용을 다양하게 수록하여, 당나라 각 계층의 사회활동의 면모를 엿볼 수 있는 귀중한 자료이기도 하다.

1) 『구당서』 「여복지」의 구성과 체제

『구당서』 가운데 지志는 「예의지」 7권, 「음악지」 4권, 「역지」 3권, 「천문지」 2권, 「오행지」 1권, 「지리지」 4권, 「직관지」 3권, 「여복지」 1권, 「경적지」 2권, 「식화지」 2권, 「형법지」 1권으로 구성되어 있다. 그 중 「여복지」는 여덟 번째 지에 해당하는데, 대개 「여복지」가 예악과 연관되어 긴밀하게 편집되었던 종래의 사서와는 달리 「지리지」, 「직관지」 뒤에 편재되었다.

---

7) 『朝野僉載』: 張鷟(660~740)이 지은 당대의 소설집으로, 조야의 숨은 이야기들이 많이 실려 있는데, 특히 측천무후 시기의 일이 자세하다.
8) 華梅, 『中國歷代《輿服志》研究』, 商務印書館, 2015, 260쪽.

『구당서』「여복지」를 살펴보면, 당나라가 수나라의 제도를 계승하면서도 전대의 연혁을 섭렵하고 구례舊禮의 복원을 시도한다는 취지에 맞추어 구성하였다. 여복제도의 기원, 수나라의 여복제도, 당나라의 여복제도를 순차적으로 서술하고 있다. 또 옛 의례를 참고하면서도 현실을 반영하여 계통성을 갖추었다고 평가된다.[9] 내용상으로는 현종 이전의 사료는 『대당개원례』에서 가져온 것이 많다.

『구당서』「여복지」의 구성의 특징은 첫째, 무덕령을 그대로 수록하고 있는 부분이 많다. 둘째, 관료들의 상주문과 의문이 많은 분량을 차지하고 있다. 장손무기長孫無忌의 상주문과 중서령中書令 장열張說의 상주문 외에도 황제가 관료들에게 논의하도록 한 후 상주된 논의문을 그대로 수록한 부분도 있다. 셋째, 시대적 변화의 요소를 반영하고 있다는 점이다. 예법이 엄준하더라도 복식은 편의와 개성을 반영하는 것이기에 시대에 따라 유행이 있기 마련인데, 「여복지」에서는 이러한 현상에 대해서도 언급해 놓았다.

『구당서』「여복지」의 체제는 여복제도의 기원, 수나라의 여복제도, 당나라의 여복제도의 순으로 서술하고 있으며, 당나라 부분에서는 수레제도, 복식제도의 순으로 서술하였다. 수레제도의 경우는 천자의 8종의 수레, 황후, 황태자, 왕공·친왕, 내명부부인內命婦夫人의 수레제도를 서술하고, 마지막 부분은 고종 이후에 수레보다는 기마를 선호하였음을 기록하여 시대적 변화를 밝히고 있다.

복식제도의 경우는 천자, 황태자, 관료의 복식, 조복朝服, 패수珮綬, 훈관 및 직사관, 유외관流外官의 복식, 연복讌服, 어대魚袋, 고습

9) 華梅, 앞의 책, 2015, 185쪽.

褌褶 등을 서술한 후, 비로소 무덕령에 의한 황후의 복식제도, 황태자비, 내외명부內外命婦 순으로 서술하였다. 말미에는 당시 호풍胡風이 유행하여 상하의 구별이 어려워졌으며, 이로 인해 사회기강이 문란해졌다고 서술하고 있다.

『구당서』 「여복지」의 체제에서 특히 복식제도의 경우 면복, 조복, 공복의 순서에 따라 천자의복, 황태자, 관료복, 황후복, 황태자비복, 내외명부복을 서술해서 남성의 복식을 앞에, 여성의 복식을 뒤에 서술하는 방식으로 서술되었다. 또 남성복과 여성복 사이에는 연복, 건자巾子, 어대, 고습 등 여러 용품에 대해 서술하고 있어서 남성복 중심의 서술을 반영하고 있는 것으로 평가되기도 한다.[10]

2) 『신당서』 「거복지」의 구성과 체제

『신당서』는 「예악지」 12권, 「의위지」 2권, 「거복지」 1권, 「역지」 9권, 「천문지」 3권, 「오행지」 3권, 「지리지」 8권, 「선거지」 2권, 「백관지」 5권, 「병지」 1권, 「식화지」 5권, 「형법지」 1권, 「예문지」 4권으로 구성되어 있다. 『신당서』에서는 특히 지志를 중시하여 『구당서』에 없는 「의위지」, 「선거지」, 「병지」 등이 새롭게 편입되었다. 대부분의 25사가 「여복지」라는 명칭을 사용하였던 것과 달리, 『신당서』에서만 「거복지」라는 명칭을 사용하였다. 또한 『신당서』에서는 「예악지」, 「의위지」 다음으로 「거복지」를 편재함으로써 이 셋의 연관성을 보여준다.

『신당서』 「거복지」에서는 당나라의 거복제도가 수나라의 제도를

---

10) 黃正建, 「《舊唐書·輿服志》與《新唐書·車服志》比較研究」 『藝術設計研究』, 2019.04.

계승하였다는 점을 단 한 문장으로 압축하고, 수레제도와 복식제도를 서술하고 있다. 수레제도의 경우는 천자, 황후, 부인夫人, 황태자, 친왕 및 무관직, 왕공의 순으로 서술하였다. 복식제도의 경우는 천자, 황후, 황태자, 황태자비, 군신, 구복具服[조복], 명부인복命婦人服, 친왕이나 관료들의 혼례복이나 부인의 복식을 서술하였다. 다음으로 천자와 태황태후·황태후·황후·황태자 및 황태자비의 새璽를 서술하였다. 다음으로 각 관부에 지급하였던 부符에 대해 상세히 서술하였고, 5품관 이상의 관료에게 지급하였던 어대를 상술하였는데, 어대는 일종의 신분 증명용품이었다. 다음으로 능포綾袍나 복두襆頭 등에 대해서 서술하였을 뿐만 아니라 유외관·서인庶人·부곡部曲·노비奴婢의 복식에 대해서도 언급하고 있다.

『신당서』「거복지」역시 고조 이래 태종, 고종, 측천무후 시기의 변화를 서술하였는데, 『구당서』에서 추려진 상주문을 일부 서술하여 해당 시대의 문제 제기와 논의과정을 기술하였다. 마지막으로 문종 대에 내려진 의복령의 개정안을 소개하고 있는데, 내용의 요지는 당시의 사치가 법도를 어기고 있음을 지적하고 금령을 제정하여 공표하였음을 보여주고 있다.

『신당서』「거복지」구성의 특징은 첫째, 『구당서』와 달리 의복령이나 상주문, 의문 등을 대폭 생략하여 수레제도와 복식제도를 이용자와 용도에 따라 간결하게 정리하고 있다. 둘째, 『구당서』에서는 기술하지 않았던 새, 부, 어대 등에 대해서 상술하고 있다. 이것은 『신당서』가 『구당서』에서 누락된 부분을 보충하기 위해 편수되었다는 점을 잘 보여주는 부분이라고 생각된다. 셋째, 황제나 고위관료뿐만 아니라, 하급관리, 서민, 상인들의 일상을 엿볼 수 있는 내용을 서술하고 있다.

『신당서』「거복지」의 체제는 천자, 황후, 황태자, 황태자비, 군신群
臣, 명부의 복식으로 나누어 서술하고, 뒷부분에 다시 평상복 및 어
대, 건자 등 여러 용품에 대해 서술하였는데, 이러한 점은 『구당서』
의 서술 태도와는 다른 점이다. 전반적으로 황제나 황실을 더 중시
하는 태도를 보여준 것이 아닌가 생각된다.

3. 『구당서』「여복지」와 『신당서』「거복지」의 내용

「여복지」나 「거복지」의 내용은 수레 및 수레장식, 의복 및 장신구,
신발, 의장용 깃발 및 수레 행차대열 장식을 모두 포괄하고 있다.
『후한서』, 『진서』, 『남제서』, 『구당서』, 『송사』, 『금사』, 『원사』, 『명사』,
『청사고』에는 「여복지」로, 『신당서』에는 「거복」라는 이름의 독립
된 지로 찬술되었고, 『위서』, 『송서』, 『수서』에서는 「예지」 혹은 「예
의지」에 포함되어 찬술되었으며, 『요사』에서는 「의위지儀衛志」 속에
들어 있다. 『신당서』의 경우에는 「거복지」 외에도 「의위지」에서 수
레 행차와 의장대의 구성을 서술해 놓고 있어서 이 또한 함께 보아
야 할 자료다.

1) 『구당서』「여복지」의 내용 및 특징

『구당서』「여복지」에서는 상고시대 의복제도의 기원에서부터 수
나라까지의 복식과 수레제도의 발전과정을 소략하게 서술하였다.
그리고 수나라의 제도에 대해서는 수레제도와 복식제도를 서술하고
신분에 따라서 친왕 이하 관리들이 갖추어 입어야 하는 옷과 관, 기

타 부속물 등을 간략히 소개하였다.

먼저 수레제도에 대해서 서술하였다. 천자의 수레 오로五輅 제도 규정을 설명하고, 고종 때부터 현종 때까지의 변화를 기술하였다. 이후 황후의 수레, 황태자의 수레, 왕공, 친왕 이하 품계에 따른 관리들에 관한 수레 규정을 전하고 있으며, 마지막으로 내명부 부인의 수레 규정을 수록하고 있다.

다음으로 복식제도에 대해서 서술하였다. 천자가 입는 옷에 대해서 대구면大裘冕, 곤면袞冕, 별면복鷩冕服, 취면복毳冕服, 수면繡冕, 현면복玄冕服의 문양과 형태를 소개한 후 각각의 의복을 어떤 때에 입는지 서술함으로써 의례의 종류에 따라 어떤 복식을 입었는지 알수 있다. 다음으로는 천자가 쓰는 관에 대해서 관의 모양과 각각 어떤 때 썼는지를 기록하였다. 태종 때에는 황제의 복식에 관한 변화가 적지 않게 나타나는데, 익선관을 만들어 쓴 것이나, 황제의 제사복을 옛 전장에 의거하여 개정하자는 논의에 의해서 신례를 개정한 것등 시대에 따른 변화를 서술하고 있다.

황태자의 복식에 대해서는 먼저 무덕령의 규정을 서술하고, 이어 영휘 연간(650~655) 이후 곤면, 조복, 공복만을 입었다거나, 말을 타면 고습을 입고 진덕관을 쓰고 나머지는 폐지하였다는 등의 내용을 통해 시대에 따른 변화가 있었음을 서술하였다. 개원 26년(738) 숙종을 황태자로 책봉할 때에 태상이 강사포를 입는다는 의주를 올렸는데 이에 대해, 황제의 복식과 같아진다는 표가 상주되어 논의하였고, 그 논의문이 상주되어 칙령으로 공표되었던 기록도 있다. 또 관료들의 복식을 품계나 직종에 따라 서술하였다. 또 각각의 의례에 맞는 복식을 소개하였다. 그 다음으로는 황후의 복식제도를 소개하였다. 그 뒤로 황태자비, 내외명부 복식을 소개하였다.

『구당서』「여복지」의 내용은 대개 고조의 무덕령에서 출발하여, 태종 때에 추가되거나 변경된 부분을 소개하고, 고종과 측천무후 시기의 변화를 기술하였으며, 다시 현종 때에 개정된 내용을 소개하는 데 그치고 있다. 현종 이후의 내용에 대해서는 사료의 부족으로 서술하지 못하였을 것으로 짐작된다.

『구당서』「여복지」에는 상주문이나 논의문이 수록되어 있다. 말미에는 좌사랑중左司郎中 당소唐紹가 올린 상소문이 덧붙여 있는데, 그 내용은 당시의 장례에서 법령의 한도를 넘어서 명기나 용俑이 사용되고 있음을 지적하고, 영을 어기는 자에 대해서는 처벌할 것을 상주하였고, 이를 황제가 재가하였다는 내용이 더하여져 있다.

2) 『신당서』「여복지」의 내용 및 특징

『신당서』는 「여복지」가 아니라 「거복지」다. 『구당서』와 달리 상고시대의 연혁이나 수나라 때의 제도를 한 문장으로 간결히 요약한 후 바로 천자의 수레부터 차례로 소개하고 있다. 오로제도도 옥로, 금로, 상로, 혁로, 목로의 용도를 각각 소개한 후 그 형태는 종합해서 설명하고 있다. 다음으로 경근거나 안거 등 용도에 따른 수레 종류를 소개하였다.

그 다음은 황후의 수레제도를 서술하였다. 이어서 황제의 부인夫人, 구빈九嬪과 외명부外命婦와 공주, 왕비 등의 수레, 그 다음은 황태자의 수레 3종을 서술하였다. 이어서 친왕과 무관직 관료 및 왕공의 수레를 소개하였다.

복식제도에 대해서는 천자의 복식 14종, 황후의 복식 3종, 황태자의 복식 6종, 황태자비의 복식 3종, 군신들의 복식 21종, 명부인命婦人의 복식 6종을 소개하고 있다. 다음으로『신당서』「거복지」에서는『구당서』「여복지」에서는 수록하지 않았던 황제의 새 8종을 각각의 용도와 함께 소개하였다.11) 다음으로는 태황태후·황태후·황후·황태자 및 황태자비의 새를 소개하였다.

다음으로는 부符를 소개하였는데, 각종 부의 모양과 지급 관부 및 지급하는 규칙, 각각의 용도가 상세히 기술되어 있다. 또 어대가 소개되어 있는데, 어대는 황궁을 출입할 때 신분을 확인하는 용도일 뿐만 아니라 품계에 따라 그 재질이나 장식이 정해져 있어서 신분을 드러내는 기물 중의 하나였다. 그 외에도 능포綾袍, 오사모烏紗冒, 절상건折上巾, 육합화六合靴, 요대腰帶 및 패도佩刀·려礪·분紛·세帨 같은 기물에 대해서 서술하였는데, 모두 재질과 색상을 달리하여 신분이 드러나도록 하는 장치였다. 다음으로 군복의 규정, 관리의 가족들에 대한 규정과 서민들의 복식에 대해서도 수록하였다.

또한『신당서』「거복지」에는 복식제도가 시대에 따라 개선되었던 모습도 담고 있다. 복식이 점차 편의성을 확보하는 쪽으로 진화하였음을 보여준다. 특히 당대 여인들의 복식 변화상을 반영하고 있는데, 당 초의 부인들이 처음에는 멱리羃羅를 걸쳐 몸 전체를 가리었으나, 영휘 연간(650~655) 이후 유모帷冒가 유행하여 목 부분까지 가리는 것이 유행하였으며, 여인들이 말을 타고 달리거나, 남장을 하기도 하였음을 기록하였다.『신당서』「거복지」의 찬자 역시 이러한 복제

11)『후한서』권30「여복지」下에서는『漢舊儀』를 인용하여 6새로 기록하였고,『진서』『수서』에서도 황제의 새는 6종으로 기록하고 있다.

의 문란이 당나라의 사회기강이 무너진 정황을 반영하고 있다고 서술하고 있다.

그밖에 가옥에 대한 규정, 무희들의 의상, 기마와 호풍의 유행 등을 서술한 부분이나, 당 말기에 황제가 절도사를 달래기 위해 복식을 하사하였던 일, 문종이 내린 복식의 금령禁令 역시 당 말기의 혼란한 사회상을 반영하고 있음을 알 수 있다.

4. 의의와 연구 과제

「여복지」와 「거복지」에서 다루고 있는 수레 및 수레장식, 의복 및 장신구, 신발, 의장용 깃발 및 수레 행차대열 등에서 보이는 기물들은 당대의 공학, 과학은 물론 당대의 직조, 세공, 봉재, 공예 기술이 얼마나 발전되어 있었는지를 보여준다. 수레는 당시 기계 공학의 정수라고 해도 과언이 아니다. 위엄을 갖추기 위해 재단된 장엄한 복식과 세밀한 가공으로 만들어지던 화려한 장신구는 단순한 공예품이 아니라 예술품으로서의 품격을 보여준다. 또한 고대인들의 관념을 시각적으로 표현해 주었던 상징물들과 의례적 의미가 부여된 각종 문양은 당시인들의 사유 방식을 엿볼 수 있게 해 준다. 여기에 신분별, 용도별로 구분되었던 수레와 복식 및 각종 기물은 당대의 사회가 얼마나 체계적으로 운영되었는지를 알 수 있게 해 준다. 그런 의미에서 「여복지」는 제국 운영의 한 장면을 생생히 구현해 주고 있다. 또 특히 『구당서』 「여복지」에는 수레나 복식의 문제에 대한 여러 가지 논의가 수록되어 있는데, 이를 통해서 논의 결과가 당령으로 정해지는 과정을 확인해 볼 수도 있다.

「여복지」와 「거복지」 곳곳에 유목문화의 흔적이 엿보이는 것 또한 흥미롭다. 춘추전국시대 이래로 북방민족의 복식이나 음악, 음식 등이 중원에 들어와 종종 유행하였고, 위진남북조를 거치며 더욱 성행하였지만, 당대에는 이것이 국가의 제도 안으로 편입되어 당령으로 확정되기도 했다. 중원인들이 장중한 의례 속에서 복식을 발전시켜 왔다면, 유목민들은 활동성과 실용성을 위주로 발전하여 왔다. 특히 당대에는 호복의 실용성을 도입하여 활동의 편리를 확보하고자 하였는데, 그 사례 중의 하나가 고습과 양당兩襠의 착용이다. 고습은 전통적으로 상의와 하상을 입던 중원인들이 상의와 하고를 입게 된 계기가 되었으며, 양당은 소매가 없는 상의로 활동과 보온 면에서 실용적이었다.[12] 마구의 개선 등도 주목할 만하다.

　요컨대 『구당서』「여복지」와 『신당서』「거복지」는 귀중한 역사 사료로서 연구될 수 있다. 「여복지」와 「거복지」의 다양한 기록들은 당대의 물질문화가 얼마나 발달하였는지를 밝혀 줄 수 있을 뿐만 아니라, 각종 문양과 상징물의 의미를 통해서 당대인들의 사유 방식을 엿볼 수도 있다. 또한 황제 이하 서인에 이르기까지 당을 구성하였던 각계각층의 사람들의 일상적인 삶을 재현해 볼 수도 있다. 여기에 여복제와 당 율령의 관계뿐만 아니라, 당의 율령을 받아들였던 일본이나 동아시아 다른 나라들의 복식과 거마제도와의 비교도 의미 있는 연구가 될 수 있다. 수레제도나 복식제도를 통해 드러나는 중국 고대의 사회 구조는 자칫 평면적으로 보이는 당시의 사회를 훨씬 입체적으로 보여 줄 수 있을 것으로 기대한다.

---

12) 姜曉光, 2019, 「唐朝服飾特點及南北方差異」『史學理論』165.

興服
여복

昔黃帝造車服, 爲之屛蔽, 上古簡儉, 未立等威. 而三・五之君, 不相沿習, 乃改正朔, 易服色, 車有興輅之別, 服有裘冕之差, 文之以染績, 飾之以絺繡, 華蟲象物, 龍火分形, 於是典章興矣. 周自夷王削弱, 諸侯自恣. 窮孔翬之羽毛, 無以供其侈 ; 極隨和之掌握, 不足慊其華. 則皮弁革鳥之容, 非珠履鷸冠之玩也. 迨秦誅戰國, 斟酌舊儀, 則有鹵簿・金根・大駕・法駕, 備千乘萬騎, 異舜典・周官. 漢氏因之, 號乘輿三駕, 儀衛之盛, 無與比隆. 東京帝王, 博雅好古, 明帝始令儒者考曲臺之說, 依周官五輅六冕之文, 山龍藻火之數, 創爲法服. 雖有制作, 竟寢不行. 輿駕乘金根而已, 服則袞冕, 冠則通天. 其後所御, 多從袍服. 事具前志. 而裘冕之服, 歷代不行. 後魏・北齊, 輿服奇詭, 至隋氏一統, 始復舊儀.

옛날에 황제는 수레와 의복을 만들어 (몸을) 가리고 보호하였는데 상고시대에는 간단하고 검약하여 아직 신분이나 지위에 따라 등급을 세우지 않았다. 그러나 삼황오제 때에는 군주 간에도 서로 이어지지 않았으니 이에 정삭1)을 고치고 복색을 바꾸어 수레에는 여興2)

---

1) 정삭正朔 : 역법을 말하는데, 正은 年初를 朔은 月初를 가리킨다. 고대에 중국에서는 제왕이 역성혁명으로 수명을 하면 반드시 정삭을 개정하였다. 이 때문에 夏, 殷, 周, 秦 및 漢初의 正朔이 모두 같지 않았다. 漢武帝 이후 현재까지 農曆은 모두 夏制를 채택하여 建寅의 月을 歲首로 삼았다. 『禮記』「大傳」에 "改正朔, 易服色"라고 하였는데, 孔穎達의 疏에서는, "改正朔者, 正, 謂年始 ; 朔, 謂月初, 言王者得政示從我始, 改故用新, 隨寅丑子所損也. 周子, 殷丑, 夏寅, 是改正也 ; 周半夜, 殷雞鳴, 夏平旦, 是易朔也"라고 하였다. 『史記』 권26「曆書」에서는, "王者易姓受命, 必愼始初, 改正朔, 易服色, 推本天元, 順承厥意"라고 하였다.

2) 여輿 : 車箱을 가리킨다. 주로 사람이 타거나 짐을 싣는 곳이다.

와 노輅3)의 구별이 있고, 복식에도 갖옷과 면복[裘冕]의 차이가 있고, 채색과 그림으로 문양을 넣고 자수[締繡]4)로 장식을 하며, 화충으로 사물을 상징하고 용과 불로 형태를 분리하였으니 이때가 되어 전장제도가 일어났다. 주나라는 이왕夷王5) 때부터 점점 쇠하여져 제후들이 각자 마음대로 하였다. 공작과 산 꿩의 깃털6)을 다 소진하여도 오히려 그 사치를 댈 수가 없었으며, 수후주隨侯珠7)와 화씨벽和

---

3) 노輅 : 큰 수레다. 제왕이 타는 수레를 말한다.
4) 치수締繡 : 중국 고대 귀족이 입는 예복 위에 놓은 자수를 말한다.
5) 이왕夷王 : 이름은 姬燮이다. 生卒 연대는 알 수 없으나 周 孝王의 姪孫이고, 懿王의 아들이다. 『史記』 권4 「周本紀」에 의하면, "孝王이 죽자 제후들이 의왕의 태자 燮을 옹위하였으니 그가 夷王이다"라고 하였다. 재위 기간은 30년이다. 병사하였다고 전해지며, 장지는 알려지지 않았다. 『後漢書』 권29 「輿服志」上에서는, "주 이왕(周夷王) 때에 이르러서는 堂 아래로 내려가서 제후를 맞이했으니 이것이 천자가 예를 잃은 것이고, 미약해지는 시초였다"고 하였는데 여기서도 이것을 말한다.
6) 휘翟 : 오색 빛을 띤 산 꿩이다. 『詩經』 「小雅·斯干」에 "如鳥斯革, 如翟斯飛"이라는 대목이 있는데, 정현은 箋에서 "伊洛而南, 素質, 五色皆備成章, 曰翟. 翟者, 鳥之奇異者也"라고 하여 오색을 두루 갖춘 신비로운 새를 말한다고 하였다.
7) 수후주隨侯珠 : 신화나 전설에서 나오는 보물이다. 『隨州志』의 내용에 의하면, 春秋시대 隨侯는 漢東國의 姬姓 제후다. 『搜神記』에 의하면, 수후가 외출하였을 때 큰 뱀이 상처를 입은 것을 보고는 그 생명을 가련하게 여겨 사람들에게 시켜 약을 발라주었는데, 그 약을 바르고 상처가 나았던 뱀은 한밤중에 큰 구슬을 물고 와서 생명을 구해준 은혜에 보답하였다고 한다. 또 『隨州志』에는 뱀이 구슬을 물고 와서 말하기를, "나는 용왕의 아들인데 군주께서 목숨을 살려 주신 것에 감동하여 덕에 보답하는 것입니다"라고 하였다.

氏璧[8])을 가지고 있더라도 그 아름다움을 흡족해하지 않았다. 그러므로 피변皮弁[9])이나 혁석革舄[10])의 의용은 구슬 장식을 한 신발이나 깃털 장식을 한 휼관鷸冠[11]) 같은 감상용품이 아니었다. 진나라가 전

---

8) 화씨벽和氏璧 : 『韓非子』 和氏에 의하면, "초나라 사람 화씨가 초산 속에서 옥 덩어리를 발견하여 그것을 받들어 주나라 여왕厲王에게 바쳤다. 여왕이 장인에게 그것을 감정시켰다. 옥인이 말하기를 '보통 돌입니다'라고 하였다. 왕은 화씨가 자기를 속였다고 여겨 그의 왼쪽 발을 자르는 벌을 내렸다. 왕이 죽고 무왕이 즉위하자 화씨는 또 그 옥 덩어리를 받들어 무왕에게 바쳤다. 무왕이 옥인에게 그것을 감정시켰다. 또 말하기를 '보통 돌입니다'라고 하였다. 왕이 또 화씨가 자기를 속였다고 여겨 그의 오른쪽 발을 자르는 벌을 내렸다. 무왕이 죽고 문왕이 즉위하였다. 화씨가 이에 그 옥 덩어리를 껴안고 초산 기슭에서 큰 소리로 울었다. 사흘 밤낮을 울어 눈물이 다 마르고 피가 흐를 정도였다. 왕이 그것을 듣고 사람을 보내어 그 까닭을 묻기를, '천하에 발이 잘리는 형벌을 받은 자가 많다. 자네는 어찌 그렇게 슬피 소리 내어 우는가?'라고 하였다. 화씨가 대답하기를, '저는 발 잘리는 형벌 받은 것을 슬퍼하는 것이 아닙니다. 저것이 보옥인데도 보통 돌이라 불리고 제가 정직한 사람인데도 거짓말쟁이로 불리는 것이 슬픕니다. 이것이 제가 슬피 우는 까닭입니다'라고 하였다. 왕이 곧 옥인을 시켜 그 옥 덩어리를 다듬게 하여 보옥을 얻었다. 드디어 이름을 붙여 '화씨지벽'이라고 하였다"고 전한다.

9) 피변皮弁 : 고대의 冠名이다. 白鹿皮로 만든다. 『周禮』 「夏官·弁師」에는, "王之皮弁, 會五采玉璂, 象邸, 玉笄"라고 하였고, 이 대목에 대한 鄭玄의 注에는, "會, 縫中也. 璂, 讀如薄借綦之綦. 綦, 結也. 皮弁之縫中, 每貫結五采玉十二以爲飾, 謂之綦"라고 하였다.

10) 혁석革舄 : 가죽으로 만든 舄이다. 석은 바닥 창을 여러번 붙여 만든 신발이다.

11) 휼관鷸冠 : 휼은 도요새, 혹은 물총새라고 하는데, 휼관은 이 새의 깃털을 모아 만든 관이다.

국시대 여러 나라를 주멸한 후에는 옛 의례를 참작하여 노부鹵簿12), 금근거金根車,13) 대가大駕,14) 법가法駕제도를 만들었고 천 대의 수레와 만 기의 기마를 갖추었으니 「순전舜典」과 『주관周官』의 내용과는 달랐다. 한나라가 그 뒤를 이어 천자 수레의 칭호를 정하여 삼가[大駕, 法駕, 小駕]라고 하였으며 호위의 의례가 성대하여 그 융성함이 비할 데가 없었다. 후한의 제왕은 품행이 바르고 옛것을 좋아하여 명제 때에는 비로소 유학자들에게 예제[曲臺]15)의 설을 조사하도록 명령하였고 『주관』 오로五輅16) 육면六冕의 조문에 의거하여 산, 용, 조, 화의 숫자로 복식의 규범을 만들었다. 비록 제도는 있었으나 마침내 점차 잠잠해져서 행하지 않았다. 수레는 금근거를 탈 뿐이었고, 의복은 곤면복을 입고, 관은 통천관을 썼다. 그 후에는 대부분 포와 같은 의복을 입었다. 이러한 일들은 이전의 전적 중에 다 기록되어 있다. 그러나 갖옷과 면복[裘冕]의 복식17)은 역대에 아직 시행

---

12) 노부鹵簿 : 고대에 제왕의 어가가 출행할 때 따르는 의장대를 말한다. 출행의 목적에 따라 형태가 달랐다.

13) 금근거金根車 : 제왕이 타는 황금으로 장식한 수레를 말한다.

14) 대가大駕 : 황제가 출행할 때의 의장대로서 가장 큰 규모의 의장대를 말한다. 법가, 소가보다 상위의 의장대다. 漢 蔡邕의 『獨斷』에 의하면, "天子出, 車駕次第謂之鹵簿, 有大駕, 有小駕, 有法駕. 大駕則公卿奉引, 大將軍參乘, 太僕御, 屬車八十一乘, 備千乘萬騎"라고 하였다.

15) 곡대曲臺 : 宮을 말하거나, 儀禮, 禮制를 의미한다.

16) 오로五輅 : 『주례』에서는 왕의 다섯 수레를 첫째는 옥로, 둘째는 금로, 셋째는 상로, 넷째는 혁로, 다섯째는 목로라 했다. 『석명釋名』에서는 "천자가 타는 것을 노路라 하는데, 노는 역시 군사軍事와 관계가 있다. 노라고 부르는 것은 길을 다니는 것을 말한다"라고 하였다.(『後漢書』 권29 「輿服志」上)

되지 않았고, 북위, 북제의 여복은 기괴하게 변하였는데 수나라가 통일하기에 이르러 비로소 옛 의례를 복원하였다.

　隋制, 車有四等, 有䡾幰·通幰·軺車·輅車. 初制五品以上乘偏幰車, 其後嫌其不美, 停不行用, 以䡾車代之. 三品以上通幰車, 則青壁. 一品軺車, 油幰朱網. 唯輅車一等, 聽敕始得乘之. 馬珂, 一品以下九子, 四品七子, 五品五子.

　수나라의 제도에 의하면 수레는 4등급이 있는데, 긍헌䡾幰·통헌通幰[18]·초거軺車[19]·노거輅車가 그것이다. 처음에는 5품 이상의 관원은 편헌거[20]를 탔는데, 후에 아름답지 않은 모양을 싫어하여 사용

---

17) 대구면大裘冕: 大裘를 입고 冕冠을 쓰는 것으로 고대 천자가 제사할 때 입는 여섯 가지 면복 중에서 가장 높은 등급의 옷이다. 대구는 검고 어린 양가죽으로 만든 옷이다. 『周禮』「夏官·節服氏」에는 "郊祀裘冕, 二人執戈"라고 하여 교사할 때 구면을 입는다고 하였다.

宋 聶崇義『三禮圖』

18) 통헌通幰: 한 폭의 비단을 통째로 써서 만드는 것으로, 깃발도 통헌으로 하는 것이 있고, 수레의 장막도 통헌으로 하는 것이 있다. 통상 '통헌거'라고 부르는 수레를 말하며, 덮개를 앞뒤로 덮은 모든 수레를 가리킨다. 『晉書』권25「輿服志」"通幰車, 駕牛, 猶如今犢車制, 但擧其幰通覆車上也. 諸王三公幷乘之."亦省稱"通幰".

19) 초거軺車: 일반적으로 車輪, 車軸, 車輿와 傘蓋 등으로 구성된 가벼운 수레다. 고대에 주로 兵車로 쓰였으며, 대개 1마리의 말이 끈다.

20) 편헌거偏幰車: 반쪽만 포장으로 덮은 수레를 말한다.

하지 않았으며 긍거로 대신하였다. 3품 이상의 관원은 통헌거를 타는데 청색으로 (수레의) 벽을 두른다. 1품은 초거를 타는데 기름을 먹인 장막을 치고 붉은 주색 그물을 친다. 오직 노거 1등급의 수레는 칙勅을 받아야만 비로소 탈 수 있었다. 말의 옥장식은 1품 이하 (3품 이상) 관리는 9개, 4품 관리는 7개, 5품 관리는 5개를 장식할 수 있다.

衣裳有常服·公服·朝服·祭服四等之制.

의상제도에는 상복·공복·조복·제복의 4등의 제도가 있다.

平巾幘, 牛角簞簪, 紫衫, 白袍·靴, 起梁帶. 五品已上, 金玉鈿飾, 用犀爲簪. 是爲常服, 武官盡服之. 六品已下, 衫以緋. 至於大仗陪立, 五品已上及親侍加兩襠縢蛇, 其勳侍去兩襠.

평건책을 쓰고, 소뿔로 만든 비녀를 머리에 꽂고, 자색 삼과 백색 포를 입고, 가죽신[靴]21)을 신고 기량대22)를 찬다. 5품 이상의 관원은 금과 옥으로 된 머리장식[鈿飾]을 하고 무소뿔로 만든 비녀를 꽂

---

21) 화靴 : 목이 긴 형태의 가죽신이다. 목의 높이나 색, 가죽의 재질은 다양하다.
22) 기량대起梁帶 : 梁帶라고도 줄여 부른다. 걸쇠를 띠의 끝에 단 가죽 허리 띠를 말한다. 띠의 걸쇠 상의 扣針이 있는데, 그 모양이 혁대의 양 끝에 교량이 갈고리로 연결되어 있는 것 같다고 하여 기량대라는 이름이 붙었다고 한다. 걸쇠를 옥으로 만든 것은 玉梁帶, 금으로 만든 것은 金梁帶라 불렀다. 전국시대 이전에는 西域에서 주로 사용하였던 것인데, 秦漢 이후 중원에 들어와 무관들이 주로 사용하였다.

는다. 이것이 상복(일상 집무복)이다. 무관은 모두 이것을 입는다. 6
품 이하 관원은 붉은 비색 삼을 입는다. 대장[23])의례를 갖추어 황제
에 배석하여 서 있을 때, 5품 이상의 관원 및 친위관이 시위할 때에
는 양당兩襠[24])과 등사螣蛇[25])기량대를 더 갖추어 입고, 훈관이 시위
할 때에는 양당을 덧입지 않는다.

弁冠, 朱衣裳, 素革帶, 烏皮履, 是爲公服. 其弁通用烏漆紗爲

---

23) 대장大仗 : 황휘대장黃麾大仗을 말하는 것으로, 고대에 殿庭에서 갖춘
최고 융중한 儀仗이다. 正月元旦이나 동지 등의 大朝會에서 한다. 『文獻
通考』 「王禮」와 『續文獻通考』 「王禮」를 참고하라.

24) 양당兩襠 : " 兩當" 혹은 "兩當衫"이라고 하는데, 즉 소매가 짧거나 없는
반비半臂다. 옛날에 입던 짧은 소매의 웃옷의 형태는 지금의 소매가 없는
상의인 背心과 비슷하다.

(좌) 孫晨陽 張珂 편저 『中國古代服飾辭典』, 2015, 中華書局
(우) 유금와당박물관 동양복식연구회 엮음, 『아름다운 여인들』, 2010, 미술문화

25) 등사螣蛇 : 혹은 '螣蛇'라고도 한다. 『新唐書』 권24 「車服志」에는 '螣蛇'
라고 표기되어 있다. 螣蛇는 螣蛇起梁帶를 줄여서 말한 것이다. 기량대
의 일종으로, 帶의 몸체에 비단으로 겉면을 만들고 비단실로 박음질하여
모양이 돌출되도록 한 것으로, 외관이 螣蛇같이 보여서 이렇게 불렀다.
螣蛇는 전설에 나오는 신비로운 동물로 날아가는 용이나 뱀을 말한다.
무관이나 궁정의 武舞者 등이 주로 사용하였다.

之, 象牙爲簪導. 五品已上, 亦以鹿胎爲弁, 犀爲簪導者. 加玉琪之
飾, 一品九琪, 二品八琪, 三品七琪, 四品六琪. 三品兼有紛‧鞶囊,
佩於革帶之後, 上加玉珮一. 鞶囊, 二品以上金縷, 三品以上銀縷,
五品以上綵縷, 文官尋常入內及在本司常服之.

변관을 쓰고 주색 웃옷과 치마를 입고, 소색素色 가죽 띠를 차고,
검은 가죽신[烏皮履]26)을 신는 것은 공복이다. 그 변관의 변은 오칠
사烏漆紗27)로 만들며, 상아로 만든 잠도簪導28)를 꽂는다. 5품 이상의
관리는 역시 녹태鹿胎로 변弁을 만들며 무소뿔로 만든 잠도를 꽂는
다. 옥기玉琪29)를 더하여 장식하는데 1품관은 9개의 기를 장식하고,
2품관은 8개의 기, 3품관은 7개의 기, 4품관은 6개의 기를 장식한다.
3품관은 분紛30)과 반낭鞶囊31)을 겸하는데 가죽 띠의 뒷부분에 차고

---

26) 오피리烏皮履 : 줄여서 '烏靴'라고도 한다. 흑색 가죽으로 만든 신이다.
隋唐 이후 이 신이 유행하여 일상복이 되었다.

27) 오칠사烏漆紗 : 얇은 비단에 검은 칠을 입혀서 만든 것이다.

28) 잠도簪導 : 관모冠帽를 고정시키거나 여성의 머리모양을 고정하기 위하
여 옆으로 꽂는 비녀. 무소의 뿔이나 옥, 나무
를 재료로 하여 만들며, 원유관遠遊冠이나 양
관梁冠 등에 사용하였다. 巾이나 幘의 안쪽에
서 사용한다.

孫機, 『華夏衣冠』, 2016, 上海古籍出版社(唐 李賢墓
壁畫, 西安郊區唐墓出土, 江蘇宜興安壩唐墓出土)

29) 기琪 : 弁을 봉합하는 부분에 장식하는 옥이다.

30) 분紛 : 비단실로 만든 것으로, 인끈과 유사한데 인끈보다 좁은 모양이다.
鄭玄『周禮』注云 : '紛如綬, 有文而狹者也.'然則紛, 綬一物, 小大異名."
『周禮』「春官‧司幾筵」: "設莞筵紛純." 鄭玄注 : "紛如綬, 有文而狹

그 위로 옥패 하나를 더한다. 반낭은 2품관 이상은 금실[金縷], 3품관 이상은 은실, 5품관 이상은 비단실로 장식하며, 문관으로서 자주 궁궐을 출입할 때나 자신의 부서에서 근무할 때 항상 입는다.

親王, 遠遊三梁冠, 金附蟬, 犀簪導, 白筆. 三師三公·太子三師三少·尙書祕書二省·九寺·四監·太子三寺·諸郡縣關市·親王文學·藩王嗣王·公侯, 進賢冠. 三品以上三梁, 五品以上兩梁, 犀簪導. 九品以上一梁, 牛角簪導. 門下·內書·殿內三省, 諸衛府, 長秋監, 太子左右庶子·內坊·諸率, 宮門內坊, 親王府都尉, 府鎭防戍九品以上, 散官一品已下, 武弁幘. 侍中·中書令, 加貂蟬, 珮紫綬. 散官者, 白筆. 御史·司隷二臺, 法冠.【一名獬豸冠.】謁者·臺大夫以下, 高山冠. 並絳紗單衣, 白紗內單, 皁領·褾·襈·裾, 白練裙襦[一][32), 絳蔽膝, 革帶, 金飾鉤䚢, 方心曲領, 紳帶, 玉鏢金飾劍, 亦通用金鏢, 山玄玉佩, 綬, 襪, 烏皮舃. 是爲朝服. 玉佩,

者.”『隋書』권11「禮儀志」6 : “官有綬者, 則有紛, 皆長八尺, 廣三寸, 各隨綬色. 若服朝服則佩綬, 服公服則佩紛”.

31) 반낭鞶囊 : 작은 물건들을 넣어 다니기 위해 차고 다니던 작은 주머니다. 본래 가죽으로 만들었지만 비단으로 만들기도 하였다. 방형으로 만들며 동물의 문양을 장식하기도 하였다. 관리들은 도장을 넣어 다녔다.『晉書』권25「輿服志」“鞶, 古制也. 漢世著 鞶囊 者, 側在腰間, 或謂之傍囊, 或謂之綬囊, 然則以紫囊盛綬也. 或盛或散, 各有其時.”『隋書』권11「禮儀志」6 “鞶囊, 二品已上金縷, 三品金銀縷, 四品銀縷, 五品, 六品綵縷, 七, 八, 九品綵縷, 獸爪鞶. 官無印綬者, 並不合佩 鞶囊 及爪.

32) [교감기 1] 白練裙襦의 ‘裙’字는 여러 원전에는 ‘裾’라고 표기되어 있다. 『通典』권108에 따라 ‘裙’으로 수정하였다.

纁朱綬, 施二玉環. 三品以上綠綬, 四品·五品青綬. 二品以下去
玉環, 六品以下去劍·珮·綬. 八品以下, 冠去白筆, 衣省內單及曲
領·蔽膝, 著烏皮履. 五品加紛·鞶囊. 其綬纁朱者, 用四綵, 赤·
紅·縹·紺紅, 朱質, 纁文織, 長一丈八尺, 二百四十首, 闊九寸.
綠綬用四綵, 綠·紫·黃·朱紅, 綠質, 長一丈八尺, 二百四十首,
闊九寸. 紫綬用四綵, 紫·黃·赤·紅, 紫質, 長一丈六尺, 一百八
十首, 闊八寸. 青綬三綵, 白·青·紅, 青質, 長一丈四尺, 一百四十
首, 闊七寸.

　친왕은 원유[33]3량관[34]에 금으로 만든 매미장식을 달고, 무소뿔로
만든 잠도를 꽂으며 (관의 측면에) 백필[35]을 꽂는다. 삼사삼공,[36] 태

----

33) 원유遠遊 : 『後漢書』 권30 「輿服志」 下에 의하면, "원유
　　관은 형태가 통천관과 같다. 전통이 있어 가로지르며,
　　산 모양의 장식은 없고, 제왕이 쓰는 것이다. 遠游冠制
　　如通天, 有展筩橫之於前, 无山述, 諸王所服也."

宋 聶崇義 『三禮圖』

34) 3량관三梁冠 : 양은 冠上의 세로줄을 말한다. 『後漢書』 권30 「輿服志」 下
　　에 "公侯三梁, 中二千石以下至博士兩梁, 自博士以下至小史私學弟子
　　皆一梁"라는 기록이 있다. 대나무로 뼈대를 만들어 관의 겉에 모양을 만
　　든 것이다. 5량관, 3량관, 양관 등이 있다.

孫晨陽 張珂 편저 『中國古代服飾辭典』, 2015, 中華書局 (『三才圖會』)

35) 백필白筆 : 고대에 侍從官員이 황제 측근에서 일어나는 일이나 상주문과

자삼사삼소,37) 상서와 비서의 2성, 구시, 사감, 태자삼시, 모든 군현의 관시, 친왕문학, 번왕사왕, 공후는 진현관38)을 쓴다. 3품관 이상의 관모에는 세 개의 양[三根梁]을 하고, 5품관 이상의 관모는 두 개의 양[兩根梁]을 두며, 무소뿔로 만든 잠도를 꽂는다. 9품관 이상의 관모는 하나의 양[一根梁]을 두고 소뿔로 만든 잠도를 꽂는다. 문하

관련된 일들을 기록하기 위해서 사용하였던 붓이다. 항상 관의 측면에 꽂아 두었다.

36) 삼사삼공三師三公 :『新唐書』권46「百官志」1 三師三公 조에 의하면, 삼사는 태사, 태부, 태보이며, 삼공은 태위, 사도, 사공으로, 삼사삼공은 모두 정1품이다.“太師, 太傅, 太保, 各一人, 是爲三師 ; 太尉, 司徒, 司空, 各一人, 是爲三公. 皆正一品.”

37) 태자삼사삼소太子三師三小 :『舊唐書』권44「職官志」3 東宮官屬 조에 태자태사, 태부, 태보는 각 1인이다. 모두 종1품이다. 남조에서는 두지 않았으나, 북위, 북제에서 사부는 제2품이었고 동궁삼태라고 불렀다. 수나라의 사부도 제2품이다. 무덕령에 의하여 종1품으로 높였다고 하였다.“太子太師, 太傅, 太保各一員. 並從一品. 師傅, 宮官, 南朝不置. 後魏, 北齊, 師傅品第二, 號東宮三太. 隋品亦第二. 武德定令, 加從一品也. 太子少師, 少傅, 少保各一員. 並正二品. 三少, 亦古官, 歷代或置或省. 南朝並不置. 後魏, 北齊置之, 品第三, 號東宮三少. 皇家定令, 正二品. 三師三少之職, 掌教諭太子. 無其人, 則闕之. 太子賓客四員, 正三品. 古無此官, 皇家顯慶元年春始置四員也. 掌侍從規諫, 贊相禮儀.”

38) 진현관進賢冠 : 고대에 황제를 알현할 때 착용하는 모자로 원래는 儒者들이 쓰는 것이었으나. 唐代에는 百官이 모두 사용하였다.“進賢冠, 古緇布冠也, 文儒者之服也. 前高七寸, 後高三寸, 長八寸. 公侯三梁, 中二千石以下至博士兩梁, 自博士以下至小史私學弟子, 皆一梁.”(『後漢書』권30「輿服志」下).

宋 聶崇義『三禮圖』

와 내서와 전내의 3성, 모든 위부, 장추감, 태자좌우서자, 내방, 모든
솔, 궁문내방, 친왕부도위, 부진방술 중 9품 이상, 산관 1품 이하는
무변책을 쓴다. 시중, 중서령은 초선貂蟬39)을 더하여 꾸미고 자색
인끈을 찬다. 산관은 백필을 꽂는다. 어사御史와 사예司隸의 2대의
관리는 법관【일명 해치관이다】40)을 쓴다. 알자, 대대부臺大夫41) 이하

---

39) 초선貂蟬 : 본래, 시중이나 중상시 등 근시관의 관에 다는 장식이다. 『後
漢書』 권30 「輿服志」 下에서는 "侍中, 中常侍加黃金璫, 附蟬爲文, 貂尾
爲飾, 謂之'趙惠文 冠'. 劉昭 注 : "應劭 《漢官》曰 : '說者以金取堅剛,
百鍊不耗. 蟬居高飲絜, 口在掖下, 貂內勁捍而外溫潤. '此因物生義也.
라고 하였다.

40) 법관法冠 : 법관은 일명 柱後라고도 한다. 높이는 5촌
이고 리纚로 전통과 철로 된 기둥과 테두리를 감싼다.
법을 집행하는 자가 쓴다. 시어사, 정위정, 정위감, 정
위평이 그들이다. 혹은 해치관이라고도 말한다. 해치
는 신령스러운 양인데 능히 잘 잘못을 구별할 수 있다.
초나라 왕이 일찍이 이것을 얻어 관을 만들었다. 호광
은 "『춘추좌씨전』에 '남쪽나라의 관을 쓰고 고삐를 잡
는다'는 관이 있는데, 즉 초나라의 관이다. 진이 초를
멸망시킨 후에 그 군주의 복식을 법을 집행하는 근신
어사에게 주어 입게 하였다"고 하였다."法冠, 一曰柱

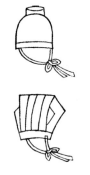

宋 聶崇義 『三禮圖』

後. 高五寸, 以纚爲展筩, 鐵柱卷, 執法者服之, 侍御史·廷尉正監平也.
或謂之獬豸冠.獬豸神羊, 能別曲直, 楚王嘗獲之, 故以爲冠. 胡廣說曰 :
「春秋左氏傳有南冠而縶者, 則楚冠也.秦滅楚, 以其君服賜執法近臣御
史服之."(『後漢書』 권30 「輿服志」下).

41) 대대부臺大夫 : 어사대의 속관이다. 『舊唐書』 권44 「職官志」3에는, 정3
품이다. 진한대의 제도에서는 어사대부는 부승상으로 3공관이다. 위진이
후에는 대부를 두지 않았다고 하였다."正三品. 秦, 漢之制, 御史大夫, 副
丞相爲三公之官. 魏, 晉之後, 多不置大夫, 以中丞爲臺主. 隋諱中, 復

는 고산관[42]을 쓴다. 모두 강색 사紗 비단으로 만든 단의[絳紗單衣][43]를 입고 백색 사 내단[白紗內單]을 입으며, 옷깃, 소맷부리, 옷가장자리, 옷자락을 검은색으로 두르고 백색 누인 명주로 만든 치마[裙][44]와 저고리[襦][45]를 입는다. 강색 폐슬을 하고, 금으로 만든 고리가 달린 혁대를 차며, 방심곡령方心曲領[46]을 두르고, 신대紳帶를

　　大夫, 降爲正四品. 武德令改爲從三品. 龍朔改爲大司憲, 咸亨復爲大夫. 光宅分臺爲左右, 置左右臺大夫. 及廢右臺, 去左右字."

42) 고산관高山冠 : 일명 측주라고도 하며 형태는 통천관과 같지만 정수리 부분이 기울어지지 않고 곧게 세웠다. 산모양의 장식이나 전통이 없다. 중외관, 알자, 복야가 쓴다. 태부 호광은 "고산관은 대개 제나라 왕의 관이었다. 진나라가 제를 멸망시킨 후 그 군주의 관을 근신알자에게 내려주었다"라고 말하였

宋 聶崇義 『三禮圖』

다."高山冠, 一曰側注.制如通天, [頂]不邪却, 直豎, 無山述展筩, 中外官·謁者·僕射所服. 太傅胡廣說曰 :「高山冠, 蓋齊王冠也. 秦滅齊, 以其君冠賜近臣謁者服之」"(『後漢書』 권30 「輿服志」下).

43) 단의單衣 : 홑겹의 옷이다. 관리들이 외투로 껴입는 복장이다.

44) 군裙 : 踢串 또는 裙子라고도 한다. 5폭, 6폭, 8폭의 포백을 재단하여 만들며 허리 아래부터 있는 하의로 일종의 치마 형태다. 漢魏時代에는 남녀 모두 입었으나, 당나라 이후 주로 여자들이 입었다.

45) 유襦 : 길이가 무릎 아래로 내려가지 않는 상의다. 단의를 말하는 "襌襦"는 안에 내의로 입기도 한다.

46) 방심곡령方心曲領 : 연원은 분명하지 않으며, 두 단어가 결합되어 출현하는 것은 『舊唐書』에 이르러서다. 그러나 당대의 실물 자료는 남아 있지 않으며, 명대의 『三才圖會』 「衣服圖繪」에 '방심곡령'이 그려져 있다(오른쪽 삽도). 이에 근거해 방심곡령의 실례를 찾아보면, 돈황 막고굴에서 나

차고, 칼집 끝을 옥으로 장식하고 금속으로 장식한 칼을 차는데, 또 칼집 끝에 금표 장식을 하기도 한다. 산현옥으로 만든 옥패[47]를 차며 인끈을 차고 버선을 신고 검은 가죽신[烏皮鳥]을 신는다. 이것이 조복이다. 옥을 차며 진분홍색 인끈[纁朱綬]을 차는데 여기에 두 개의 옥환을 단다. 3품 이상의 관리는 녹색 인끈[綠綬]을, 4품과 5품은 청색 인끈[靑綬]을 찬다. 2품 이하는 옥환을 달지 않고, 6품 이하는 검과 옥패, 인끈을 차지 않는다. 8품 이하는 관에 백필을 꽂지 않으며, 옷에서도 내단을 입지 않고 곡령과 폐슬도 하지 않으며, 검은색 가죽신을 신는다. 5품은 분과 반낭을 더한다. 진홍색의 인끈은 적색, 홍색, 옥색[縹], 감홍색 등 4가지 색을 쓰며 주색 바탕에 훈색 무늬로 짜는데, 길이는 1장 8척이며, 240수이고 너비[闊]는 9촌이다. 녹색 인끈은 녹색, 자색 황색, 주홍색 등 4가지 색을 쓰며, 녹색 바탕에 길이는 1장 8척이고 240수이고, 너비는 9촌이다. 자색 인끈은 자색,

---

온 오대 비단 그림인 〈五方五帝圖〉가 가장 이르다. 이후 송대 회화로 추정하는 〈司馬光像〉 등을 비롯해 송대 유물에서 비교적 다수 출현한다.

47) 옥패玉佩 : 고대에 옷에 걸어 드리우는 장식이다. 珠玉, 容刀, 帨巾, 觽 등을 연결하여 만들었다. 『詩經』「秦風」에 “我送舅氏, 悠悠我思. 何以 贈之, 瓊瑰玉佩”라는 구절이 있다.

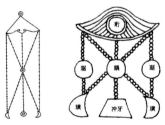

(좌) 宋 聶崇義 『三禮圖』, (우) 孫晨陽 張珂 편저, 『中國古代服飾辭典』, 2015, 中華書局(明 王圻 『三才圖會』)

황색, 적색, 홍색 등 4가지 색을 쓰며, 자색 바탕에 길이는 1장 6척이고 180수이며, 너비는 8촌이다. 청색 인끈은 백색, 청색, 홍색 등 3가지 색을 쓰며, 바탕은 청색이고 길이는 1장 4척이며, 140수이고 너비는 7촌이다.

玄衣纁裳冕而旒者, 是爲祭服, 綬·珮·劍各依朝服之數. 其章自七品[48]以下, 降二爲差, 六品以下無章.

검은색 상의와 훈색의 치마[玄衣纁裳]를 입고 류를 드리운 면관을 쓰는 것은 제복이다. 인끈, 옥패, 검을 차는 규정은 각각 조복의 규정에 준한다. 문양은 1품 이하부터 2단계씩 내려 차이를 두며 6품 이하는 문양이 없다.

文武之官皆執笏, 五品以上, 用象牙爲之, 六品以下, 用竹木.

문관 무관 모두 홀을 잡는데 5품 이상은 상아로 만든 홀을 사용하고, 6품 이하는 대나무와 나무 홀을 사용한다.

是時, 內外群官, 文物有序, 僕御淸道, 車服以庸. 於是貴賤士庶, 較然殊異. 越王侗於東都嗣位, 下詔停廢. 自茲以後, 浸以不章, 以至於亡.

---

48) 7품은 1품으로 교감하면 1품관은 9장, 2품관은 7장, 3품관은 5장, 4품관은 3장, 5품관은 1장의 문양을 넣으면 6품관 이히는 문징이 없다.

이때에는 내외 여러 관리와 문물 제도상의 질서가 있어, 수레를 모는 자는 도로를 청소하고 일정한 규정에 따라 수레와 복식도 쓰였다. 이에 귀천, 사서의 구별이 분명해졌다. 월왕 양동[49]이 낙양에서 황제의 자리를 계승한 후 조를 내려 폐지하였다. 이때부터 점점 규정이 희미해져 멸망에 이르렀다.

唐制, 天子車輿有玉輅·金輅·象輅·革輅·木輅, 是爲五輅, 耕根車·安車·四望車, 已上八等, 並供服乘之用. 其外有指南車·記里鼓車·白鷺車·鸞旗車·辟惡車·軒車·豹尾車·羊車·黃鉞車, 【豹尾·黃鉞二車, 武德中無, 自貞觀已後加焉. 其黃鉞, 天寶元年制改爲金鉞】 屬車十二乘, 並爲儀仗之用. 大駕行幸, 則分前後, 施於鹵簿之內. 若大陳設, 則分左右, 施於儀衛之內.

당나라의 제도에 천자의 수레는 옥로, 금로, 상로, 혁로, 목로가 있는데 이것이 오로[50]이며, 경근거, 안거, 사망거를 더하여 8종류는 모

---

49) 양동楊侗(604~619) : 字는 仁謹이다. 弘農 華陰(현재 陝西省 華陰市) 사람이다. 隋煬帝 楊廣의 손자이며 元德太子 楊昭의 次子다. 어머니는 劉良娣다 儀表俊美, 秉性寬厚하여 越王에 봉해졌다. 隋煬帝가 매번 出巡할 때마다. 東都 洛陽을 지켰고 楊玄感의 반란을 평정하였다. 大業 13年(617)에 隋煬帝가 江都를 순행하였을 때 段達, 元文都, 皇甫無逸 등과 東都에 남아 낙양을 지켰다. 大業 14年(618) 宇文化及이 煬帝를 시해한 후 낙양에서 즉위하였으며 연호는 皇泰라고 하였다. 皇泰 2年(619) 王世充에게 禪位할 것을 압박 받게 되자 퇴위하여 含涼殿에 머물렀다. 潞國公으로 강등되었다가 마침내 王世充에게 살해되었다. 諡號는 恭皇帝이며, 역사에서는 皇泰主(帝)라고 칭한다. 나이는 겨우 16세였다.

두 타는 용도로 사용한다. 그 외에 지남거指南車,51) 기리고거記里鼓
車,52) 백로거白鷺車, 난기거鸞旗車,53) 벽악거辟惡車, 헌거軒車, 표미
거豹尾車,54) 양거羊車,55) 황월거黃鉞車가 있다.【표미거와 황월거는 무

---

50) 오로五路 : 고대 제왕의 五路제도를 말한다. "五輅"라고도 한다. 고대 제
   왕에게는 5종의 수레가 있었는데 玉路·金路·象路·革路·木路가 그것
   이다. 『周禮』「春官·巾車」: "王之五路, 一曰玉路, 錫樊纓, 十有再就,
   建大常, 十有二斿, 以祀 ; 金路, 鉤, 樊纓九就, 建大旂以賓, 同姓以封 ;
   象路, 朱, 樊纓七就, 建大赤以朝, 異姓以封 ; 革路, 龍勒條纓五就, 建
   大白以即戎, 以封四衛 ; 木路, 前樊鵠纓, 建大麾, 以田, 以二曰金路, 三
   曰象路, 四曰革路, 五曰木路."

51) 지남거指南車 : 지남거는 일명 司南車라도고 한다. 『晋書』 권25 「輿服
   志」 "사남거는 일명 지남거라고도 하며 네 마리의 말이 끈다. 수레의 아
   랫부분의 형태는 누각과 같으며, 3층이며 네 귀퉁이에는 금용이 우보를
   머금고 있고 나무에는 선인을 새겨 깃털 옷을 입히고 수레 위에 세우면
   수레가 비록 돌아 움직일지라도 손은 항상 남쪽을 가리킨다. 대가大駕가
   출행할 때 먼저 인도하는 수레다. 一名指南車, 駕四馬, 其下制如樓, 三
   級, 四角金龍銜羽葆, 刻木爲仙人. 衣羽衣, 立車上, 車雖回運而手常南
   指. 大駕出行, 爲先啟之乘."

52) 기리고거記里鼓車 : 『晋書』 권25 「輿服志」 "기리고거는 네 마리의 말이
   끈다. 형태는 사남거와 같다. 그 중에 나무로 만든 사람이 추를 잡고 북을
   향하여 있다. 행차 시에는 1리를 지날 때마다 추를 한 번 친다. 記里鼓車,
   駕四, 形制如司南, 其中有木人執槌向鼓, 行一里則打一槌."

53) 난기거鸞旗車 : 『晋書』 권25 「輿服志」 "난기거는 네 마리의 말이 끈다.
   선도가 탄다. 난기는 쪼갠 깃털을 엮어서 만들었고 당기의 옆에 열을 지어
   매달았다. 鸞旗車, 駕四, 先輅所載也. 鸞旗者, 謂析羽旄而編之, 列繫幢
   傍也."

54) 표미거豹尾車 : 표범의 꼬리를 장식한 수레다. 帝王의 屬車 중의 하나다.
   『晋書』 권25 「輿服志」 "次豹尾車, 駕一. 自豹尾車後而鹵簿盡矣." 晋

덕56) 연간(618~626)에는 없었는데 정관57) 연간(627~649)부터 추가되었다. 황월거는 천보58) 원년(742)에 제도를 고쳐 금월거金鉞車라고 하였다.】 속거59) 12승은 모두 의장용이다. 대가大駕의 행차에서는 속거를 앞뒤로 나누어 노부鹵簿의 행차 안에 둔다. 만약 대조회[大陣]에서는 즉 좌우로 나누어 의위대의 안에 둔다.60)

> 玉輅, 靑質, 以玉飾諸末. 重輿, 左靑龍, 右白虎, 金鳳翅, 畫簾
> 文鳥獸, 黃屋左纛. 金鳳一在軾前, 十二鑾在衡.【正縣鑾數, 皆其副輅

崔豹의 『古今注』 「輿服」에서도 "豹尾車, 周制也, 所以象君子豹變, 尾言謙也, 古軍正建之, 今唯乘輿得建之"라고 하였다.

55) 양거羊車 : 『晋書』 권25 「輿服志」 "양거는 일명 연거라고도 하며 그 윗부분은 초거와 같이 상箱이 복토伏兔 모양이다. 바퀴와 멍에에 칠을 하고 그림을 그린다. 羊車, 一名輦車, 其上如軺, 伏兔箱, 漆畫輪軛."

56) 무덕武德 : 唐 高祖의 연호다.

57) 정관貞觀 : 唐 太宗의 연호다.

58) 천보天寶 : 唐 玄宗의 세 번째 연호다. 첫 번째 연호는 先天, 두 번째 연호는 開元이다.

59) 속거屬車 : 『晋書』 권25 「輿服志」 "속거는 부거副車라고도 하고 이거貳車, 좌거左車라고도 한다. 한나라에서는 진의 제도를 계승하여 대가의 속거를 81승으로 하였는데 행차 시에 중앙과 좌우로 나누어 나간다. 屬車, 一曰副車, 一曰貳車, 一曰左車. 漢因秦制, 大駕屬車八十一乘, 行則中央左右分爲行."

60) 『新唐書』 권24 「車服志」에는 "又有屬車十乘, 一曰指南車, 二曰記里鼓車, 三曰白鷺車, 四曰鸞旗車, 五曰辟惡車, 六曰皮軒車, 七曰羊車, 與耕根車, 四望車, 安車爲十乘. 行幸陳於鹵簿則分前後, 大朝會則分左右"라고 하여 『구당서』와 다른 내용을 전하고 있다.

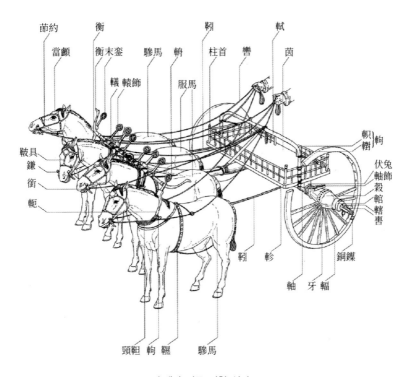

수레와 마구 명칭 설명도

출전: 劉永華, 『中國古代車輿馬具』, 2013, 淸華大學出版社.

及耕根則八.】 二鈴在軾, 龍輈前設鄣塵, 靑蓋黃裏, 繡飾, 博山鏡子, 樹羽, 輪皆朱班重牙. 左建旂十有二旒, 皆畫升龍, 其長曳地. 右載闒戟, 長四尺, 廣三尺, 黻文. 旂首金龍頭銜結綬及鈴綬. 駕蒼龍, 金鍐方釳, 揷翟尾五焦, 鏤錫, 鞶纓十有二就.【錫, 馬當顱, 鏤金爲之. 鞶纓鞶皆以五綵飾之. 就, 成也, 一匝爲一就也】 祭祀・納后則供之.

옥로61)는 청색 바탕이고 옥으로 모든 끝부분을 장식한다. 수레

---

61) 옥로玉路・玉輅라고도 하며, 帝王이 타는 수레로 옥으로 장식하였다.

상자는 이중이며, 왼쪽에는 청룡, 오른쪽에는 백호의 깃발을 꽂고, 수레 후미에는 금봉황의 날개를 달며, 운기문과 조수[虞文鳥獸][62] 문양을 그리고 황옥黃屋 왼쪽에는 좌독左纛[63]을 단다. 금봉황 하나는 식軾[64]의 앞에 달고 12개의 난鑾[65] 방울은 형衡에 다는데,【이것이 바른 난 방울의 숫자로[66] 모든 부로와 경근거는 8개의 난 방울을 단다.】 2개의

『周禮』「春官·巾車」““王之五路, 一曰玉路.” 鄭玄注 : “玉路, 以玉飾諸末.” 賈公彦疏 : “言諸末者, 凡車上之材於末頭皆飾之, 故云.”

宋 聶崇義 『三禮圖』

62) 거문조수虞文鳥獸 : 수레의 輈에 그린 그림으로, 孫機는 雲氣와 鳥獸 문양으로 보았다(『中國古輿服論叢』, 文物出版社, 2001, p.362)

63) 좌독左纛 : 고대 황제의 수레[乘輿]에 다는 장식물이다. 犛牛의 꼬리나 雉의 꼬리로 만들어 수레형의 좌측이나 왼쪽 겯마 위에 단다. 『史記』 권7 「項羽本紀」에서는 “紀信乘黃屋, 傅左纛”라고 하였고, 裴駰集解에서는 “李斐曰 : ‘纛, 毛羽幢也, 在乘輿車衡左方上注之’”이라 하였으며 蔡邕은 ‘以犛牛尾爲之, 如斗, 或在騑頭, 或在衡上也’”라 하였다.

64) 식軾 : 사람이 앉는 수레 좌석 앞을 가로로 막은 나무다.

65) 난鑾 : 車軛首이나 車衡 위에 다는 방울이다. 수레가 움직이면 소리를 내는데 그 소리가 난새의 소리와 같았다고 한다. 漢 張衡 「東京賦」 “鑾聲噦噦, 和鈴鉠鉠.” 晉 崔豹 『古今注·輿服』 “五輅衡上金爵者, 朱雀也. 口銜鈴, 鈴謂鑾, 所謂和鑾也. 一說, 安裝在馬嚼子兩端的鈴.”

영령鈴은 식식軾에 설치한다. 주주軏[67]는 용 모양으로 하고 앞에는 장진부 진부塵[68] 앞에 설치한다. 청색 덮개로 안쪽은 황색이며 수를 놓아 장식 하고 박산경자博山鏡子[69]와 수우樹羽[70]를 달며 바퀴는 모두 주반중 아朱班重牙[71]의 형태다. 왼쪽에는 12류가 달린 기기旅를 세우는데 모

---

66) 孫機는 "正縣鑾數"를 "正輅鑾數"의 오류로 보았다(『中國古輿服論叢』, 文物出版社, 2001, p.364).

67) 주軏 : 수레의 끌채, 대개 작은 수레에 메우는 한 개로 된 끌채를 말한다.

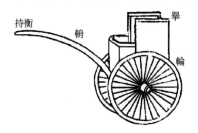

戴震, 『考工記圖』上, 夏25車

68) 장진부진부塵 : 제왕의 수레 앞에 먼지를 막기 위해서 설치하는 기물이다. 『隋書』 권10 「禮儀志」5 "玉輅 … 龍軏, 前設部塵."

69) 박산경자博山鏡子 : 博山은 수레의 덮개 가장자리에 있는 삼각형 혹은 돌기 형태의 장식이며, 여기에 거울을 단 것이 박산경자이다. 박산은 華山을 형상한 것이라고도 하고, 秦昭王과 天神이 여기에서 博戱하였다고 하여 얻은 이름이라고도 하는 등 다양한 논의가 있다. 후에 온갖 동물과 신선이 거처하는 산의 형상으로 만든 향로를 博山爐라 불렀다.

70) 수우樹羽 : 오채색의 깃털로 만든 장식을 꽂는 것을 말한다. 옛날 의례 장식의 일종으로 새의 깃털을 모아서 자루 병의 머리와 같으며 덮개와 유사하다. 『詩經』 「周頌‧有瞽」 "有瞽有瞽, 在周之庭. 設業設虡, 崇牙樹羽." 孔穎達疏 "因樹置五采之羽以爲之飾." 『晉書』 권25 「輿服志」에 서는 '四角金龍銜羽葆'라고 해서 이것을 우보羽葆라고 하였다.

71) 주반중아朱班重牙 : 붉은색으로 班무늬를 그리고 바퀴테가 이중인 수레

두 날아오르는 용을 그리고 (땅에) 끌리게 길게 한다. 오른쪽에는 흡극闟戟[72]을 싣는데 길이가 4척이며, 너비는 3척으로 보불 무늬가 있다. 기의 꼭대기는 결수結綬[73]와 영수鈴綬를 물고 있는 금으로 만든 용머리 모양이다. 청색 말이 수레를 끄는데 말의 머리에는 금맘金鋄[74]과 방흘方釳[75]을 장식하고 꿩의 꼬리 다섯 개[76]를 꽂으며 누양[77]을 달고, 말의 뱃대끈[鞶]과 말의 가슴에 걸어 안장에 매는 안장

바퀴를 말한다.

72) 흡극闟戟 : 고대의 병기로 긴 창이다. 『史記』 권68 「商鞅列傳」에는 "君之出也, 後車十數, 從車載甲, 多力而駢脅者爲驂乘, 持矛而操闟戟者旁車而趨." 라는 구절이 있어서 전국시대 秦에서 이미 闟과 戟이라는 긴 창 형태의 무기가 있었으며, 상앙이 출행할 때 사용하였음을 알 수 있다.

73) 결수結綬 : 印綬를 이어서 찬 모양이다. 이 때문에 出仕 이후 官吏가 되는 것을 의미한다.

74) 금맘金鋄 : 말의 冠이다. 높이와 너비는 각 5촌이다. "『獨斷』 蔡邕曰, 金鋄者, 馬冠也. 高廣各五寸. 上如玉華形. 在馬髦前. 則馬頭上有金鋄. 方釳不在馬頭."

75) 방흘方釳 : 철로 만들며, 말의 머리 위에 단다. 일설에는 마차의 끌채 양쪽에 달아서 말들이 서로 부딪치는 것을 방지하기 위한 것이라고도 한다. 『文選·張衡』 「東京賦」 "方釳左纛, 鉤膺玉瓖." 薛綜注 "方釳, 謂轅旁以五寸鐵鏤錫, 中央低, 兩頭高, 如山形, 而貫中以翟尾, 結著之轅兩邊, 恐馬相突也." 『說文』 「金部」 "釳, 乘輿馬頭上防釳, 揷以翟尾鐵翮, 象角."

76) 『舊唐書』와 『新唐書』에서는 焦로 썼지만 『隋書』에서는 隹으로 썼다. 焦와 隹 모두 여기서 의미가 명확하지 않은데, 맥락으로 미루어 수사로 사용된 것으로 추정한다. 『通典』 禮24, 五輅 조목에 의하면 수나라 이전까지는 '揷以翟尾' '揷翟尾'로만 되어 있으나, 隋 開皇 원년 기록에는 '揷翟尾五焦'라고 하였다.

77) 누양鏤錫 : 말의 이마에 붙이는 금속 장식으로, 當顱라고도 한다.

끈[纓][78]은 12취로 한다.【양석錫은 말의 이마 장식인데 금속으로 만든다. 말의 뱃대끈, 안장 끈, 안장[鞍]은 모두 5채색으로 장식한다. 취就는 맺는다는 것으로[79] 모두 하나로 묶어서 하나의 취를 만든다.】 제사, 납후納后할 때에 탄다.

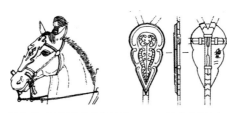

(좌) 劉永華, 『中國古代車輿馬具』, 2013, 淸華大學出版社.
(우) 張仲立, 『秦陵銅車馬與車馬文化』, 1994, 陝西人民敎育出版社

78) 반영鞶纓 : 천자나 제후의 수레를 끄는 말에 매는 장식이다. 纓은 말의 가슴에서 내려뜨려 장식하는 술처럼 생긴 것으로 線이나 繩으로 만든다. 鞶은 이것을 꿰어서 말에 매는 가죽띠다.

汪少華, 『中國古車輿名物考辨』, 2005, 商務印書館

79) 취就 : 오채색의 실을 하나로 묶어 하나의 취를 만든다. 이 就 개수에 따라서 等級 高下를 구별한다. 『周禮』 「大行人」 "上公之禮, 執桓圭九寸, 繅藉九寸, 冕服九章, 建常九斿, 樊纓九就." 鄭玄注 "每一處五采備爲一就. 就, 成也." 『禮記』 「禮器」 "大路繁纓一就, 次路繁纓七就." 孔穎達疏 "五色一帀曰就."

金輅, 赤質, 以金飾諸末, 餘與玉輅同, 駕赤駵, 鄉射·祀還·飮
至則供之.

금로는 적색 바탕이고 금으로 모든 끝부분을 장식하며, 나머지는
옥로와 같다. 적색 말[赤駵]80)이 끌며, 향사례, 제사 후 돌아올 때,
축하 향연에 갈 때 탄다.81)

象輅, 黃質, 以象飾諸末, 餘與玉輅同, 駕黃駵, 行道則供之.

상로는 황색 바탕이고 상아로 모든 끝부분을 장식하며, 나머지는
옥로와 같다. 황색 말[黃駵]이 끌며, 행차할 때 탄다.

革輅, 白質, 鞔之以革, 餘與玉輅同, 駕白駱, 巡狩·臨兵事則供之.

혁로는 백색 바탕이고 수레를 끄는 끈[鞔]을 가죽으로 하고, 나머
지는 옥로와 같으며, 백색 말[白駱]82)이 끌며, 순수할 때와 친히 군
사와 관련된 일로 나아갈 때 탄다.

木輅, 黑質, 漆之, 餘與玉輅同, 駕黑駵, 畋獵則供之.

---

80) 유류 : 털빛이 붉고 갈기가 검은 말이다.
81) 『舊唐書』 권2 「太宗本紀」에 따르면 '飮至禮'라고 하여 개선 후에 열린
축하연을 말한다. "六月, 凱旋. 太宗親披黃金甲, 陳鐵馬一萬騎, 甲士三
萬人, 前後部鼓吹, 俘二僞主及隋氏器物輦輅獻于太廟. 高祖大悅, 行飮
至禮以享焉."
82) 낙락 : 검은 갈기의 흰색 말이다.

목로는 검은 바탕이고 수레에 옻칠을 하고, 나머지는 옥로와 같다. 검은 말[黑駵]이 끌며, 사냥[83]할 때 탄다.

五輅之蓋, 旌旗之質及繫纓, 皆從輅色, 蓋之裏皆用黃. 其鏤錫, 五輅同.

오로의 덮개, 깃발의 바탕 및 말의 뱃대 끈과 말의 가슴에 걸어 안장에 매는 안장 끈은 모두 각각 노의 색과 같게 하며, 수레 덮개의 안쪽 면은 모두 황색이다. 누양 장식은 오로가 모두 같다

耕根車, 靑質, 蓋三重, 餘與玉輅同, 耕籍則供之.

경근거는 청색 바탕이며 수레 덮개는 3중이고, 나머지는 옥로와 같으며, 경적례를 행할 때 탄다.

安車, 金飾, 重輿, 曲壁, 八鑾在衡, 紫油纁, 朱裏通幰, 朱絲絡網, 朱繫纓, 朱覆鬉髦, 貝絡, 駕赤駵, 臨幸則供之.

안거는 금으로 장식하며 수레 상자는 두 겹으로 그 벽판은 구부러져 있으며, 8개의 난鑾 방울을 가름대[衡]에 단다. 기름을 먹인 자색에 훈색을 배색하고 주색으로 안을 댄 비단으로 수레 전체를 덮고[通幰], 주색 비단실로 만든 망을 덮고 주색 뱃대끈[繫], 주색 안장 끈[纓]을 매고, 주색 말 갈기에 조개를 꿰어 만든 망을 덮고,[84] 적색

---

83) 畋은 봄 사냥을 말하지만, 畋獵이 함께 쓰여 사냥이라고 번역하였다.
84) 패락貝絡 : 조개를 꿰어 만든 덮개를 말하는 것으로 보인다. 『通典』 禮46

말이 끌며 행차할 때 탄다.

四望車, 制同犢車, 金飾, 八鑾在衡, 青油纁, 朱裏通幰, 朱絲絡
網, 拜陵·臨弔則供之.

사망거는 모양은 독거와 같으며, 금으로 장식하고 8개의 난방울을
가름대에 달고 기름을 먹인 청색에 훈색을 배색하며, 주색으로 안을
댄 비단으로 수레 전체를 덮고, 주색 비단실로 만든 망을 덮으며, 배
릉85)하러 갈 때와 친히 조문하러 갈 때 탄다.

自高宗不喜乘輅, 每有大禮, 則御輦以來往. 爰洎則天以後, 遂
以爲常. 玄宗又以輦不中禮, 又廢而不用. 開元十一年冬, 將有事
於南郊, 乘輅而往, 禮畢, 騎而還. 自此行幸及郊祀等事, 無遠近,
皆騎於儀衛之內. 其五輅及腰輿之屬, 但陳於鹵簿而已.

고종 이후부터는 수레[輅]를 타는 것을 좋아하지 않아서 대례가

「薦車馬明器及飾棺」에는 "齊, 象車蓋蒌, 縫合雜彩爲之, 形如瓜分然,
綴貝絡其上及旁"이라고 하여 남제의 象車에는 조개를 꿰어 만든 덮개를
씌운 것으로 기록하고 있다.

85) 배릉拜陵 : 皇陵에 행차하는 일이다. 『晉書』 권65 「王導傳」에는 "한위시
대 이래로 군신들은 산릉에 배릉하는 예를 하지 않는다. 왕도는 평민이었
을 때 원제와 함께 하였으므로 단순히 군신관계라고 만은 할 수 없었으니,
매번 한 단계 높여서 모두 배릉하러 갔는데, 슬픔을 이기지 못하였다. 백
관에게 배릉의 조를 내린 것은 이 왕도로부터 시작된 것이다.自漢魏以來,
群臣不拜山陵. 導以元帝睠同布衣, 匪惟君臣而已, 每一崇進, 皆就拜,
不勝哀戚. 由是詔百官拜陵, 自導始也."라고 하였다.

있을 때마다 가마[御輦]로 오갔다. 이에 측천무후 이후부터는 마침내 가마를 상용하게 되었다. 현종은 다시 가마를 타는 것은 예에 맞지 않다고 여겨 폐지하고 사용하지 않았다. 개원[86] 11년(723) 겨울에 장차 남교에서 제사가 있자, 노를 타고 갔다가 예를 마치고는 말을 타고 돌아왔다. 이때부터 행차와 교사 등의 일에는 멀고 가까움에 관계 없이 언제나 의위대의 안쪽에서 말을 탔다. 이 오로와 가마[腰輿][87]와 같은 것들은 단지 노부의 행차에 참여시킬 뿐이었다.

皇后車則有重翟·厭翟·翟車·安車·四望車·金根車六等.

황후의 수레는 중적거, 염적거,[88] 적거, 안거, 사망거, 금근거의 6종이 있다.

重翟車, 青質, 金飾諸末, 輪畫朱, 金根車牙, 其箱飾以重翟羽, 青油纁, 朱裏通幰, 繡紫帷, 朱絲絡網, 繡紫絡帶, 八鑾在衡, 鏤錫,

---

86) 개원開元 : 唐 玄宗의 두 번째 연호다.

87) 요여腰輿 : 손으로 들어 옮기는 가마로, 들어 올리는 높이가 허리 정도라서 腰輿라고 불렀다. 어깨 높이 들어 올리는 가마는 肩輿라 불렀다.

88) 염적거厭翟車 : 后, 妃, 公主가 타는 수레로 翟羽로 덮었기 때문에 이렇게 불렀다. 『周禮』「春官·巾車」 "王後之五路, 重翟, 錫面朱總. 厭翟, 勒面繢總. 鄭玄 注 '厭翟, 次其羽使相迫也 … 厭翟, 後從王賓饗諸侯所乘.'"

宋 聶崇義 『三禮圖』

鞶纓十二就, 金鍐方釳, 插翟尾, 朱總[二][89], 【總以朱爲之, 如馬纓而小, 著馬勒, 在兩耳與兩鑣也】. 駕蒼龍, 受冊·從祀·享廟則供之.

　중적거는 청색 바탕에 금으로 모든 끝부분을 장식하며 바퀴는 주색에 무늬를 그리고, 금근거와 같은 바퀴테[90])를 두른다. 수레상자 장식은 꿩의 깃털을 겹으로 하며, 기름을 먹인 청색에 훈색을 배색하며 적색으로 안을 댄 비단으로 수레 전체를 덮는다. 수를 놓은 자색 휘장[帷][91])을 치고 주색 비단실로 짠 망을 씌우며, 수를 놓은 자색 비단 띠를 두른다. 8개의 난 방울을 가름대에 달고, 누양을 장식하고 말의 뱃대끈과 안장끈은 12취로 하고, 말의 머리에는 금맘[92])과 방흘을 장식하고 꿩의 꼬리털을 꽂고 주총朱總[93])을 단다.【총은 주색

---

89) [교감기 2] 여러 원전에서는 '朱絲'라고 되어 있다. 이 부분 이하의 주문과 『通典』 권65에 따라 수정하였다.

90) 거아車牙 : 수레바퀴의 바깥 둘레를 말한다. 수레를 부르는 말로도 쓰인다. 『周禮』 「考工記·車人」에는 "연못을 다니는 자는 덧바퀴를 벗기고, 산을 다니는 자는 덧바퀴를 기울인다. 덧바퀴가 벗겨지면 운행이 쉬워지고, 덧바퀴가 기울어지면 수레가 완전해진다.行澤者反輮, 行山者仄輮, 反輮則易, 仄輮則完."고 했는데, 賈公彦은 이 말이 상황에 따라 수레바퀴의 안과 밖을 견고하게 사용하거나 젖게 하였던 것을 말한다."此經言車牙所宜外內堅濡之事."고 하였다.

91) 유帷 : 수레에 치는 씌우개를 말한다.

92) 금맘(종)金鍐 : 『東京賦』와 李善注 『獨斷』에 따라서 맘鍐이라고 교감하였다.

93) 주총朱總 : 붉은색 털이나 실로 벼이삭 모양으로 짠 직물이다. 정현에 의하면 '말의 양쪽 귀나 재갈에 단다'고 하였다. 『周禮』 「春官·巾車」 "王后之五路 : 重翟, 錫面朱總 … 輦車, 有翣, 羽蓋." 鄭玄注 : "總著馬勒, 直兩耳與兩鑣." 賈公彦은 "무릇 總이라고 말한 것은, 총이 거마의 장식이

으로 만드는데 말의 끈과 같이 작으나 말의 고삐에 달아 양쪽 귀와 재갈 옆에 장식한다.】청색 말이 끌며, 책봉을 받거나 제사에 따라 가거나 종묘에 제향하러 갈 때 탄다.

厭翟, 赤質, 金飾諸末, 輪畫朱牙, 其箱飾以次翟羽, 紫油繢, 朱裏通幰, 紅錦帷, 朱絲絡網, 紅錦絡帶, 餘如重翟車, 駕赤騮, 採桑則供之.

염적거는 주색 바탕이며, 수레의 모든 끝부분을 금으로 장식하고, 바퀴테에는 주색에 무늬를 그렸다. 수레상자는 꿩의 깃털로 차례차례 정연하게 장식하고 기름을 먹인 자색 바탕에 훈색을 배색하며, 주색으로 안을 댄 비단으로 수레 전체를 덮는다. 홍색 비단 휘장을 치며, 주색 비단실로 만든 홍색 비단 띠를 두른다. 나머지는 중적거와 같으며 적색 말이 끌며 뽕을 채취하러 갈 때 탄다.

翟車, 黃質, 金飾諸末, 輪畫朱牙, 其車側飾以翟羽, 黃油繢, 黃裏通幰, 白紅錦帷[三],[94] 朱絲絡網, 白紅錦絡帶, 餘如重翟, 駕黃騮, 歸寧則供之. 諸鞶纓之色, 皆從車質.

적거는 황색 바탕이며 수레의 모든 끝부분을 금으로 장식하고, 바

라고 말하는 것이다. 만일 부인의 總이라고 하면 그 매달거나 드리우는 장식으로, 이 때문에 모두 총이라고 한다.凡言總者, 謂以總爲車馬之飾, 若婦人之總, 亦旣繫其本又垂爲飾, 故皆謂之總也."고 하였다.

94) [교감기 3] "白紅錦帷"의 '帷'는 본래 원문에는 없다. 『通典』 권65에 따라 보완하였다.

퀴테에는 주색에 무늬를 그렸다. 수레의 측면에 꿩의 깃털을 장식한다. 기름을 먹인 황색 바탕에 훈색으로 배색하고 황색으로 안을 댄 비단으로 수레 전체를 덮는다. 백색과 홍색 비단 휘장을 치고, 주색 비단실로 짠 망을 덮고 백색과 홍색 비단 띠를 두른다. 나머지는 중적거와 같고 황색 말이 끈다. 친정 부모를 찾아뵐 때 이 수레를 탄다.

安車, 赤質, 金飾, 紫通幰朱裏, 駕四馬, 臨幸及弔則供之.

모든 말의 뱃대끈과 안장끈의 색은 모두 수레의 바탕색과 같게 한다. 안거는 적색 바탕이며 수레의 모든 끝부분을 금으로 장식하고 자색 비단으로 수레 전체를 덮으며, 주색으로 안을 댄다. 말 4마리가 끌고 (황후가) 친히 행차하거나[95] 조문하러 갈 때 탄다.

四望車, 朱質, 紫油通幰, 油畫絡帶, 拜陵・臨弔則供之.

사망거는 주색 바탕이며 기름을 먹인 자색 비단으로 수레 전체를 덮으며, 기름을 먹이고 그림이 그려진 비단 띠를 두르고 배릉하러 가거나 친히 조문할 때 탄다.

金根車, 朱質, 紫油通幰, 油畫絡帶, 朱絲網, 常行則供之.

---

95) 임행臨幸 : 황제가 친림하는 것을 말한다. 제왕의 수레가 이르는 것을 "幸"이라고 한다. 南朝 宋나라의 劉義慶이 쓴 『世說新語』「識鑑」에는, "진무제가 선무장에서 무예를 강론하였는데 무제는 무를 쓰러뜨리고 문을 닦으려 하여 친히 행차하며 모든 신하를 불러들였다.晉武帝講武於宣武場, 帝欲偃武修文, 親自臨幸, 悉召群臣."고 하였다.

금근거는 주색 바탕이며 기름을 먹인 자색 비단으로 수레 전체를 덮으며, 기름을 매기고 그림이 그려진 비단 띠를 두르고 주색 비단 실로 짠 망을 씌운다. 평상시 행차할 때 탄다.

皇太子車輅, 有金輅·軺車·四望車.

황태자의 수레는 금로, 초거, 사망거가 있다.

金輅, 赤質, 金飾諸末, 重較, 箱畫虞文鳥獸, 黃屋, 伏鹿軾, 龍輈, 金鳳一在軾, 前設郭塵, 朱蓋黃裏, 輪畫朱牙, 左建旂九流, 右載闟戟, 旂首金龍頭銜結綏及鈴綏, 駕赤騮四, 八鸞在衡, 二鈴在軾, 金鍐方釳, 插翟尾五焦, 鏤錫, 鞶纓九就, 從祀享·正冬大朝·納妃則供之.

금로는 적색 바탕에 수레의 모든 끝부분을 금으로 장식하고, 교較[96]는 이중으로 하며 수레상자에는 운기와 조수 문양을 그린다. 황색 수레 덮개에 수레 앞턱[軾]은 엎드려 있는 사슴 모양이고 용 모양의 끌채[輈]를 달며, 금 봉황 한 마리를 수레 앞턱에 장식한다. 수레의 앞에는 장진郭塵을 설치하며, 황색으로 안을 댄 주색 덮개의 바퀴테에는 주색에 무늬를 그렸다. 왼쪽에는 9류를 드리운 기旂[97] 세우

---

96) 교較 : 수레의 귀이다. 차여의 양쪽 윗부분의 가로 나무가 고부장하게 앞쪽
   으로 내밀어 나와 있는 부분으로 수레 안에 서 있을 때의 손잡이가 된다.
97) 기旂 : 旂, 龍旂는 날아오르는 용과 내려오는 용을 그린 붉은 깃발이다.
   漢代에는 제후의 깃발이다. 九旒는 기폭에 붙여 늘어뜨린 9개의 긴 오리
   를 말한다.

고 오른쪽에는 흡극을 싣는다. 기의 머리 부분은 금으로 만든 용머리가 결수와 영수를 물고 있는 모양이고 4마리의 적색 말이 끌며, 8개의 난방울이 말 가름대[衡] 위에, 2개의 영鈴방울이 수레 가름대[軾]에 있으며, 금종방흘을 장식하고, 꿩 꼬리털 5개를 꽂고 누양을 붙인다. 말의 뱃대끈과 안장끈은 취가 9개로, 제사에 따라 갈 때, 동지에 조회에 참석할 때, 비妃를 들일 때 탄다.

軺車, 金飾諸末, 紫通憶朱裏, 駕一馬, 五日常服及朝享宮臣·出入行道則供之.

초거는 수레의 끝부분을 모두 금으로 장식하고 자색 비단으로 수레 전체를 덮으며, 안을 주색으로 한다. 말 한 마리가 끌며, 5일마다 열리는 상조에 참석하러 가거나, 태자궁의 신하와 조회하거나 연회를 할 때 및 도로에 행차할 때 탄다.

四望車, 金飾諸末, 紫油纁, 通憶朱裏, 朱絲絡網, 駕一馬, 弔臨則供之.

사망거는 수레의 끝부분을 모두 금으로 장식하고 기름을 먹인 자색에 훈색을 배색했으며 비단으로 수레 전체를 덮는데, 안은 주색이며 주색 비단실로 짠 망을 덮었다. 말 한 마리가 끌며, 조문하러 갈 때 탄다.

王公已下車輅, 親王及武職一品, 象飾輅. 自餘及二品·三品, 革輅. 四品, 木輅. 五品, 軺車.

왕공 이하의 수레는 친왕 및 무관직 1품은 상아로 장식한 노를, 친왕 이하 2품, 3품은 혁로를, 4품은 목로를, 5품은 초거[98]를 탄다.

象輅, 以象飾諸末, 朱班輪, 八鑾在衡, 左建旂, 旂畫龍, 一升一降. 右載闟戟.

상로는 수레의 끝부분을 모두 상아로 장식하고 주색 무늬가 있는 바퀴에 8개의 난방울을 가름대에 달며 왼쪽에는 기旂를 세운다. 기에는 용을 그리는데, 한 마리는 오르는 용, 한 마리는 내려오는 용을 그린다. 오른쪽에는 흡극을 싣는다.

革輅, 以革飾諸末, 左建旜,【通帛爲旜.】 餘同象輅.

혁로는 가죽으로 수레의 모든 끝부분을 장식하고 왼쪽에 전旜[99]을 단다【전은 그림 없이 진홍색 비단으로 만든다.】 나머지는 상로와 같다.

木輅, 以漆飾之, 餘同革輅.

목로는 옻칠로 장식하며, 나머지는 혁로와 같다.

---

98) 초거軺車 : 옛날의 병거로, 사방을 바라볼 수 있는 수레이며, 혹은 말 한 필이 끄는 작은 수레를 말한다.

99) 전旜 : 그림 없이 비단만으로 만든 깃발이다. 『周禮』 「春官·司常」의 "通帛爲旃(旜)"에 대해, 정현은 "通帛, 謂大赤, 從周正色, 無飾"이라 하였다. 일반적으로 九旗의 비단은 모두 絳色을 썼으므로 전은 장식 없이 진홍색 비단만으로 만든 깃발이 된다.

輶車, 曲壁, 青通幰.

초거는 수레상자의 벽이 굽어 있고, 청색 비단으로 수레 전체를 덮는다.

諸輅皆朱質朱蓋, 朱旂旜. 一品九旒, 二品八旒, 三品七旒, 四品六旒, 其鞶纓就數皆準此.

모든 노는 주색 바탕에 주색 덮개, 주색 기와 전을 꽂는다. 1품은 9개의 류旒, 2품은 8개의 류, 3품은 7개의 류, 4품은 6개의 류를 달고 말의 뱃대끈과 안장끈의 취 숫자는 모두 류旒의 수에 준한다.

內命婦夫人乘厭翟車, 嬪乘翟車, 婕妤巳下乘安車, 各駕二馬. 外命婦·公主·王妃乘厭翟車, 駕二馬. 自餘一品乘白銅飾犢車, 青通幰, 朱裏油纁, 朱絲絡網, 駕以牛. 二品已下去油纁·絡網, 四品青偏幰.

내명부의 부인은 염적거를 타고 빈은 적거를 타며, 첩여 이하[100]는 안거를 타는데 각각 말 두 마리가 끈다. 외명부[101]·공주[102]·왕

---

100) 첩여婕妤 : 당나라에서는 황후 아래에 정1품 夫人, 정2품 九嬪, 정3품 婕妤 등 여러 여관들이 있었다. 『舊唐書』 권51 「后妃傳」 "唐因隋制, 皇后之下, 有貴妃, 淑妃, 德妃, 賢妃各一人, 爲夫人, 正一品. 昭儀, 昭容, 昭媛, 修儀, 修容, 修媛, 充儀, 充容, 充媛各一人, 爲九嬪, 正二品. 婕妤九人, 正三品. 美人九人, 正四品. 才人九人, 正五品. 寶林二十七人, 正六品. 御女二十七人, 正七品. 采女二十七人, 正八品. 其餘六尙諸司, 分典乘輿服御."

비는 염적거를 타는데 말 두 마리가 끈다. 그 이하 1품은 백동으로 장식한 독거[103]를 타는데 청색 비단으로 수레 전체를 덮는데 주색으로 안을 댄 기름을 먹인 훈색을 배색하며, 주색 비단실로 짠 망을 씌우며 소가 끈다. 2품 이하는 기름 먹인 훈색 배색과 비단 망이 없고, 4품은 청색 장막을 앞쪽에만 덮은 편헌거를 탄다.

有唐已來, 三公已下車輅, 皆太僕官造貯掌. 若受制行冊命及二時巡陵·婚葬則給之. 自此之後, 皆騎馬而已.

당대 이래로 삼공 이하의 수레는 모두 태복관이 제조 보존 관리한다. 만약 행차의 제서를 받아 책봉을 행하러 가거나 (일 년에) 두 계절의 능묘 순시를 하러 가거나 혼인이나 장례를 하러 가게 될 때 이것을 탄다. 이러한 경우 이외에는 모두 말을 탈 뿐이다.

---

101) 외명부外命婦 : 왕, 사왕, 군왕 및 5품관 이상, 훈관 4품관 이상의 모친이나 처, 첩을 말한다. 『新唐書』 권46 「百官志」 "凡外命婦 有六 : 王, 嗣王, 郡王之母, 妻爲妃, 文武官一品, 國公之母, 妻爲國夫人, 三品以上母, 妻爲郡夫人, 四品母, 妻爲郡君, 五品母, 妻爲縣君, 勳官四品有封者母, 妻爲鄕君. 凡 外命婦朝參, 視夫, 子之品."

102) 공주公主 : 大長公主, 長公主, 公主 등이다. 『新唐書』 권46 「百官志」 "皇姑爲大長公主, 正一品. 姊妹爲長公主. 女爲公主. 皆視一品. 皇太子女爲郡主, 從一品. 親王女爲縣主, 從二品."

103) 독거犢車 : 軿車의 일종으로 한대에는 재력이 없는 제후가 탔으나 나중에는 점차 귀해졌다고 한다. 동진 이후에는 화물을 싣는 수레로 사용되기도 했다. 『宋書』 권18 「禮志」 "軿車之流也. 漢諸侯貧者乃乘之, 其後轉見貴. 孫權云「車中八牛」, 即 犢車 也. 江左御出, 又載儲偫之物. 漢代賤軺車而貴輜軿, 魏, 晉賤輜軿而貴軺車."

唐制, 天子衣服, 有大裘之冕·袞冕·鷩冕·毳冕·繡冕[104]·玄冕·通天冠·武弁·黑介幘·白紗帽·平巾幘·白帢, 凡十二等.

당나라 제도에는 천자의 의복에 대구면, 곤면, 별면, 취면, 수면, 현면, 통천관, 무변, 흑개책, 백사모,[105] 평건책, 백갑이 있어서 모두 12개로 구분된다.

大裘冕, 無旒, 廣八寸, 長一尺六寸,【玄裘纁裏, 已下廣狹准此】金飾, 玉簪導, 以組爲纓, 色如其綏. 裘以黑羔皮爲之, 玄領·褾·襈緣. 朱裳, 白紗中單, 皁領, 青褾·襈·裾. 革帶, 玉鉤䥖, 大帶,【素帶朱裏, 紺其外, 上以朱, 下以綠, 紐用組也】蔽膝隨裳. 鹿盧玉具劍, 火珠鏢首. 白玉雙珮, 玄組雙大綏, 六綵, 玄·黃·赤·白·縹[106]·綠, 純玄質, 長二丈四尺, 五百首, 廣一尺.【小雙綬長二尺一寸, 色同大綬而首半之, 間施三玉環】朱襪, 赤舄. 祀天神地祇則服之.

대구면은 (관면에) 류가 없고 너비는 8촌, 길이는 1척 6촌이며,【검

---

104) 『通典』「禮」에는 "祭日之晨, 王及尸皆服絺冕. 司服云: "祭社稷五祀則絺冕. 知有尸者, 鳧鷖詩所謂公尸"로 絺冕으로 썼다. 『太平御覽』, 『大唐郊祀錄』 등에서도 絺冕으로 썼다.

105) 백사모白紗帽 : 남조시기에 주로 황제가 쓰던 모자다. 梁 天監 8년(509)에 황제가 연회에서 백사모를 쓴 후로 귀하게 여겼다.

孫晨陽 張珂 편저 『中國古代服飾辭典』, 2015, 中華書局(燉煌 莫高窟 289窟 北朝壁畫)

106) 표표縹 : 옥색을 가리킨다.

은 갖옷에 안은 훈색이다. 이하 넓고 좁음은 이에 준한다.】금장식에 옥잠
도를 하고 직물로 만든 관끈[纓]을 만드는데 색은 인끈[綬][107]의 색
과 같다. 갖옷은 검은색 양의 가죽으로 만들며, 검은색 옷깃, 검은색
소맷부리[褾], 검은색 가슴옷깃 가장자리[襟緣]로 한다. 주색 치마를
입으며, 백사중단은 검은색 옷깃, 청색 소맷부리, 청색 가선[襈], 청
색 옷자락[裾]으로 한다. 옥으로 만든 고리[玉鉤鰈]가 달린 혁대를 차
며, 대대大帶[108]【소색 바탕에 안쪽을 주색으로 하고, 바깥쪽은 감紺색으로
하며 위는 주색으로 하고 아래는 녹색으로 하는데 끈[紐]은 직물을 쓴다.】폐
슬은 치마색에 따른다. 손잡이가 녹로 형태이고 검의 세부를 옥으로
장식한 녹로옥구검鹿盧玉具劍[109]을 차는데 칼집의 끝[鏢]과 검의 손

---

107) 수綬 : 본래는 관리들이 도장을 매어 가지고 다니
    기 위해 착용하던 끈 모양이었으나, 후에는 장식
    성이 강해져 복식의 장식처럼 착용되었다.

孫晨陽 張珂 編著 『中國古代服飾辭典』, 2015, 中華書局
(山東省 嘉祥縣 武氏祠堂 石刻)

108) 대대大帶 : 고대의 사대부 계층이 일반적으로 심의의 바깥에 매던 넓은
    허리띠다. 祭服, 朝服을 입을 때 혁대 위에 다시 대대를 찼다. 비단 직물
    로 만든 것으로 천자나 제후는 가선을 둘렀고, 천자는 주색으로 안을
    댔다.

孫晨陽 張珂 編著 『中國古代服飾辭典』, 2015, 中華書局(『三禮圖』 『明會典』)

잡이 끝[首]은 화주[110]로 장식한다. 백옥을 쌍으로 차고, 직물로 된 검은 색 대수를 쌍으로 찬다. 인끈은 6색을 쓰는데 현색, 황색, 적색, 백색, 옥색, 녹색이다. 바탕은 현색으로 하며 길이는 2장 4척이고 5백수로 하고 너비는 1척이다.【쌍으로 된 작은 인끈의 길이는 2척 1촌이고 색은 대수大綬[111]와 같고 수首의 숫자는 큰 인끈의 반이다. 인끈과 인끈 사이에는 3개의 옥환을 끼운다.】 주색 버선[襪]에 적색 석舃을 신는다. 천신과 지신에 제사할 때에 이 복식을 착용한다.

---

109) 녹로옥구검鹿盧玉具劍 : 『隋書』 권11 「禮儀志」의 남조의 陳나라와 북위의 의관제도를 서술한 부분에서는 '鹿盧劍'으로 되어 있다.

110) 화주火珠 : 火珠首라고도 하며 검의 장식이다. 검의 머리부분을 화주로 장식한다. 화주에 대해서는 『舊唐書』 권197 「南蠻西南蠻傳 · 林邑」에 "〈貞觀〉四年, 其王范頭黎遣使獻火珠, 大如雞卵, 圓白皎潔, 光照數尺, 狀如水精, 正午向日, 以艾承之, 即火燃."라는 기록이 있다.

111) 대수大綬 : 바탕을 촘촘하게 짠 넓은 綬帶를 말한다. 성글게 짠 小帶와 구별된다. 『隋書』 권12 「禮儀志」 "大綬, 六采, 玄黃赤白縹綠, 純玄質, 長二丈四尺, 五百首, 廣一尺."

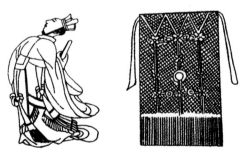

孫晨陽 張珂 편저 『中國古代服飾辭典』, 2015, 中華書局
(『三才圖會』, 燉煌 莫高窟 唐代壁畫)

綖
通天冠, 黑
介幘, 附蟬
笄
冕旒
紞
就間相距一寸
充耳(瑱)
日
月
中單(曲领)
天河帶
上衣
玉具劍
大帶
革帶
韍
疑黼紋
黻紋
疑火紋
星辰紋
山紋
下裳
舃

冕服 명칭도 및 玄衣와 纁裳

孫晨陽 張珂 편저 『中國古代服飾辭典』, 2015, 中華書局

袞冕, 金飾, 垂白珠十二旒, 以組爲纓, 色如其綬, 黈纊充耳, 玉簪導. 玄衣, 纁裳, 十二章.【八章在衣, 日‧月‧星‧龍‧山‧華蟲‧火‧宗彝, 四章在裳, 藻‧粉米‧黼‧黻. 衣褾‧領爲升龍, 織成爲之也】各爲六等, 龍‧山以下, 每章一行, 十二[四].112) 白紗中單, 黼領, 青褾‧襈‧裾, 黻.【繡龍‧山‧火三章, 餘同上.】革帶‧大帶‧劍‧珮‧綬與上同. 舃加金飾. 諸祭祀及廟‧遣上將‧征還‧飲至‧踐阼‧加元服‧納后‧若元日受朝, 則服之.

곤면113)은 금장식을 하며 백구슬로 된 12개의 류114)를 드리우며,

---

112) [교감기 4] “十二”에 대해서는 『通典』권108에서는 “重以爲等, 每行十二也”라고 하였다.

113) 곤면袞冕 : 고대 중국의 황제와 上公의 禮服과 禮冠이다. 천지제사, 종묘제사 등 큰 행사 때 입는 정식의 복장이다.

宋 聶崇義 『三禮圖』

114) 12류관, 9류관, 7류관 : 면관에 드리우는 구슬의 숫자에 따라 분류되었다. 12류는 천자의 관이고, 9류관은 제후의 관, 7류관은 상대부의 관이다. 『周禮』「夏官‧弁師」 “天子之冕十二旒, 諸侯九, 上大夫七, 下大夫五”

十二旒   九旒   七旒

출처 : 宋 攝崇義 『三禮圖』

직물[組]로 관끈[纓]을 만드는데, 그 색은 인끈의 색과 같게 하며, 곁
에는 주광충이(黈纊充耳[115])를 드리우고 옥잠도를 꽂는다. 현의와 훈
상을 입는데 12종류의 문양[116])을 넣는다.【8종류의 문양은 웃옷에 넣는
데 일·월·성·용·산·화충·화·종이宗彝이며, 4종류의 문양은 치마에 넣는
데 조·분비·보·불이다. 옷의 소매 끝과 옷깃은 오르는 용을 장식하는데 직

---

115) 주광黈纊 : 누런 귀막이 솜. 황색 비단을 작은 공 모양으로 만든 것이다.
관면에 매달아 양쪽 귀로 내리뜨리는데, 망령된 말을 듣지 않고자 함을
보여주는 것이다. 呂忱曰 "黈, 黃色也. 黃緜爲之." 禮緯曰 "旒垂目, 纊
塞耳, 王者示不聽讒, 不視非也." 薛綜曰 "以珩玉爲充耳也. 詩云 '充
耳琇瑩' 毛萇傳曰 '充耳謂之瑱. 天子玉瑱. 琇瑩, 美石也. 諸侯以石.'"
116) 십이장十二章 : 천자 복식의 12문양을 말한다. 隋書』권11「禮儀志」"衣
畫而裳繡. 衣則日·月·星辰·山·龍·華蟲·火·宗彝·畫以爲繢.　裳
則藻, 粉, 米, 黼黻, 以爲繡. 凡十二章."

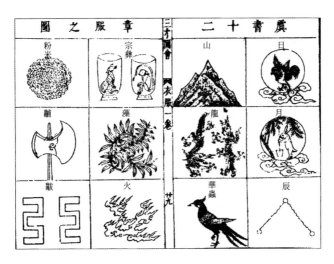

明 王圻 『三才圖會』

조로 그 문양을 만든다.】각 문양은 6등급이 있는데 용과 산 이하는 매 문양을 1행으로 하고 1행마다 12개를 넣는다. 백사중단117)을 입는데 보黼118)문양을 옷깃에 넣으며, 청색 소매끝, 청색 가선, 청색 옷자락에 불黻 문양을 넣는다.【용·산·화 문양은 수를 놓는다. 나머지는 위와 같다.】혁대·대대·검·패·인끈은 위와 같다. 석에는 금장식을 더한다. 여러 제사 및 알묘제에 참석할 때, 장군을 출정시킬 때, 출정하거나 출정에서 개선할 때, 종묘에서 음복할 때, 즉위할 때, 관례를 할 때, 황후를 맞이할 때, 혹은 원일에 조회할 때, 이 복식을 착용한다.

鷩冕服, 七章,119)【三章在衣, 華蟲·火·宗彝, 四章在裳, 藻·粉米·黼·黻】. 餘同袞冕, 有事遠主則服之.

---

117) 중단中單 : 祭服이나 朝服을 입을 때 안에 입는 옷이다. 처음에는 中衣라고 불렀다. 백색의 얇은 비단으로 만들며, 領, 袖, 襟, 裾는 짙은 색으로 가선을 두르기도 하였다. 『隋書』권11「禮儀志」 "天監三年, 何佟之議 :「公卿以下祭服, 裏有中衣, 即今之中單也. 案後漢輿服志明帝永平二年, 初詔有司採周官 禮記 尙書, 乘輿服, 從歐陽說 ; 公卿以下服, 從大小夏侯說. 祭服, 絳緣

孫晨陽 張珂 편저 『中國古代服飾辭典』, 2015, 中華書局

領袖爲中衣, 絳袴袜, 示其赤心奉神. 今中衣絳緣, 足有所明, 無俟於袴. 既非聖法, 謂不可施.」遂依議除之."

118) 보黼 : 흰 실과 검은 실로 도끼 모양의 수를 놓은 것을 말한다.

119) "鷩冕, 服七章"에 대해서 손기는 "鷩冕服, 七章"으로 표점하였다. 아래 玄冕服 부분에서는 玄冕服으로 표점한 사례가 있으므로, 이를 반영하여 "鷩冕服"으로 표점한다. 이하 毳冕服, 繡冕服도 같다.

별면[120]은 7종류의 문양으로 한다.【3종류의 문양은 웃옷에 장식하는데, 화충·화·종이다. 4종류의 문양은 치마에 장식하는데 조·분미·보·불이다.】나머지는 곤면과 같다. 먼 조상[遠祖]에 제사할 때, 이 복식을 착용한다.

毳冕服, 五章,【三章在衣, 宗彝·藻·粉米, 二章在裳, 黼·黻也.】餘同鷩冕, 祭海岳則服之.

취면[121]은 5종류의 문양으로 한다.【3종류의 문양은 윗옷에 있는데 종이, 조, 분미이며, 2종류의 문양은 치마에 있는데 보와 불이다.】나머지는 별면과 같으며, 해와 산악에 제사할 때, 이 복식을 착용한다.

繡冕, 服三章,【一章在衣, 粉米, 二章在裳, 黼·黻.】餘同毳冕, 祭社稷

---

120) 별면鷩冕 : 先公에 대한 제사나 鄕射禮 때에 입는 예복이다. 冕冠은 9旒인데, 류마다 12顆를 맨다. 鷩은 붉은 꿩을 가리키며, 꿩[雉]의 일종이다.
121) 취면毳冕 : 사망산천에 대한 제사 때에 입는 예복이다. 면관은 7류인데, 류마다 12과를 맨다.

鷩冕
宋 聶崇義 『三禮圖』

毳冕
宋 聶崇義 『三禮圖』

·帝社則服之.

　수면122)은 4종류의 문양으로 한다.【1종류의 문양은 웃옷에 있는데 분미이며, 2종류의 문양은 치마에 있는데 보와 불이다.】 나머지는 취면과 같으며, 사직에 제사할 때와 제사(帝社)에 제사할 때, 이 복식을 착용한다.

　玄冕服,【衣無章, 裳刺黼一章[五].】.123) 餘同繡冕, 蜡祭百神·朝日夕月則服之.

　현면124)은【웃옷에는 문양이 없으며, 치마에는 보 문양만을 수 놓는다.】 나머지는 수면과 같으며, 연말에 백신에게 납제할 때와 조일과 석월

---

122) 수(치)면繡(絺)冕 :『新唐書』권24「車服志」에서는 "사직에 제사하고 선농에 배향할 때 입는다. 7가닥의 류를 늘어뜨린다. 문양은 3장인데, 치絺분미는 상의에, 보불은 치마에 넣는다"고 하였다.

123) [교감기 5] "裳刺黼一章"「黼」 뒤에는 각 本의 원문에는 '黻'字가 있다.『通典』권108「新唐書」권24「車服志」에 따라 생략하였다.

124) 현면玄冕 : 크고 작은 제사 때에 입는 예복이다.『周禮』「春官·司服」 "祭群小祀則玄冕." 鄭玄 注 "玄者, 衣無文, 裳刺黻而已, 是以謂玄焉."

繡(絺)冕　　　　　　玄冕
宋 聶崇義『三禮圖』　宋 聶崇義『三禮圖』

에 제사할 때, 이 복식을 착용한다.

通天冠, 加金博山, 附蟬十二首, 施珠翠, 黑介幘, 髮纓翠綏, 玉若犀簪導. 絳紗裏[六],[125] 白紗中單, 領[七],[126] 褾【飾以織成】朱襈·裾, 白裙, 白裙襦,【亦裙衫也】絳紗蔽膝, 白假帶, 方心曲領. 其革帶·珮·劍·綏·襪·舃與上同. 若未加元服, 則雙童髻, 空頂黑介幘, 雙玉導, 加寶飾. 諸祭還及冬至朔日受朝·臨軒拜王公·元會·冬會則服之.

통천관[127]은 금으로 된 산 모양의 장식을 달고, 매미장식 12개를 단다. 진주와 물총새 깃털[翠羽]을 붙이고, 흑개책을 쓰는데 끈으로 머리카락을 묶고 관끈의 끝은 물총새 깃털로 장식하며, 옥잠이나 무소뿔잠을 꽂는다. 강색 사로 (책의) 안쪽을 대며, 백사중단을 입는데 목둘레 옷깃, 소맷부리【장식은 직조한 것으로 한다.】주색으로 옷 가장자리와 옷자락을 댄다. 백색 치마, 백색 저고리【치마와 삼이다.】를 입

---

125) [교감기 6] "絳紗裏"는 『新唐書』권24 「車服志」에는 "絳紗袍, 朱裏"라고 하였다.

126) [교감기 7] 領은 『通典』권108, 『新唐書』권24 「車服志」에는 '領'字 위에 '朱'字가 있으며, 아래 문장의 '襈' 위에는 '朱'字가 없다.

127) 통천관通天冠 : 高山冠이라고도 하며, 그 모양이 산과 같다고 하였으며, 딱딱한 심을 넣어 梁을 세웠다. 『後漢書』권30 「輿服志」"通天冠, 高九寸, 正豎, 頂少邪却, 乃直下爲鐵卷梁, 前有山, 展筩爲述, 乘輿所常服."

宋 攝崇義
『三禮圖』

는데, 강색 사 폐슬을 하고 백색 가대假帶에 방심곡령의 옷을 입는다.
그 혁대, 패, 검, 인끈, 버선[襪], 신발[舃]128)은 위와 같다. 만일 아직
원복元服을 하지 않았을 때라면 쌍동계雙童髻에 정수리 부분이 비어
있는 흑개책을 쓰며, 쌍옥도를 꽂고, 보석 장식을 더한다. 모든 제사
에서 돌아올 때, 동지 삭일에 조회를 받을 때, 임헌하여 왕공을 임명
할 때, 원회·동회에 참석할 때, 이 복식을 착용한다.

武弁, 金附蟬, 平巾幘.【餘同前服.】[八]129) 講武·出征·四時蒐狩
·大射·禡·類·宜社·賞祖·罰社·纂嚴則服之.

　무변130)은 금으로 만든 매미를 달며, 평건책을 쓴다.【나머지는 앞의

---

128) 석舃 : 일반적으로 鞋의 통칭으로 쓰이지만, 구체적으로는 신발 바닥에
　　나무를 덧댄 신발로 진흙이나 물에도 빠지지 않도록 하였다. 晉 崔豹의
　　『古今注·輿服』에 "舃, 以木置履下, 乾腊不畏泥濕也"라 하였다.

宋 聶崇義 『三禮圖』

129) [교감기 8] "餘同前服"의 '前'字는 각 本의 원문에는 '其'라고 하였다.
　　『通典』 권108에 따라 수정하였다.
130) 무변武弁 : 武弁大冠이라고도 하며, 조나라의 惠文冠을 변형한 것으로
　　秦漢代 이래로 무장의 冠이었다.

宋 聶崇義 『三禮圖』

복식과 같다】 군사 훈련을 하거나,[131] 출정, 사시 사냥,[132] 대사,[133] 마제[134] 류류[135] 의사宜社,[136] 상조賞祖,[137] 벌사罰社,[138] 찬엄纂嚴[139] 할 때, 이 복식을 착용한다.

---

131) 강무講武 : 武術이나 戰事를 강습하는 것을 말한다.『禮記』「月令」에는 孟冬에 천자의 명에 의해서 활쏘기, 말타기, 씨름 등을 훈련하게 하였다고 한다."天子乃命將帥講武, 習射御, 角力."

132) 사시수수四時蒐狩 :『左傳』「隱公5年」에 의하면 봄 사냥은 蒐, 여름 사냥은 苗, 가을 사냥은 獮, 겨울 사냥은 狩라고 하였다."故春蒐, 夏苗, 秋獮, 冬狩."

133) 대사大射 : 射禮에는 大射, 燕射, 賓射, 鄕射가 있는데, 가장 큰 의례가 大射禮다. 天子와 제후가 제사 전에 제사에 참석할 제후를 선발하기 위해서 활쏘기를 하였다. 당대 이후 군례로 분류하였다가, 송대에 들어가서는 嘉禮로 분류하여 황제의 연회에서 거행하는 일이 많았다.

134) 마제禡 : 마제사, 군대를 주둔시킨 곳에서 군의 신에게 지내는 제사를 말한다.

135) 류류類 : 上帝에게 고하기 위해 하는 제사다.『尙書』「舜典」에 "肆類於上帝"라고 한 조목에 대해서 孔穎達은 "祭於上帝, 祭昊天及五帝也"라고 풀이하였다.『禮記』「王制」에서는 "天子將出, 類乎上帝, 宜乎社, 造乎禰"라고 하였는데, 鄭玄은 "類, 宜, 造, 皆祭名."라고 하였다.

136) 의사宜社 : 사직에 지내는 제사다.『尙書』「泰誓」上에 "予小子夙夜祗懼, 受命文考, 類於上帝, 宜於塚土" 孔傳은 "祭社曰宜. 塚土, 社也"라고 하였다.『左傳』「定公4年」에도 "君以軍行, 祓社釁鼓, 祝奉以從"라 하였는데, 杜預가 注하여 "師出, 先事祓禱於社, 謂之宜社 ; 於是殺牲以血塗鼓釁爲釁鼓."라고 하였다.

137) 상조賞祖 : 종묘에서 상을 내리는 일을 말한다.

138) 벌사罰社 : 사직에서 죄인을 처벌하는 일을 말한다.

139) 찬엄纂嚴 : 군대가 군비와 무기를 갖추어 계엄하는 일을 말한다.

弁服,【弁以鹿皮爲也.】 十有二琪,【琪以白玉珠爲之】 玉簪導, 絳紗衣,
素裳, 革帶, 白玉雙珮, 鞶囊, 小綬, 白襪, 烏皮履, 朔日受朝則服之.

변복,【변은 녹피로 만든다.】 12개의 기기를 다는데【기는 백옥 구슬로
만든 것이다.】 옥잠도에 강사로 만든 상의, 소색 치사, 혁대, 백옥쌍패,
반낭, 소수, 백색 버선, 검은 가죽 신발[履]을 신으며, 삭일에 조회할
때, 이 복식을 착용한다.

黑介幘, 白紗單衣, 白裙襦, 革帶, 素襪, 烏皮履, 拜陵則服之.

흑개책은 백사단의를 입으며, 백색 치마저고리에 혁대, 소색 버선,
검은 가죽 신발[履]을 신으며, 배릉하러 갈 때, 이 복식을 착용한다.

白紗帽,【亦烏紗也】. 白裙襦,【亦裙衫也】. 白襪, 烏皮履, 視朝聽訟及
宴見賓客則服之.

백사모,【역시 검은 사[烏紗]로 만든 것도 있다.】 백색 치마저고리를 입
는다.【치마와 삼이라고도 한다.】 백색 버선에 오피리를 신는다. 조회에
참석하여 소송을 듣거나 연회에서 빈객을 맞을 때, 이 복식을 착용
한다.

平巾幘,【金寶飾.】 導簪冠文皆以玉, 紫褶,【亦白褶.】 白褲, 玉具裝,
眞珠寶鈿帶, 乘馬則服之.

평건책,【금과 보석으로 장식한다.】 도잠과 관의 무늬는 모두 옥으로
하며, 자색 장의[褶]140)【백색 장의도 있다】. 백색 바지를 입으며, 옥으

로 모두 장식하고 진주와 보석으로 세공한 띠를 차고 말을 탈 때,
이 복식을 착용한다.

白帢, 臨大臣喪則服之.

백갑[141]은 대신의 상에 친히 문상할 때, 이 복식을 착용한다.

太宗又制翼善冠, 朔望視朝, 以常服及帛練裙襦通著之. 若服褲
褶, 又與平巾幘通用. 著於令.

태종은 또 익선관[142]을 만들어 삭일과 망일에 조회할 때 일상복

---

140) 습습褶 : 褲褶에서 褲는 하의, 褶은 상의를 말한다. 당나라에서는 長衣를
   말하기도 한다. 당나라에서는 3품 이상의 관리는 紫褶, 5품 이상의 관리
   는 緋褶을 입고, 7품 이상의 관리는 綠褶을 입고, 9품 이상의 관리는
   碧褶을 입었다.

141) 백갑白帢 : 素縑으로 만든 백색의 모자다. 한나라 말에 조조가 물자가
   모자라니 옛 皮弁의 모양을 본떠 백색 비단으로 백갑을 만들어 썼다고
   전한다. 남북조와 수당대에 천자가 喪服으로 착용하기도 하였다.

孫晨陽 張珂 편저 『中國古代服飾辭典』, 2015, 中華書局
(『歷代帝王圖卷』 孫機 『高逸圖』)

142) 익선관翼善冠 : 唐 太宗이 古制를 채용하여 만들었다. 양쪽에 날개처럼
   위로 향한 모양의 장식을 달아 익선관이라 하였다.

으로 입었는데 비단 치마와 저고리를 함께 입었다. 만일 바지와 장의[襦褶]를 입게 되면 평건책과 통용하였다. 영에 저록하였다.

其常服, 赤黃袍衫, 折上頭巾, 九環帶, 六合靴, 皆起自魏·周, 便於戎事. 自貞觀已後, 非元日冬至受朝及大祭祀, 皆常服而已.

평상복으로는 적황색의 포와 삼을 입고 윗부분이 꺾인 두건을 쓰고 아홉 개의 고리가 달린 허리띠를 차고, 가죽을 여섯 번 봉합한 장화[六合靴]를 신는다. 모두 북위와 북주에서 시작된 것으로 전쟁에 편리한 복식이다. 정관 연간(627~649) 이후부터 원단이나 동지에 조회를 받거나 대제사가 아니면 모두 이 평상복만 입었다.

顯慶元年九月, 太尉長孫無忌與修禮官等奏曰:

현경143) 원년(656) 9월 태위 장손무기長孫無忌144)와 수예관修禮官

孫晨陽 張珂 편저 『中國古代服飾辭典』, 2015, 中華書局)

143) 현경顯慶 : 唐 高宗의 연호다. 당 고종의 연호로는 永徽, 顯慶, 龍朔, 麟德, 乾封, 總章, 咸亨, 上元, 儀鳳, 調露, 永隆, 開耀, 永淳, 弘道로 모두 14개의 연호를 사용하였다.

144) 장손무기長孫無忌(?~659) : 字는 輔機이며, 河南省 洛陽 사람이다. 본래 鮮卑族 출신이다. 당나라에서 재상을 지냈으며, 외척이다. 수나라 때

등이 상주하였다.

　准武德初撰衣服令, 天子祀天地, 服大裘冕, 無旒. 臣無
忌·志寧·敬宗等謹按郊特牲云 : 「周之始郊, 日以至.」「被
袞以象天, 戴冕藻十有二旒, 則天數也.」而此二禮, 俱說周
郊, 袞與大裘, 事乃有異. 按月令 : 「孟冬, 天子始裘.」明以
禦寒, 理非當暑, 若啓蟄祈穀, 冬至報天, 行事服裘, 義歸通
允. 至於季夏迎氣, 龍見而雩, 炎熾方隆, 如何可服? 謹尋歷
代, 唯服袞章, 與郊特牲義旨相協. 按周遷輿服志云, 漢明
帝永平二年, 制採周官·禮記, 始制祀天地服, 天子備十二
章. 沈約宋書志云 : 「魏·晉郊天, 亦皆服袞.」又王智深宋紀
曰 : 「明帝制云, 以大冕純玉藻·玄衣·黃裳郊祀天地.」後魏

右驍衛將軍 長孫晟의 아들이며, 文德皇後의 同母 兄이다. 母는 北齊
樂安王高勱의 딸이다. 어려서 아버지를 잃고, 외조부 高士廉에 의해서
양육되었다. 太宗과는 布衣之交를 맺었고, 결혼으로 결합되었다. 晉陽
에서 起兵한 후에 秦王 李世民을 따라 四方을 정벌하였고, 그의 心腹
이 되었다. 많은 공을 세워 上黨縣公에 책봉되었고, 玄武門의 變에도
참여하였다. 貞觀 연간에 左武候大將軍, 領吏部尙書·右僕射를 역임
하였고, 司空·司徒兼侍中·檢校中書令으로 승진하였다. 趙國公에 세
습 책봉되었고, 凌煙閣 제1위 자리에 그의 초상화가 걸렸다. 또 晉王
李治를 지지하여 태자가에 오르게 하였으며, 高宗 즉위 후에는 太尉
·同中書門下三品에 제수되었다. 永徽 연간에는 〈貞觀律〉을 기초로
〈唐律疏議〉의 修訂을 주관하였다. 顯慶 4년(659)에 中書令 許敬宗으
로부터 무고를 당하여 관작이 삭탈되어 黔州(현재 重慶市 彭水縣)으로
유배되었다가 목매어 죽었다. 上元 元年(674)에 관작을 복위시키고, 昭
陵에 배장하였다.(『舊唐書』 권65 「長孫無忌傳」)

·周·齊, 迄于隋氏, 勘其禮令, 祭服悉同. 斯則百王通典,
炎涼無妨, 復與禮經事無乖舛. 今請憲章故實, 郊祀天地,
皆服袞冕, 其大裘請停, 仍改禮令. 又檢新禮, 皇帝祭社稷
服繡冕, 四旒, 三章. 祭日月服玄冕, 三旒, 衣無章. 謹按令
文是四品五品之服, 此則三公亞獻, 皆服袞衣, 孤卿助祭,
服毳及鷩, 斯乃乘輿章數, 同於大夫, 君少臣多, 殊爲不可.
據周禮云：「祀昊天上帝則服大裘而冕, 五帝亦如之. 享先
王則袞冕, 享先公則鷩冕, 祀四望山川則毳冕, 祭社稷五祀
則絺冕, 諸小祀則玄冕.」又云：「公侯伯子男孤卿大夫之服,
袞冕以下, 皆如王之服.」所以三禮義宗, 遂有二釋[九].[145]
一云公卿大夫助祭之日, 所著之服, 降王一等. 又云悉與王
同. 求其折衷, 俱未通允. 但名位不同, 禮亦異數. 天子以十
二爲節, 義在法天, 豈有四旒三章, 翻爲御服. 若諸臣助祭,
冕與王同, 便是貴賤無分, 君臣不別. 如其降王一等, 則王
著玄冕之時, 群臣次服爵弁, 既屈天子, 又貶公卿. 周禮此
文, 久不施用. 亦猶祭祀之立尸侑, 君親之拜臣子, 覆巢設
哲蔟之官, 去蠹置蝈氏之職, 唯施周代, 事不通行. 是故漢·
魏以來, 下迄隋代, 相承舊事, 唯用袞冕. 今新禮親祭日月,
仍服五品之服, 臨事施行, 極不穩便. 請遵歷代故實, 諸祭
並用袞冕.

　　무덕 초년의 「의복령衣服令」에 의하면, 천자가 천지에 제사
할 때에는 대구大裘 입고 류가 없는 면을 착용합니다. 신 장손

무기, 우지녕于志寧,146) 허경종許敬宗147)이 자세히 살펴보니,
「교특생郊特牲」148)에서는 '주나라에서 처음 교사할 때에는 지
일149)에 행하였다.' '갖옷[裘]을 입는 것은 천을 상징하고, 면의
12류 장식은 천天의 숫자다'라고 말합니다. 이 두 사례는 모두
주나라 때 교제의 시기를 말하는 것인데, 곤복과 대구에 대한
기록은 차이가 있습니다. 「월령月令」을 살펴보면, '맹동孟冬에
천자는 비로소 갖옷을 입는다'라고 해서 추위를 막는 것을 명
확히 하고 여름에 입는 것이 아니라는 것을 밝히고 있습니다.
경칩[啓蟄]에 곡식의 풍요를 구하고 동지冬至에 천에 보응하는
행사 때 갖옷을 입는 것은 그 뜻을 마땅하게 하는 것입니다.
계하季夏에 이르러, 영기迎氣하고 용성이 나타나면 비를 기구
하는데 무더위가 성하여 바야흐로 기승을 부리면 어찌 입을 수
있겠습니까? 삼가 역대의 사례를 살펴보니, 오직 곤복을 입었

---

146) 우지녕于志寧(588~665) : 雍州 高陵 사람이다. 周太師 燕文公謹의 曾
    孫이다. 父 宣道는 隋나라의 內史舍人를 지냈다. 우지녕은 大業 말기에
    冠氏縣長이 되었다가 마침 산동에서 반란이 일어나자 관직을 버리고
    낙향하였다. 당 고조가 장안으로 입관하였을 때 무리들을 이끌고 나아가
    長春宮에서 영접하였는데, 고조는 그가 유명하였으므로 더욱 예를 더하
    여 銀靑光祿大夫를 제수하였다.(『舊唐書』 권78 「于志寧列傳」)

147) 허경종許敬宗(592~672) : 杭州 新城 사람이다. 隋왕조 禮部侍郎 許善
    心의 아들이다. 그의 선조가 高陽으로부터 남하하여 동진에서 관직에
    나아갔다. 허경종은 당 태종대에 著作郎, 兼修國史, 遷中書舍人 등을
    역임하였다.(『舊唐書』 권82 「許敬宗列傳」)

148) 『禮記』 「郊特牲」을 가리킨다.

149) 지일至日 : 冬至와 夏至를 말한다.

으니, 「교특생」과 그 뜻이 맞습니다. 주천周遷150)의 「여복지」를 살펴보니, 후한 명제 영평 2년(59)에 제서를 내려 『주관』과 『예기』에서 선별해 처음으로 천지에 제사하는 복식을 제정하여 천자의 12장을 갖추었습니다. 심약151)의 『송서』 「여복지」에서는 '위魏, 진晉왕조에서 천에 교사할 때에는 모두 곤복을 입었다'고 했습니다. 또 왕지심王智深152)의 『송기宋紀』에서는 '명제가 제서로 말하기를, 대면복은 순옥의 옥조玉藻, 현의玄衣, 황상黃裳으로 천지에 교사할 때 입는다'고 했습니다. 북위, 북주, 북제를 거쳐 수대에 이르러 삼가 그 예에 관한 율령을 살펴보면, 제복祭服이 모두 동일합니다. 이것은 역대 제왕이 이어온 전장제도가 더위와 추위의 영향을 받지 않았으며, 또 예의 경전과 어긋나지 않았다는 것입니다. 지금 옛 전장에 의거하여 청합니다. 천지에 교사할 때는 모두 곤면을 입고, 대구복은 입지 않게 예령을 고치십시오. 또 「신례」를 보면 황제가 사직에

---

150) 주천周遷 : 『古今興服雜事』 10권을 찬하였다. 『舊唐書』 권30 「經籍志」上.

151) 심약沈約 : 字는 休文이며, 吳興 武康 사람이다. 祖 沈林子는 남조의 宋에서 征虜將軍을 지냈으며, 父 心璞은 淮南太守의 관직에 올랐으나 元嘉 말기에 주살되었고, 심약은 숨어 지내다가 사면되었다. 불우하고 빈곤한 생활을 하였지만 뜻이 굳세고, 학문을 좋아하여 밤낮으로 게을리 하지 않았다. 奉朝請으로 처음 관직에 나아갔으며, 濟陽 蔡興宗이 그의 재능을 듣고 발탁하여 郢州刺史가 되었을 때 그를 安西外兵參軍 兼記室로 삼았다. 『宋書』를 찬하였다.(『梁書』 권13 「沈約列傳」)

152) 왕지심王智深 : 字는 雲才이며, 琅邪 臨沂 사람이다. 어려서 陳郡謝氏의 가학을 익혔으며, 飮酒를 좋아했다. 남제에 들어와서 『宋紀』를 찬하였다.(『南齊書』 권52 「王智深傳」)

제사할 때에는 수면繡冕을 입는데, 4류를 드리우고, 문양은 3 장이라고 합니다. 일월에 제사할 때에는 현면玄冕을 입는데 3 류를 드리우고, 문양은 없다고 합니다. 삼가 자세히 살피니, 영의 조문은 4품 5품의 복식으로, 삼공三公[153]은 아헌亞獻할 때 모두 곤의袞衣를 입고, 고경孤卿[154]이 제사를 도울 때는 취면 및 별면을 입어, 황제의 문양의 수가 대부와 같아져서 군주는 적고 신하는 많은 것이 되니 정말로 불가한 일입니다.『주례』에 의하면 '호천상제昊天上帝에 제사할 때에는 대구면을 입는 다고 하였으며, 오제五帝에 제사할 때도 같다. 선왕先王에 제향할 때에는 곤면袞冕, 선공先公에 제향 할 때는 별면鷩冕, 사망 산천四望山川에 제사할 때에는 취면毳冕, 사직오사社稷五祀에 제사할 때는 치면絺冕, 모든 소사에는 현면을 입는다'고 합니다. 또 '공 후 백 자 남 고경 대부의 복식은 곤면 이하로 모두 왕의 복식과 같다'고 합니다. 그래서 『삼례의종三禮義宗』[155]에 는 두 종류의 해석이 있습니다. 하나는 공경대부가 제사를 돕 는 날 입고 쓰는 복식은 제왕의 복식에서 1등급을 낮춘다는 것입니다. 다른 하나는 모두 왕과 같게 한다는 것입니다. 그 내 용을 절충하여도 모두 합당하지 않습니다. 명분[名]과 위계[位] 가 일치하지 않으며, 예수禮數 역시 맞지 않습니다. 천자가 12 수로서 의절을 삼는 것은 그 뜻이 천을 본뜬 데 있는 것입니다.

---

153) 삼공三公 : 太師, 太傅, 太保.

154) 고경孤卿 : 少師, 少傅, 少保.

155) 『삼례의종三禮義宗』: 崔靈恩이 찬하였으며, 30권으로 구성되었다.(『舊 唐書』권30 「經籍志」上)

어찌 4류와 3장이 도리어 황제의 복식이 될 수 있겠습니까. 만약 신하들이 제사를 돕는다면 면복이 왕과 같게 되니, 곧 귀천의 구분이 없는 것이며 군신을 구별할 수 없는 것입니다. 왕의 복식에서 1등급을 낮추어 즉 왕이 현면을 입어도 신하들은 그 다음 등급인 작변爵弁156)을 입으니, 이미 천자를 굽히게 한 것이고 공경을 낮춘 것입니다. 『주례』의 이 조문은 오랫동안 시행하지 않았습니다. 또 제사에서 시동을 세우거나, 군이 친히 신하나 아들에게 절하는 것과 같은 것이나, 새의 둥지[巢]를 뒤집고 둥지[族]를 세우는 척족䂣族157) 관이나, 개구리[蛙]를 제거하고 청개구리[蟈]를 두는 곽씨蟈氏158) 관은 오직 주대에만 시행되었으며, 그 일이 이어져 행해지지 않았습니다. 한, 위왕

---

156) 작변爵弁 : 흑색의 관으로 형태는 冕과 같으나 류가 없다.

孫晨陽 張珂 편저 『中國古代服飾辭典』, 2015, 中華書局(聶崇義 『三禮圖』)

157) 척족䂣族 : 周代의 관직이다. "䂣族氏"라고도 한다. 妖鳥의 둥지를 무너뜨리는 일을 담당하였다. 『周禮』「秋官·䂣族氏」"䂣族氏掌覆妖鳥之巢."

158) 곽씨蟈氏 : 周代의 관직이다. 개구리 류의 동물을 제거하는 일을 담당하였다. 『周禮』「秋官·蟈氏」에 "蟈氏, 掌去鼃黽. 焚牡蘜, 以灰灑之, 則死." 鄭玄은 注에서 "齊魯之間謂鼃爲蟈 ; 黽, 耿黽也. 蟈與耿黽尤怒鳴, 爲聒人耳, 去之"라고 하였다.

조 이래로 수대에 이르기까지 옛일들을 서로 계승한 것은 오직 곤면을 입는 것 뿐입니다. 지금 「신례」에 황제께서 친히 일월에 제사할 때 5품의 복식을 입고 제사를 거행하니 극히 온당치 않은 일입니다. 청컨대, 역대 옛 사실들에 따라 모든 제사에 곤면을 입으십시오.

制可之.

황제가 제서로 허락하였다.

無忌等又奏曰:「皇帝爲諸臣及五服親擧哀, 依禮著素服. 今令乃云白帢, 禮令乖舛, 須歸一塗. 且白帢出自近代, 事非稽古, 雖著令文, 不可行用. 請改從素服, 以會禮文.」制從之. 自是驚冕已下, 乘輿更不服之, 白帢遂廢, 而令文因循, 竟不改削.

장손무기 등이 또 상주하였다. "황제께서는 신하들과 오복 내의 친속들을 애도할 때 예에 의거하여 소복을 입습니다. 지금의 영에서는 이를 백갑白帢이라고 불러 예와 영이 어긋나니, 하나로 통일하여야 하겠습니다. 이 백갑은 가까운 시대에 나온 것으로 그 일이 옛것을 따른 것이 아닙니다. 비록 영의 조문으로 기록되어 있지만, 이를 행하는 것은 불가합니다. 소복으로 고쳐 예의 조문에 부합하기를 청합니다." 황제가 제서로 허락하였다. 이때부터 별면 이하는 황제는 다시 입지 않았으며, 백갑은 마침내 폐지되었으나, 영의 조문은 인습을 따라서 끝내 고쳐지지 않았다.

開元十一年冬, 玄宗將有事於南郊, 中書令張說又奏稱:「准令, 皇帝祭昊天上帝, 服大裘之冕, 事出周禮, 取其質也. 永徽二年, 高宗親享南郊用之. 顯慶年修禮, 改用袞冕, 事出郊特牲, 取其文也. 自則天已來用之. 若遵古制, 則應用大裘, 若便於時, 則袞冕爲美.」令所司造二冕呈進, 上以大裘樸略, 冕又無旒, 旣不可通用於寒暑, 乃廢不用之. 自是元正朝會依禮令用袞冕及通天冠, 大祭祀依郊特牲亦用袞冕, 自餘諸服, 雖在於令文, 不復施用. 十七年, 朝拜五陵, 但素服而已. 朔望常朝, 亦用常服, 其翼善冠亦廢.

개원 11년(723) 겨울에 현종이 장차 남교에서 제천하려는데 중서령 장열張說[159]이 또 상주하여 말하였다. "영에 의거하면 황제가 호천상제에게 제사할 때에는 대구면을 입는다고 합니다. 이 말은 『주례』에서 나왔는데 그 질박함을 취한 것입니다. 영휘 2년(651)[160] 고종이 친히 남교에서 제천하면서 이를 사용하였습니다. 현경 연간(656~660)에 예를 고치면서 곤면을 입는 것으로 고쳤는데, 이 일은 「교특생」에서 나왔으며 그 문식을 취한 것입니다. 측천무후 이래 이것으로 사용하였습니다. 옛 제도를 따른다면 응당 대구를 입어야 하며, 시대에 맞추어 편리함을 따른다면 곤면을 입는 것이 좋겠습니다." 담당 관서에 영을 내려 2종의 면복을 만들어 올리게 했는데, 황

---

159) 장열張說 : 字는 道濟 또는 說之라고 한다. 선조가 范陽에서 河南으로 이주하였고, 다시 洛陽으로 옮겼다. 永昌 연간에 武后가 賢良方正을 구하는 책을 내렸을 때 대책문이 1등으로 뽑혀 太子校書郞에 제수되었고, 곧 左補闕로 승진하였다가, 睿宗 때에 中書侍郞兼雍州長史, 同中書門下平章事·監修國史 등을 역임하였다.(『新唐書』 권125 「張說傳」)
160) 영휘永徽 2년 : 당 고종 즉위 3년 후이다.

제는 대구가 질박하고 간략하지만, 면관에 류가 없으며, 여름과 겨울에 모두 착용할 수는 없다고 생각하여 폐지하고 사용하지 않았다. 이때부터 원단의 조회에서는 예와 령에 의거하여 곤면과 통천관을 입었고, 대제사에서는 「교특생」에 의거하여 곤면을 입었으며, 그 외의 나머지 경우 모든 복식은 비록 영의 조문이 있지만, 다시 사용하지 않았다. 17년 오릉에 조배할 때에는 단지 소복을 입었을 뿐이다. 삭망일의 상조(常朝)[161] 시에는 역시 일상복을 입었고, 그 익선관翼善冠 역시 폐지하였다.

武德令, 皇太子衣服, 有袞冕·具服遠遊三梁冠·公服遠遊冠·烏紗帽·平巾幘五等. 貞觀已後, 又加弁服·進德冠之制.

무덕령에는 황태자의 복식으로 곤면, 조복[具服]원유삼량관[162], 공복원유관, 오사모,[163] 평건책의 5등급이 있다. 정관 연간(627~649)

----

161) 상조常朝 : 고정적인 조정의 조회를 말하며, 대개 5일마다 열렸다.

162) 구복具服 : 朝服이다. 『新唐書』 권24 「車服志」 "具服者, 五品以上陪祭, 朝饗, 拜表, 大事之服也, 亦曰朝服"

163) 오사모烏紗帽 : 본래 민간에서 착용되던 모자류인데, 東晉 이후 관료의 관모로 사용되기 시작하였고, 수나라를 거쳐 당나라에서 주로 착용하였다.

孫晨陽 張珂 편저 『中國古代服飾辭典』, 2015, 中華書局
(明 王圻 『三才圖會』, 上海盧灣區明潘氏墓出土)

이후로 변복, 진덕관의 제도를 추가하였다.

衮冕, 白珠九旒, 以組爲纓, 色如其綬, 靑纊充耳, 犀簪導. 玄衣,
纁裳, 九章.【五章在衣, 龍·山·華蟲·火·宗彝, 四章在裳, 藻·粉米·黼·黻, 織
成爲之.】 白紗中單, 黼領, 靑褾·襈·裾. 革帶, 金鉤鰈, 大帶,【素帶朱
裏, 亦純以朱綠, 皆用組.】 黻.【隨裳色, 火·山二章也.】. 玉具劍,【金寶飾也.】
玉鏢首. 瑜玉雙珮, 朱組雙大綬, 四綵, 赤·白·縹·紺, 純朱質, 長
一丈八尺, 三百二十首, 廣九寸.【小雙綬長二尺六寸, 色同大綬而首半之,
施二玉環也.】 朱襪, 赤舃.【舃加金飾.】 侍從皇帝祭祀及謁廟·加元服·
納妃則服之.

곤면은 백주 9류를 드리우고 직물로 관끈을 만들고 색은 수의 색
과 같게 한다. 청색 귀막이 솜을 달고 무소뿔 잠도를 꽂는다. 현의와
훈상에 9장의 문양을 넣는다.【5장은 웃옷에 넣는데, 용, 산, 화충, 화, 종이
이고, 4장은 치마에 넣는데, 조, 분미, 보, 불이며 직물로 만든다.】 백사 중단
의를 입고 보 문양을 넣은 목둘레 옷깃에, 청색 소맷부매, 청색 가
선, 청색 옷자락이다. 금으로 만든 고리가 달린 혁대를 차며, 대수【소
색에 주색으로 안을 하는데 역시 가선은 주색과 녹색으로 두르며, 모두 직조
한 것으로 한다.】, 폐슬[黻],【치마의 색에 따르며, 화와 산 2개의 문양이 있
다】 옥구검,【금과 보석으로 장식하였다】 칼 끝의 옥장식, 근옥을 쌍으로
만든 패식[瑜玉雙珮]을 찬다. 주색으로 직조한 쌍의 대수는 순수한
주색 바탕에 적색, 백색, 옥색, 감색의 4채색을 사용한다. 길이는 1장
8척이고, 320수로 짜며, 너비는 9촌이다.【작은 쌍수는 길이가 2척 6촌이
며 색은 대수의 색과 같으나, 대수의 반인 160수이며 두 개의 옥환을 건다.】
주색 버선, 적색 신발[舃]을 신는다.【석에는 금장식을 더한다.】 황제를

시종하여 제사하거나 알묘할 때, 관례를 할 때, 비를 들일 때 이 옷을 입는다.

具服遠遊三梁冠, 加金附蟬九首, 施珠翠, 黑介幘, 髮纓翠緌, 犀簪導. 絳紗袍, 白紗中單, 皁領·襈·裾·裾, 白裙襦, 白假帶, 方心曲領, 絳紗蔽膝. 其革帶·劍·珮·綬·襪·舃與上同. 後改用白襪·黑舃. 未冠則雙童髻, 空頂黑介幘, 雙玉導, 加寶飾. 謁廟還宮·元日冬至朔日入朝·釋奠則服之.

조복원유삼량관은 금으로 만든 매미 9마리를 장식하며, 구슬과 물총새의 깃털을 붙이고, 흑개책을 쓰는데 끈으로 머리카락을 묶고 그 끈은 물총새 깃털을 달며, 무소잠뿔 도를 꽂는다. 강사포에 백사중단의를 입는데 검은 옷깃, 검은 소맷부리, 검은 가선, 검은 옷자락164), 백색 치마와 저고리, 백색의 가대, 방심곡령, 강사폐슬을 입는다. 혁대, 검, 패옥, 인끈, 버선, 석은 곤면과 같다. 후에 고쳐서 백색 버선과 흑색 석을 신었다. 아직 관례를 치르지 않았다면, 쌍동계165)

---

164) 원문에는 裙이라고 되어 있지만, 『舊唐書』 권45 「輿服志」의 "親王, 遠遊三梁冠, … 중략 … 白紗內單, 皁領·襈·裾·裾, 白練裙襦" 부분을 참조하여 裾로 보아야 할 것으로 생각되어 옷자락으로 풀이하였다. 이하 '領·襈·裾·裙'은 '領·襈·裾·裾'의 의미로 번역하였다.

165) 쌍동계雙童髻 : 머리카락을 두 갈래로 나누어 위로 틀어 올린 머리모양을 말한다.

『中華服歷代飾藝術』

를하고 정수리 부분이 빈 흑개책을 쓰며, 쌍옥도에 보석을 더하여 장식한다. 알묘 후 환궁할 때와 원일, 동지, 삭일에 입조할 때와 석전례를 할 때 이 옷을 입는다.

公服遠遊冠,【簪導以下並同前也.】絳紗單衣, 白裙襦, 革帶, 金鉤鰈, 假帶, 方心, 紛, 鞶囊,【長六尺四寸, 廣二寸四分, 色同大綬.】白襪, 烏皮履, 五日常服·元日冬至受朝則服之.

공복원유관은【잠도 이하 모두 앞의 복식과 같다.】강사단의에 백색 치마와 저고리를 입고 금 고리가 달린 혁대, 가대, 방심, 분,166) 반낭,【길이가 6척 4촌, 너비가 2촌 4분이고, 색은 인끈과 동일하다】백색 버선에

---

166) 분紛 : 綬와 유사한 형태로 추측된다. 綬와 같은 색으로 하였으며, 너비는 2촌 4분, 길이는 6척 4촌이었다. 황제의 紛과 진현관을 쓰는 문관의 紛의 규격이 같다. 『新唐書』권24 「車服志」, 進賢冠者, 文官朝參, 三老五更之服. 黑介幘, 青綾. 紛 長六尺四寸, 廣四寸, 色如其綬. 『隋書』권11 「禮儀志」에서 북위의 제도 가운데 "官有綬者, 則有紛, 皆長八尺, 廣三寸, 各隨綬色. 若服朝服則佩綬, 服公服則佩紛. 官無綬者, 不合佩紛"의 기록이 있다. 『설문』에 의하면 "紛, 馬尾韜也"라 했으므로, 패의 紛은 뒤쪽에 차는 것이 될 것이다.

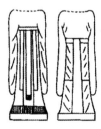

孫晨陽 張珂 편저 『中國古代服飾辭典』, 2015, 中華書局
(唐崇陵石人 뒷모습, 唐端陵石人 뒷모습)

오피리를 신는데, 5일마다 열리는 조회의 상복으로 입고, 원일, 동지에 조회에 나아갈 때 이 옷을 입는다.

烏紗帽, 白裙襦, 白襪, 烏皮履, 視事及宴見賓客則服之.

오사모는 백색 치마와 저고리를 입고 백색 버선에 오피리를 신는데, 공적인 일을 하거나 빈객을 접견할 때, 이 옷을 입는다.

平巾幘, 紫褶, 白褲, 寶鈿起梁帶, 乘馬則服之.

평건책은 자색 장의[紫褶]에 백색 바지를 입고 보석으로 세공한 기량대를 차고 말을 탈 때 입는다.

弁服,【弁以鹿皮爲之.】 犀簪導, 組纓, 玉琪九, 絳紗衣, 素裳, 革帶, 鞶囊, 小綬, 雙珮, 白襪, 烏皮履, 朔望及視事則兼服之.

변복은【변은 녹피로 만든다.】 무소뿔 잠도를 꽂으며, 직조한 관끈을 매고, 9개의 옥기를 장식하며, 강사의와 소색 치마를 입고 혁대와 반낭을 차며, 소수와 쌍패를 차고 백색 버선에 오피리를 신으며, 삭망일이나 공적인 일을 할 때 모두 이 옷을 입는다.

進德冠, 九琪, 加金飾, 其常服及白練裙襦通著之. 若服褲褶, 則與平巾幘通著.

진덕관은 기가 9개이고 금장식을 더하며, 평상복을 입거나 백색비단 치마 저고리를 입을 때 착용한다. 만약 고와 습을 입는다면 평건책과 통용한다.

自永徽已後, 唯服袞冕·具服·公服而已. 若乘馬褲褶, 則著進德冠, 自餘並廢. 若讌服·常服, 紫衫袍與諸王同.

영휘 연간(650~655) 이후에 오직 곤면, 조복, 공복만을 입었다. 만약 말을 타게 되면 고습167)을 입고 진덕관을 썼으며, 나머지는 다 폐지하였다. 대략 연복168)·평상복은 자색 삼과 포로 왕들의 복식과 같았다.

開元二十六年, 肅宗升爲皇太子, 受冊, 太常所撰儀注有服絳紗袍之文. 太子以爲與皇帝所稱同, 上表辭不敢當, 請有以易之. 玄宗令百官詳議. 尚書左丞相裴耀卿·太子太師蕭嵩等奏曰:「謹按衣服令, 皇太子具服, 有遠遊冠, 三梁, 加金附蟬九首, 施珠翠, 黑介幘, 髮纓綬, 犀簪導, 絳紗袍, 白紗中單, 皁領·褾·襈, 白裙襦,

---

167) 고습褲褶 : '袴褶'으로 표기하기도 하며, 본래 戎服이다.

孫晨陽 張珂 편저 『中國古代服飾辭典』, 2015, 中華書局(小口褲褶/唐 孫位 『高逸圖』, 大口褲褶)

『中國織繡全集3』

168) 연복讌服 : 일상생활에서 한가할 때 입는 옷이다.

方心曲領, 絳紗蔽膝, 革帶, 劍, 珮, 綬等, 謁廟還宮·元日冬至朔
日入朝·釋奠則服之. 其絳紗袍則是冠衣之內一物之數, 與裙襦·
劍·珮等無別. 至於貴賤之差, 尊卑之異, 則冠爲首飾, 名制有殊,
幷珠旒及裳綵章之數, 多少有別, 自外不可事事差異. 亦有上下通
服, 名制是同, 禮重則具服, 禮輕則從省. 今以至敬之情, 有所未
敢, 衣服不可減省, 稱謂須更變名. 望所撰儀注, 不以絳紗袍爲稱,
但稱爲具服, 則尊卑有差, 謙光成德.」議奏上, 手敕改爲朱明服,
下所司行用焉.

개원 26년(738) 숙종이 황태자에 올라 책봉을 받았을 때 태상이
찬한 의주에는 강사포[169]를 입는다는 조문이 있었다. 태자는 황제와
동등하게 칭해지는 것이니 감당할 수 없다고 표를 올려 바꾸어 줄
것을 청하였다. 현종이 백관들에게 영을 내려 상의詳議하도록 하였
다. 상서좌승상 배요경裴耀卿[170], 태자태사 소숭蕭嵩[171] 등이 상주하
였다. "삼가 의복령을 살펴보면, 황태자의 조복은 원유관에 삼량을

---

169) 강사포絳紗袍 : 강색 비단으로 만든 길이가 길지
않은 포 형식의 상의다.

170) 배요경裴耀卿 : 贈戶部尙書 裴守眞의 아들이다. 어려서부터 총명하여 몇
해만에 속문을 해독할 수 있어서 동자로서 천거되었다. 약관 20세에는 祕
書正字에 제수되었고 곧 相王府典籤에 올랐다. 開元初에는 長安令으로
승진하였고 후에 戶部侍郎을 지냈다. 『舊唐書』권98「裴耀卿列傳」.

171) 소숭蕭嵩 : 貞觀 初 左僕射 宋國公 蕭瑀의 曾姪孫이다. 開元 初에 中
書舍人이 되었으며, 宋州刺史를 거쳐 尙書左丞 兵部侍郎을 지냈다.
『舊唐書』권99「蕭嵩列傳」.

하고 금으로 만든 매미 9마리를 붙이고 구슬과 물총새 깃털을 달고 흑개책을 쓰며, 머리는 묶어 그 끈은 내려뜨리고, 무소뿔 잠도를 꽂고, 강사포와 백사중단의를 입는데 검은 옷깃과 검은 소맷부리, 검은 가선을 두르고, 백색 치마와 저고리를 입고, 방심곡령, 강사폐슬, 혁대, 검, 패옥, 인끈 등을 차며, 알묘한 후 환궁할 때와 원일, 동지, 삭일에 입조할 때, 석전례 할 때, 이 옷을 입습니다. 강사포는 관과 의복의 일체에 언제나 입는 옷이어서 치마와 저고리, 검, 패옥 등과 함께 구별이 없습니다. 귀천의 차이나 존비의 다름을 나타내는 것으로는 관으로 머리를 장식하여 명칭과 제도에 차이가 있으며, 아울러 옥류의 수와 치마[裳]에 그리는 문양의 수의 많고 적음에 따라 차이가 있었고, 그 외 일마다 차이를 두지 않았습니다. 상하가 같은 옷을 입어서 명칭과 제도가 동일하니, 예가 중하면 모두 갖추어 입고, 예가 가벼우면 덜어냅니다. 지금 지극한 공경의 정으로 감당하지 못하는 바가 있으니, 의복은 덜어내거나 생략할 수 없지만 칭호는 응당 변경하십시오. 의주를 찬할 때 강사포라는 명칭을 쓰지 말고 단지 구복[朝服]이라고만 불러 이것으로 존비의 차별이 있게 하여 태자의 겸양의 풍모가 덕이 될 수 있기를 바랍니다." 의논의 문서가 황제에게 올라가자 황제가 친히 칙령을 내려 주명복朱明服이라고 고치고, 담당 관서에서 이를 행하도록 하였다.

武德令, 侍臣服有袞·鷩·毳·繡·玄冕, 及爵弁, 遠遊·進賢冠, 武弁, 獬豸冠, 凡十等. 袞冕, 垂青珠九旒, 以組爲纓, 色如其綬, 【以下旒·纓皆如之也】青纊充耳, 簪導. 青衣, 纁裳, 服九章.【五章在衣, 龍·山·華蟲·火·宗彝, 爲五等. 四章在裳, 藻·粉米·黼·黻. 皆絳爲繡, 遍衣而已, 下皆如之.】白紗中單, 黼領,【繡冕以下, 中單青領】青褾·襈·裾. 革帶, 鉤䚓[一〇],172) 大帶,【三品已上, 素帶朱裏, 皆純其外, 上以綠. 五品帶, 純其垂, 外以玄黃. 紐皆用青組之.】韍.【凡韍皆隨裳色. 袞冕以上, 山·火二章, 繡冕山一章, 玄冕無章.】劍, 珮, 綬, 朱襪, 赤舃, 第一品服之.

무덕령에 황제를 근시하는 관료의 복식에는 곤면, 별면, 취면, 수면, 현면 및 작변, 원유·진현관, 무변, 해치관 등 모두 10개의 등급이 있다. 곤면은 청색 구슬 9류를 드리우고 직물로 만든 관끈을 매는데 그 색은 인끈의 색과 같으며,【이하 류와 관끈은 모두 이와 같다】청색 귀막이 솜을 달고, 잠도를 꽂는다. 청색 웃옷에 훈색 치마를 입는데 문양은 9장이다.【5장의 문양은 웃옷에 있는데 용, 산, 화충, 화, 종이로 5등급이 된다. 4장의 문양은 치마에 있는데 조, 분미, 보, 불이다. 모두 강색이고 수를 놓는데, 모든 웃옷도 그러하며 이하 모두 이와 같다.】백사중단의를 입으며, 깃에 보 문양을 넣는다.【수면복 이하는 중단의에 청색 깃이다.】소맷부리, 가선, 옷자락은 청색으로 한다. 고리가 걸린 혁대[鉤䚓]를 차며, 대대를 찬다.【3품 이상은 소색 띠에 안을 주색으로 하며 모든 그 외의 가선은 위는 녹색으로 한다. 5품의 띠는 가선을 수垂173)로 한다. 밖의 부분은 현황색으로 한다. 뉴는 청색 직조를 사용한다.】불,【불은 모두 치마의 색과 같게 한다. 취면 이상은 산과 화 2장이고, 수면은 산 하나만을 문양으로 하며, 현면은 문양이 없다.】검, 패옥, 인끈을 차며, 주색 버선에 적색 석舃174)을 신는다. 제1품 관리가 이 옷을 입는다.

---

172) [교감기 10] "鉤䚓"은 각 本의 원문에는 "劍䚓"이라고 되어 있다. 『通典』 권108에 의거에 따라 수정하였다.

173) 수垂 : 리본모양의 고와 늘어뜨리는 부분만 가선이 있는 형태다.

174) 석舃 : 천자나 황후 등 신분이 높은 자들이 신는 신발이다. 履의 바닥에

鷩冕, 七旒, 服七章,【三章在衣, 華蟲·火·宗彝, 四章在裳, 藻·粉米·黼·黻也.】餘同袞冕, 第二品服之.

별면은 7류이며, 7장의 문양을 넣는데【3장은 웃옷에 넣으며 화충, 화, 종이이다. 4장은 치마에 넣는데 조, 분미, 보, 불이다.】나머지는 곤면과 같으며, 제2품 관리가 이 옷을 입는다.

毳冕, 五旒, 服五章,【三章在衣, 宗彝·藻·粉米, 二章在裳, 黼·黻也.】餘同鷩冕, 第三品服之.

취면은 5류이며, 5장의 문양인데【3장은 웃옷에 넣으며 종이, 조, 분미이다. 2장은 치마에 넣는데 보, 불이다.】나머지는 별면과 같으며, 제3품 관리가 이 옷을 입는다.

繡冕, 四旒, 服三章,【一章在衣, 粉米, 二章在裳, 黼·黻.】餘並同毳冕, 第四品服之.

수면은 4류이며, 3장의 문양인데【1장은 웃옷에 넣으며 분미이다. 2장은 치마에 넣는데 보, 불이다.】나머지는 취면과 같으며, 제4품 관리가 이 옷을 입는다.

나무를 덧대어 높여, 진흙 등이 묻지 않게 하였다. 赤舃, 白舃, 黑舃 등도 있었는데, 赤舃이 가장 상위다. 晉 崔豹의 『古今注·輿服』에 "舃, 以木置履下, 乾腊不畏泥濕也"라 하였다.

宋 聶崇義 『三禮圖』

玄冕, 衣無章, 裳刻黻一章, 餘同繡冕, 第五品服之.

현면은 문양이 없으며 치마에 불 문장 하나를 새긴다. 나머지는 수면과 같으며, 제5품 관리가 이 옷을 입는다.

爵弁,【色同爵, 無旒無章】玄纓, 簪導, 靑衣, 纁裳, 白紗中單, 靑領·褾·裾, 革帶, 鉤䚢, 大帶,【練帶, 紕其垂, 內外以繡, 紐約用靑組】爵韠, 襪, 赤履, 九品已上服之.

작변은【색은 작과 같으며 류가 없고 문양도 없다.】관끈은 검은[玄]색이며, 잠도를 꽂고, 청색 상의, 훈색 치마, 백사중단을 입는데 청색 옷깃, 청색 소맷부리, 청색 옷자락이며, 고리가 달린 혁대, 대대,【비단띠를 매며, 가장자리[紕]175)는 드리운다. 안과 밖은 자수를 하고 뉴약紐約은 청색 직조를 사용한다.】작색의 폐슬을 달고, 버선과 붉은[赤]색 리履를 신으며, 9품 이상의 관리가 이 옷을 입는다.

凡冕服, 助祭及親迎若私家祭祀皆服之, 爵弁亦同. 凡冕, 制皆以羅爲之, 其服以紬. 爵弁用紬爲之, 其服用繒.

모든 면복은 제사를 돕거나, 친영하러 갈 때, 사가에서 제사 지낼 때, 모두 이 옷을 입는데, 작변 역시 같다. 모든 면관은 규정에 따라 라羅176)로 만들며, 그 의복은 주紬로 만든다. 작변은 명주를 써서 만

---

175) 비紕 : 가장자리를 가늘게 다른 헝겊으로 두른 것이다.
176) 라羅 : 경사 4올이 함께 꼬아 짜는 직물로, 직물의 구멍이 많이 생긴다. 꼬이는 경사와 꼬이지 않는 경사가 하나씩 경사틀에 걸린 상태에서 규칙

드는데, 그때 옷은 비단[繒]을 쓴다.

遠遊三梁冠, 黑介幘, 靑綬,【凡文官皆靑綬, 以下准此也.】皆諸王服
之, 親王則加金附蟬.

원유3량관은 흑개책을 쓰고 청색의 인끈을 차는데,【모든 문관은 모
두 청색의 인끈을 찬다. 이하 이에 준한다.】모든 왕이 이 옷을 입는데
친왕은 여기에 금매미 장식을 더한다.

進賢冠, 三品以上三梁, 五品以上兩梁, 九品以上一梁. 皆三公
・太子三師三少・五等爵・尙書省・秘書省・諸寺監學・太子詹事
府・三寺及散官, 親王師友・文學・國官, 若諸州縣關津岳瀆等流
內九品以上服之.

진현관은 3품 이상 관리는 3량, 5품 이상의 관리는 2량, 9품 이상
의 관리는 1량이다. 모든 삼공三公,[177] 태자궁의 삼사三師와 삼소三
少,[178] 오등작五等爵[179], 상서성尙書省,[180] 비서성秘書省, 모든 시寺

적으로 꼬이는 경사 2올과 꼬이지 않는 경사 2올이 꼬여져 결국 경사
4올이 함께 꼬여진다. (심연옥, 『한국직물 오천년』, 고대직물연구소 출판
부, 2002, 160쪽).

177) 삼공三公 : 太尉・司徒・司空을 말하며, 정1품이다.
178) 태자궁의 삼사三師와 삼소三少 : 東宮 소속으로 太師・太傅・太保를 三
師, 少師・少傅・少保를 三少라고 하며, 태자교육을 담당한다. 적임자가
없으면 비워두었다. 『舊唐書』 권44 「職官志」3 太子太師・太傅・太保各
一員. 並從一品. 太子少師・少傅・少保各一員. 並正二品. 三師三少之
職, 掌敎諭太子. 無其人, 則闕之.

소속의 감監[181]과 학學, 태자의 첨사부太子詹事府, 삼시三寺[182] 및
산관散官[183]과 친왕의 사우師友,[184] 문학文學,[185] 국관國官[186] 그리

---

179) 오등작五等爵 : 당대의 작위는 정1품 親王, 종1품 郡王, 종1품 國公, 정2
품 開國郡公, 종2품 開國縣公, 종3품 開國縣侯, 정4품 開國縣伯, 정5품
開國縣子, 종5품 開國縣男이 있는데, 그 중 公侯伯子男에 책봉된 자들
을 말한다. 당대의 오등작은 개국공신들에게 책봉하였다.

180) 상서성尙書省 : 백관을 총괄하며, 중서성, 문하성과 함께 3성을 이룬다.
詔令의 집행을 담당하였다. 『舊唐書』 권43 「職官志」2 尙書省 領二十四
司. 六尙書, 各分領四司. 尙書令一員. 正二品. 武德中, 太宗爲之, 自是
闕而不置. 令總領百官, 儀刑端揆, 其屬有六尙書 : 一曰吏部, 二曰戶部,
三曰禮部, 四曰兵部, 五曰刑部, 六曰工部. 凡庶務, 皆會而決之.

181) 내시감內侍監 : 정3품, 祕書監, 殿中監·少府監·將作監 등은 종3품이
다.(『舊唐書』 권42 「職官志」1)

182) 太子詹事府, 삼시三寺 : 東宮의 속관이다. 太子詹事府의 丞은 종5품
상에 해당하고. 太子三寺丞은 종7품상에 해당한다. 『舊唐書』 권42
「職官志」1 "東宮, 置三師·三少·詹事府·門下典書兩坊 ; 次內坊 ; 次
家令·率更·僕三寺 ; 次左右衞率府·左右宗衞率府·左右虞候率府·
左右監門率府·左右內率府爲十率府."

183) 산관散官 : 職事官에 상대되는 칭호로 수나라에서 처음으로 사용하였다.
散官은 관직명은 있으되, 일정한 직무가 없는 관원을 말한다.

184) 사우師友 : 親王友는 1인이고 종5품하에 해당한다.(『舊唐書』 권44 「職
官志」3)

185) 문학文學 : 親王府의 文學은 2인이고, 武德令에 의해서 정6품하에 해당
한다. 『舊唐書』 권44 「職官志」3.

186) 국관局官 : 친왕국의 관속을 가리킨다. 『舊唐書』 권44 「職官志」3 "令一
人, 從七品下. 大農二人, 從八品下. 尉二人, 正九品下. 丞一人, 從九品
下. 錄事一人, 典衞八人, 舍人四人, 學官長一人, 食官長一人, 丞一人,
廐牧長二人, 丞二人, 典府長二人, 丞二人. 國令, 大農掌通判國事. 國

고 모든 주, 현, 관, 진, 악, 독 등의 유내流內[187] 9품 이상의 관리는 이 옷을 입는다.

武弁, 平巾幘,【侍中·中書令則加貂蟬, 侍左者左珥, 侍右者右珥.】皆武官及門下·中書·殿中·內侍省·天策上將府·諸衛領軍武候監門·領左右太子諸坊諸率及鎮戍流內九品已上服之. 其親王府佐九品以上, 亦準此.

무변은 평건책을 쓴다.【시중, 중서령은 초선貂蟬을 더하여 장식하며, (황제를) 왼쪽에서 모시는 자[侍左者]는 왼쪽 귀 장식을 하고, 오른쪽에서 모시는 자[侍右者]는 오른쪽 귀 장식을 한다.】 모든 무관 및 문하門下, 중서中書, 전중殿中, 내시성內侍省, 천책상장부天策上將府, 모든 위령군무후감문衛領軍武候監門, 영좌우태자제방제솔領左右太子諸坊諸率 및 진수의 유내 9품 이상의 관리가 이 옷을 입는다. 또 친왕부의 좌 9품 이상도 역시 이 기준에 따른다.

　　尉, 國丞掌判國司, 勾稽監印事. 典衛守居宅. 舍人引納. 學官教授內人.

187) 유내流內 : 수당대의 9품관부터 1품관의 통칭이다. 流外官의 상대어로 吏部의 전형에서도 유내와 유외관의 구분이 있었다. 『通典』「職官一」에 의하면 9품에 모두 正과 從이 있고, 4품 이하는 그 품에 다시 상하가 있으므로 모두 30계의 서열이 있었다고 전한다. "隋置九品, 品各有從. 自四品以下, 每品分爲上下, 凡三十階, 自太師始焉, 謂之流內. 流內自此始焉 … 大唐自流內以上幷因隋制." 流外官은 9품 이하 관원의 통칭이다. 유외관에게도 本身의 品級이 있으나 과거를 통과한 후에 유내관으로 들어올 수 있었다. 유내관이 되는 것을 入流라고 칭한다. 경사에 있는 관서의 관리는 모두 유외관에서 충임하였다.

法冠, 一名獬豸冠, 以鐵爲柱, 其上施珠兩枚, 爲獬豸之形, 左右
御史臺流內九品以上服之.

법관法冠은 일명 해치관이다. 철로 기둥을 만들며, 윗부분에 구슬
2매를 달아 해치의 모양이 되게 하며, 좌우어사대左右御史臺[188]의
유내 9품 이상의 관이 이 옷을 입는다.

高山冠者, 內侍省內謁者及親王下司閤等服之.

고산관은 내시성의 내알자內謁者[189] 및 친왕 아래의 사합司閤[190]

---

188) 좌우어사대左右御史臺 : 秦漢대 이래로 관리들의 감찰을 담당하였던 관
   직이다. 『舊唐書』 권44 「職官志」3에 연혁이 기록되어 있는데, 당대에는
   좌우로 나누어 좌관은 경사의 백관을 감찰하고, 우관은 지방관을 감찰하
   였다. 秦·漢曰御史府, 後漢改爲憲臺, 魏·晉·宋改爲蘭臺, 梁·陳·北
   朝咸曰御史臺. 武德因之. 龍朔二年改名憲臺. 咸亨復. 光宅元年分臺
   爲左右, 號曰左右肅政臺. 左臺專知京百司, 右臺按察諸州. 神龍復爲
   左右御史臺. 延和年廢右臺, 先天二年復置, 十月又廢也.

189) 내알자內謁者 : 『舊唐書』 권44 「職官志」3에 內侍省의 속관으로 內謁者
   가 있다. 內謁者 監六人, 正六品下. 內謁者 十二人, 從八品下. 內寺伯
   二人. 正七品下. 內謁者 監掌內宣傳. 凡諸親命婦朝會, 所司籍其人數,
   送內侍省. 內謁者掌諸親命婦朝集班位. 內寺伯掌糾察諸不法之事. 歲
   大儺, 則監其出入.

190) 사합司閤 : 『新唐書』 권49下 「百官志」4下의 王府官 조에 의하면 정9품
   下의 관직이다. 武德中, 改功曹以下書佐·法曹行書佐·士曹佐皆曰參
   軍事, 長兼行書佐曰行參軍, 廢城局參軍事. 又有鎧曹參軍事二人, 掌
   儀衞兵仗 ; 田曹參軍事一人, 掌公廨·職田·弋獵 ; 水曹參軍事二人, 掌
   舟船·漁捕·芻草. 皆正七品下. 家史二人, 百司問事謁者一人, 正七品
   下. 司閤一人, 正九品下.

등이 이 옷을 입는다.

卻非冠者, 亭長·門僕服之.

각비관191)은 정장亭長·문복門僕192)이 이 옷을 입는다.

諸應冠而未冠者, 並雙童髻, 空頂幘. 五品已上雙玉導, 金飾, 三品以上加寶飾, 六品以下無飾.

관을 써야 하지만, 아직 성년이 되지 않은 모든 관리는 모두 쌍동계[雙童髻]를 하고 공정책空頂幘193)을 쓴다. 5품 이상은 쌍옥도를 꽂고 금으로 장식하며, 3품 이상은 보석 장식을 더한다. 6품 이하는 장식이 없다.

----

191) 각비관卻非冠 : 長冠과 같은 모양이고 아래로 내려가면 좁아진다. 『後漢書』 권30 「興服志」 "却非冠, 制似長冠, 下促. 宮殿門吏僕射冠之"

宋 聶崇義 『三禮圖』

192) 문복門僕 : 『舊唐書』 권43 「職官志」2에 門下省 소속의 城門郎의 속관으로 門僕 8백인이 있다. 城門郎四員. 從六品上. 漢有城門校尉, 掌京城諸門啟閉之節. 隋改校尉爲城門郎, 置四員, 從六品, 皇朝因之也. 令史一人, 書令史二人, 門僕 八百人. 또 太廟나 東宮에도 門僕을 두었다.

193) 공정책空頂幘 : 윗부분이 없는 형태의 幘으로 미성년 남자가 사용한다. 『後漢書』 권11 「劉盆子傳」 "盆子 時年十五 … 俠卿 爲制絳單衣, 半頭赤幘" 唐 李賢 注 : "半頭幘, 即空頂幘也, 其上無屋, 故以爲名.

朝服,【亦名具服.】 冠, 幘, 纓, 簪導, 絳紗單衣, 白紗中單, 皁領
· 褾 · 裾, 白裙襦,【亦裙衫也.】 革帶, 鉤䚢, 假帶, 曲領方心, 絳紗蔽
膝, 襪, 舃, 劍, 珮 綬, 一品已下, 五品以上, 陪祭 · 朝饗 · 拜表大事則
服之. 七品已上, 去劍 · 珮 · 綬, 餘並同.

조복은【구복이라고도 한다.】 관, 책, 영, 잠도, 강사단의, 백사중단을
입는데 검은색 깃, 검은색 가선, 검은색 옷자락에 흰색 치마와 저고
리를 입고,【또 치마와 삼이라도고 한다.】 고리 달린 혁대, 가대, 곡령방
심, 강사폐슬을 차고, 버선과 신발[舃]을 신고, 검, 패옥, 인끈을 찬다.
1품 이하에서 5품 이상의 관리들이 제사를 배향하거나, 조정의 연회
에 참석할 때 큰일에 대한 표를 올릴 때, 이 옷을 입는다. 7품 이상
은 검, 패옥, 수가 없고 나머지는 모두 같다.

公服,【亦名從省服[一一].】[194) 冠, 幘, 纓, 簪導, 絳紗單衣, 白裙襦,
【亦裙衫也.】 革帶, 鉤䚢, 假帶, 方心, 襪, 履, 紛, 鞶囊, 一品以下,
五品以上, 謁見東宮及餘公事則服之. 其六品以下, 去紛 · 鞶囊,
餘並同.

공복은【종성복이라고도 한다.】 관, 책을 쓰고, 관끈을 매고, 잠도를
꽂고, 강사단의와 흰색 치마와 저고리를 입는다.【적삼이라고 한다.】 고
리 달린 혁대, 가대, 방심을 차며, 버선과 신발[履]을 신고, 분, 반낭
을 찬다. 1품 이하에서 5품 이상의 관리가 동궁에서 알현하거나 기
타 공적인 일을 할 때, 이 옷을 입는다. 6품 이하는 분과 반낭195)을

---

194) [교감기 11] "亦名從省服"에서 '服' 아래에는 각 本의 원문에 '之'字가
있으나 『通典』 권108 · 『唐會要』 권31에 따라 생략하였다.

하지 않으며, 나머지는 모두 같다.

諸珮綬者, 皆雙綬. 親王纁朱綬, 四綵, 赤·黃·縹·紺, 純朱質, 纁文織, 長一丈八尺, 二百四十首, 廣九寸. 一品綠綟綬, 四綵, 紫·黃·赤[一二],[196] 純綠質, 長一丈八尺, 二百四十首, 廣九寸. 二品·三品紫綬, 三綵, 紫·黃·赤, 純紫質, 長一丈六尺, 一百八十首, 廣八寸. 四品靑綬, 三綵, 靑·白·紅, 純靑質, 長一丈四尺, 一百四十首, 廣七寸. 五品黑綬, 二綵, 靑·紺, 純紺質, 長一丈二尺,

---

195) 반낭鞶囊 : 작은 물건들을 넣어 다니기 위해 차고 다니던 작은 주머니다. 본래 가죽으로 만들었지만 비단으로 만들기도 하였다. 방형으로 만들며 동물의 문양을 장식하기도 하였다. 관리들은 도장을 넣어 다녔다. 『晉書』권25 「輿服志」 "鞶, 古制也. 漢世著 鞶囊者, 側在腰間, 或謂之傍囊, 或謂之綬囊, 然則以紫囊盛綬也. 或盛或散, 各有其時." 『隋書』권11 「禮儀志」 "鞶囊, 二品已上金縷, 三品金銀縷, 四品銀縷, 五品, 六品綵縷, 七, 八, 九品綵縷, 獸爪鞶. 官無印綬者, 並不合佩 鞶囊及爪.

(좌)孫晨陽 張珂 편저 『中國古代服飾辭典』, 2015, 中華書局
(우)(段間壁墓壁畫) 『昭陵唐墓壁畫』, 2006, 文物出版社

196) [교감기 12] "紫黃赤"은 『合鈔』권70 「輿服志」에서는 '紫' 앞에 '綠'字가 있다.

一百首, 廣六寸.【自王公以下皆有小雙綬, 長二尺六寸, 色同大綬而首半之. 正第一品佩二玉環, 自外不同也.】有綬者則有紛, 皆長六尺四寸, 廣二尺四分, 各隨綬色. 諸鞶囊, 二品以上金鏤, 三品金銀鏤, 四品銀鏤, 五品綵鏤. 諸珮, 一品珮山玄玉, 二品以下·五品以上, 佩水蒼玉.

패옥과 인끈은 모두 쌍수다. 친왕은 훈주색의 인끈인데 4채색으로 적, 황, 표, 감색을 쓰며, 순수한 주색 바탕에 훈색으로 문양을 짠다. 길이는 1장 8척이고, 240수에 너비는 9촌이다. 1품관은 녹연색의 인끈인데 4채색으로 녹색, 자색, 황색, 적색을 쓰며, 순수한 녹색 바탕이고 길이는 1장 8척이고 240수에 너비는 9촌이다. 2품, 3품관은 자색 인끈인데 3채색으로 자색, 황색, 적색을 쓰며, 순수한 자색 바탕이고 길이는 1장 6척, 180수, 너비는 8촌이다. 4품은 청색 인끈인데 3채색으로 청색, 백색, 홍색을 쓰며, 수수한 청색 바탕이고 길이는 1장 4척이고 140수에 너비는 7촌이다. 5품은 흑색 인끈인데 2채색으로 청색과 감색을 쓰며 순수한 감색 바탕이고 길이는 1장 2척이고 100수이고 너비는 6촌이다.【왕공부터 그 이하는 모두 작은 쌍수를 차는데 길이는 2척 6촌이며, 색은 대수의 색과 같고 수의 숫자는 대수의 반으로 한다. 정제1품은 2개의 옥환을 차는데 그 밖에 것은 같지 않다.】인끈을 차는 자는 분紛도 차는데, 모두 길이는 6척 4촌이고 너비는 2척 4분이고 각각 수의 색과 같게 한다. 반낭은 2품 이상은 금실로 장식하고, 3품은 금은실로 장식하고, 4품은 은실로 장식하고, 5품은 비단실로 장식한다. 패옥은 1품은 산현옥을 차고, 2품 이하 5품 이상은 수창옥으로 한다.

諸文官七品以上朝服者, 簪白筆, 武官及爵則不簪. 諸舃履並烏色, 舃重皮底, 履單皮底.【別注色者, 不用此色.】

모든 문관 7품 이상으로 조복을 입는 자는 백필을 꽂으며, 무관과 작위를 받은 자는 꽂지 않는다. 석과 리는 모두 검은색이며, 석은 바닥을 겹가죽으로 하고 리는 바닥을 홑가죽으로 한다.【별도로 색을 기록한 경우는 이 색을 사용하지 않는다.】

諸勳官及爵任職事官者,【散官·散號將軍同職事】正衣本服, 自外各從職事服. 諸致仕及以理去官, 被召謁見, 皆服前官從省服.

모든 훈관과 작위자로서 직사관에 임명된 자는【산관·산호장군과 같은 직사관】본래의 정복을 입으며, 그 외에는 각각 직사관의 복에 따른다. 퇴직하거나 이유가 있어서 관직을 떠났던 자가 부름을 받아 황제를 알현할 때에는 모두 이전 관직의 공복[從省服]을 입는다.

平巾幘, 簪篦導[一三],197) 冠支[一四],198) 五品以上紫褶, 六品以下緋褶, 加兩襠縢蛇, 並白褲, 起梁帶.【五品以上, 金玉雜鈿. 六品以下, 金飾隱起】靴, 武官及衛官陪立大仗則服之. 若文官乘馬, 亦通服之, 去兩襠縢蛇. 諸視品府佐, 武弁, 平巾幘. 國官, 進賢一梁冠, 黑介幘, 簪導. 其服各準正品,【其流外官, 亦依正品流外之例.】參朝則服之. 若謁見府公, 府佐平巾黑幘, 國官黑介幘, 皆白紗單衣, 烏皮履.

---

197) [교감기 13] "簪篦導"는 『通典』 권108에는 '篦'字가 없다.
198) [교감기 14] "冠支"는 각 本의 원문에는 "冠之"라고 되어 있다. 『通典』 권108에는 "冠支"로 기록하였고, 그 아래의 주에서는 "令云 : '皆金飾, 五品以上通用玉' 當以'冠支'爲是"라고 하였으므로 『通典』에 따라 수정하였다.

평건책은 비도簪導를 꽂고, 관을 쓰며 5품 이상은 자색 상의[褶]를 입고, 6품 이하는 비색 상의를 입으며, 양당兩襠과 등사縢蛇를 더하고 백색 바지를 입고, 기량대起梁帶를 찬다.【5품 이상은 금옥을 섞어서 장식하며, 6품 이하는 금을 상감한다.199)】무관 및 황제 옆에서 대장을 잡고 시위하는 위관은 목이 긴 가죽신[靴]을 신는다. 만일 문관이 말을 탈 때에는 역시 모두 이 복식을 입지만, 양당·등사는 하지 않는다. 모든 시품視品 및 부좌府佐는 무변에 평건책을 쓴다. 봉국의 관리는 진현일량관, 흑개책을 쓰고 잠도를 꽂는다. 그 복식은 각각 정품 관리에 준하며,【봉국의 유외관 역시 정품 유외관의 예에 의거한다.】 조회에 참석할 때 이 복식을 입는다. 만약 부공府公을 뵐 때에는 부좌府佐는 평건흑책을 쓰고 봉국의 관리는 흑개책을 쓰며 모두 백사단의를 입고 검은 가죽신[烏皮履]을 신는다.

諸流外官行署, 三品以上黑介幘, 絳公服,【用緋爲之, 制同絳紗單衣.】方心, 革帶, 鉤䚢, 假帶, 襪, 烏皮履. 九品以上絳褠衣,【制同絳公服, 袖狹, 形直如溝, 不垂.】去方心·假帶, 餘同絳公服. 其非行署者, 太常寺謁者·卜博士·醫助教·祝史·贊引, 鴻臚寺掌儀·諸典書·典學, 內侍省內典引, 太子門下坊典儀·內坊導客舍人·諸贊者, 王公以下舍人, 公主謁者等, 各準行署, 依品服. 自外及民任雜掌無官品者, 皆平巾幘, 緋衫, 大口褲, 朝集從事則服之. 諸典謁, 武弁,

---

199) 은기隱起 : 凸起, 高起를 말한다. 晉의 葛洪 『西京雜記』 권5에서는 "趙后有寶琴, 曰鳳凰, 皆以金玉隱起爲龍鳳螭鸞, 古賢列女之象"라고 하였고, 『北齊書』 권42 「陽休之傳」에서는 "高祖幸汾陽之天池, 於池邊得一石, 上有隱起, 其文曰 : '六王三川'"라고 하였다.

絳公服. 其齋郎, 介幘, 絳褠衣. 自外品子任雜掌者, 皆平巾幘, 緋
衫, 大口褲, 朝集從事則服之.

　모든 유외관행서流外官行署의 3품 이상 관리는 흑개책에 강색의
공복[絳公服]을 입는데【붉은 겹 비단으로 만들며 형태는 강사단의絳紗單
衣와 같다.】방심, 고리가 달린 혁대, 가대를 차고, 버선과 검은 가죽
신[烏皮履]을 신는다. 9품 이상은 강색의 소매가 좁은 홑옷[褠衣]을
입는데【형태는 강색의 공복과 같으며 소매가 좁고 형태가 곧아서 도랑과 같
은 모양으로 소매를 아래로 길게 드리우지 않는다.】방심, 가대는 없으며
나머지는 강색의 공복과 같다. 행서의 관리가 아닌 자, 태상시알자太
常寺謁者200) · 복박사卜博士201) · 의조교醫助教202) · 축사祝史 · 찬인贊引
과 홍려시장의鴻臚寺掌儀 · 모든 전서典書 · 전학典學과 내시성내전인
內侍省內典引, 태자문하방전의太子門下坊典儀 · 내방도객사인內坊導客

---

200) 태상시알자太常寺謁者 : 太常寺의 속관이다.『舊唐書』권44「職官志」에
　　의하면 태상시에는 태상경과 태상소경 이하에 "丞二人, 從五品上. 主簿
　　二人, 從七品上. 錄事二人, 從九品下. 府十二人, 史二十三人. 博士四
　　人, 從七品上. 謁者十人, 贊引二十人. 太祝六人, 正九品上. 祝史六人.
　　奉禮二人, 從九品上. 贊者十六人. 協律郎二人, 正八品上."이 있다.

201) 복박사卜博士 : 태상시의 부서인 太卜署의 관리다.『舊唐書』권44「職
　　官志」에 의하면 태복서에는 "令一人, 從八品下. 丞一人, 正九品. 卜正
　　二人, 從九品下. 卜博士二人. 從九品下"이 있다.

202) 의조교醫助教 :『舊唐書』권42「職官志」에 從第九品上階의 관리 중의
　　하나다."尙書諸司御史臺祕書省殿中省主事 · 奉禮郎 · 律學助教 · 太子
　　正字 · 弘文館校書 · 太史司曆 · 太醫署醫助教 · 京兆河南太原府九寺
　　少府將作監錄事 · 都督都護府上州錄事市令 · 宮苑總監主簿 · 中牧監
　　主簿,【永徽令有監漕】諸州中下縣主簿 · 上縣中縣尉 · 下府兵曹 · 已上
　　並職事文官, 文林郎【文散官】· 陪戎校尉.【武散官】".

舍人·모든 찬자贊者와 왕공 이하의 사인舍人, 공주알자公主謁者 등은 각기 행서에 준하여 관품복을 입는다. 그 밖에 민간에 여러 일을 담당하는 자, 관품이 없는 자는 모두 평건책을 쓰고, 붉은 삼[緋衫]과 대구고大口褲를 입으며, 조집종사朝集從事203) 또한 이 옷을 입는다. 모든 전알典謁은 무변, 강색의 공복을 입는다. 기재랑其齋郎은 개책을 쓰고 강색의 구의204)를 입는다. 이 밖의 품으로 잡일을 하는 자는 모두 평건책에 붉은 삼, 통이 넓은 바지를 입으며, 조집종사 역시 이 옷을 입는다.

---

203) 조집종사朝集從事 : 朝集使는 漢代의 上計吏를 말한다. 『資治通鑑』 陳宣帝 太建 13년 조에 "帝謂諸州朝集使曰"라고 한 부분에 대해서 胡三省의 注에서는 "『隋志』, 每元會, 諸州悉遣使赴京師朝集, 謂之朝集使"라고 하여, 지방에서 경사에 보내 조회에 참석하는 관리를 가리킨다. 朝集從事는 조집사를 수행하는 관리를 가리킨다.

204) 구의褠衣 : 소매가 좁고 직선으로 내려온 單衣를 말한다. 한위시대에는 예복으로, 북조에서는 공복으로 입었다. 『隋書』 권11 「禮儀志」 "流外五品已下, 九品已上, 皆著褠衣爲公服."

孫晨陽 張珂 편저 『中國古代服飾辭典』, 2015, 中華書局
(陝西省 咸陽 漢墓 출토 도용)

黑介幘, 簪導, 深衣, 青褾·領, 革帶, 烏皮履. 未冠則雙童髻, 空
頂黑介幘, 去革帶. 國子·太學·四門學生參見則服之. 書算學生
·州縣學生, 則烏紗帽, 白裙襦, 青領. 諸外官拜表受詔皆服. 本品
無朝服者則服之. 其餘公事及初上, 並公服. 諸州大中正, 進賢一
梁冠, 絳紗公服, 若有本品者, 依本品參朝服之. 諸州縣佐史·鄉
正·里正·岳瀆祝史·齋郎, 並介幘, 絳褠衣.

흑개책은 잠도를 꽂으며, 심의를 입는데, 청색 소맷부리와 청색
깃으로 하며, 혁대를 차고 검은 가죽신[烏皮履]을 신는다. 아직 관례
를 하지 않은 쌍동계를 하고 흑색 공정책空頂幘을 쓰며 혁대를 하지
않는다. 국자·태학·사문학생참견은 이 옷을 입는다. 서산학생書算
學生[205]·주현학생州縣學生은 오사모烏紗帽를 쓰고, 백색 치마저고리
를 입는데, 깃은 청색으로 한다. 모든 외관 중에서 표表가 내려졌거
나 조詔를 받은 자는 모두 이 옷을 입는다. 본품으로 (해당되는) 조
복이 없는 자는 이 옷을 입는다. 그 나머지 공적인 일을 담당하거나
관직에 처음 오른 자는 모두 공복을 입는다. 모든 주대중정州大中正
은 진현일량관進賢一梁冠을 쓰고 강사로 만든 공복을 입는데, 만일
본품이 있는 자는 본품의 조복에 준하여 입는다. 모든 주현의 좌佐
와 사史[206], 향정鄕正·이정里正·악독축사岳瀆祝史[207], 재랑齋郎[208]

---

205) 書學, 律學, 算學은 8품 이하 관료의 자제 및 서인이 입학할 수 있다.
206) 府州縣의 속관으로 佐 1인, 史 1인이 있었다. 『舊唐書』 권44 「職官志」3.
207) 축사祝史 : 태상시의 속관으로 祝史 6인과 州縣의 속관 축사 3인이 있었
　　는데, 여기서는 주현의 속관으로 五岳四瀆廟를 담당하였던 축사를 말한
　　다. 태상시의 축사는 종9품상에 해당한다. 『舊唐書』 권44 「職官志」3, 祝
　　史六人. 奉禮二人, 從九品上 … . 五岳四瀆廟 : 令各一人. 正九品上.

은 모두 개책을 쓰고 강색에 소매가 좁은 홑옷을 입는다.

平巾幘, 緋褶, 大口褲, 紫附構, 尙食局主食·典膳局主食·太官
署食官署掌膳服之. 平巾綠幘, 靑布褲褶, 尙食局主膳·典膳局典
食·太官署食官署供膳服之. 平巾五辮髻, 靑褲褶, 靑耳屬, 羊車
小史服之. 總角髻, 靑褲褶, 漏刻生·漏童服之.

평건책은 붉은 비색의 상의에 대구고를 입으며, 자색으로 소
매를 좁게 덧대며, 상식국주선尙食局主膳[209]·전선국주식典膳局典
食[210]·태관서太官署와 식관서의 장선이 입는 복식이다. 녹색의 평
건책, 청색 포로 만든 바지저고리는 상식국주선, 전선국전식, 태관

齋郎三十人, 祝史三人.

208) 재랑齋郎 : 太常寺의 부속기구인 兩京郊祀署의 속관으로 齋郎110인,
종정시의 속관으로 太廟齋郎 130인, 또 諸太子陵의 齋郎 24인이 있었
다. "齋郎 百一十人. 齋郎掌供郊廟之役, ··· 京都太廟齋郎各一百三十
人, ··· 從七品下 ; 齋郎二十四人."(『新唐書』권48「百官志」3)

209) 상식국주선尙食局主膳 : 尙食局은 殿中省 휘하의 기구로 황제의 음식
을 담당하는데 主膳은 그 속관이다. 主膳이 840인이었다. 『新唐書』권
47「百官志」2 尙食局. 奉御二人, 正五品下 ; 直長五人, 正七品上. 諸
奉御, 直長, 品皆如之. 食醫八人, 正九品下. ··· 龍朔二年, 改尙食局曰
奉膳局, 諸局奉御皆曰大夫. 有書令史二人, 書吏五人, 主食十六人, 主
膳八百四十人, 掌固八人.

210) 전선국전식典膳局典食 : 典膳局은 동궁 소속 부서로 황태자의 음식을
담당하였다. 典食은 전선국의 속관으로 200인이다. 『新唐書』권49上
「百官志」4上 典膳局, 典膳郎二人, 從六品下 ; 丞二人, 正八品上. 掌
進膳, 嘗食, 丞爲之貳. 每夕, 更直於廚. 龍朔二年, 改典膳監曰典膳郎.
有書令史二人, 書吏四人, 主食六人, 典食一百人, 掌固四.

서211)와 식관서의 공선이 입는 복식이다. 평건오변계, 청색의 바지저고리, 청색 이교[짚신]는 양거소사羊車小史212)가 입는 복식이다. 뿔 모양을 만든 계를 끈으로 묶고[總角髻], 청색의 바지저고리는 누각생213)·누동214)이 입는 복식이다.

---

211) 태관서太官署 : 光祿寺의 부서다. 조정에서 연회나 조회가 열릴 때, 또 각종 제사를 할 때 음식을 담당한다. 『新唐書』 권48 「百官志」 3 太官署, 令二人, 從七品下 ; 丞四人, 從八品下. 掌供祠宴朝會膳食. 祭日, 令白卿詣厨省牲鑊, 取明水, 明火, 帥宰人割牲, 取毛血實豆, 遂烹. 又實籩簋, 設于饌幕之內.

212) 양거소사羊車小史 : 장식이 정밀한 고대의 수레인 양거를 모는 일을 맡은 자를 말한다. 『釋名』 「釋車」에 "양거의 양은 祥也라 하고, 또 祥은 善也라고 하였다. "羊車. 羊, 祥也 ; 祥, 善也. 善飾之車." 양거소사는 『隋書』 「禮儀志」 5에서 양거는 초가와 모양이 같은데 금으로 장식하고 자색 비단 헌을 씌우고, 주색 망을 친 수레로 동자 20인이 말을 부린다. 동자들은 모두 양환계를 하고 청의를 입는데, 나이는 14, 15세다. "〈羊車〉其制如軺車, 金寶飾, 紫錦幰, 朱絲網. 馭童二十人, 皆兩鬟髻, 服青衣, 取年十四五者爲, 謂之羊車小史. 駕以果下馬, 其大如羊."

213) 누각생漏刻生 : 수나라 때 처음으로 설치하였다. 본래 秘書省 太史曹에 두었는데, 唐에서는 司天臺에 두었다. 『舊唐書』 권42 「職官志」에는 司天臺의 속관으로 "漏刻典事二十二人, 漏刻博士九人, 漏刻生三百六十人, 典鐘一百一十二人"이라 하였는데, 『新唐書』 권47 「百官志」에서는 "武后長安二年, 置挈壺正. 乾元元年, 與靈臺郎·保章正·司曆·司辰, 皆加五官之名. 有漏刻生四十人, 典鐘, 典鼓三百五十人. 初, 有刻漏視品·刻漏典事·掌知刻漏, 檢校刻漏, 後皆省"라 하여 차이가 난다.

214) 누동漏童 : 『구당서』 권44 「職官志」 太子率更寺 조에 그 속관으로("令一人, 從四品上. 丞二人, 從七品上. 主簿一人, 正九品下. 錄事一人, 伶官師二人, 漏刻博士二人, 掌漏六人, 漏童六十人, 典鼓二十四人. 率更令掌宗族次序, 禮樂, 刑罰及漏刻之政令") 누동 60인을 두었다고 하

龍朔二年九月戊寅, 司禮少常伯孫茂道奏稱:「諸臣九章服, 君臣冕服, 章數雖殊, 飾龍名衮, 尊卑相亂. 望諸臣九章衣以雲及麟代龍, 昇山爲上, 仍改冕.」當時紛議不定. 儀鳳年, 太常博士蘇知機又上表, 以公卿以下冕服, 請別立節文. 敕下有司詳議. 崇文館學士校書郎楊炯奏議曰:

용삭[215] 2년(662) 9월 무인일에 사례소상백 손무도孫茂道가 상주하여 말하였다. "신하들의 구장복과 군신의 면복은 문장의 수에서 비록 차이가 있지만, 용으로 장식한 것과 곤쇄이라는 명칭이 같아 존비가 서로 어지럽습니다. 신하들의 구장 옷은 구름 문양과 기린 문양으로서 용 문양을 대신하고 승산昇山을 위로 하고 명칭도 면으로 고치십시오." 당시에는 의논이 분분하여 정하지 못하였다. 의봉[216] 연간(676~678)에 태상박사 소지기蘇知機가 또 표를 올려, 공경 이하는 면복이라 하고, 별도로 규정을 만들 것을 청하였다. 담당 관원에게 칙을 내려 상세히 논의하도록 하였다. 숭문관학사 교서랑崇文館學士校書郎 양형楊炯이 논의한 것을 상주하여 다음과 같이 말하였다.

古者太昊庖犧氏, 仰以觀象, 俯以察法, 造書契而文籍生. 次有黃帝軒轅氏, 長而敦敏, 成而聰明, 垂衣裳而天下理.

었는데,『新唐書』권49上「百官志」東宮官, 率更寺의 속관으로("龍朔二年, 改曰司更寺, 令曰司更大夫. 有錄事一人, 府三人, 史四人, 漏刻博士三人, 掌漏六人, 漏童二十人, 典鍾, 典鼓各十二人, 亭長四人, 掌固四人. 漏刻博士掌教漏刻") 누동 20인을 두었다고 하여 차이가 있다.
215) 唐 高宗의 세 번째 연호다.
216) 唐 高宗의 아홉 번째 연호다.

其後數遷五德, 君非一姓. 體國經野, 建邦設都, 文質所以
再而復, 正朔所以三而改. 夫改正朔者, 謂夏后氏建寅, 殷
人建丑, 周人建子. 至於以日繫月, 以月繫時, 以時繫年, 此
則三王相襲之道也. 夫易服色者, 謂夏后氏尚黑, 殷人尚白,
周人尚赤. 至於山·龍·華蟲·宗彝·藻·火·粉米·黼·黻,
此又百代可知之道也. 謹按虞書曰:「予欲觀古人之象, 日·
月·星辰·山·龍·華蟲作繪, 宗彝·藻·火·粉米·黼·黻絺
繡.」由此言之, 則其所從來者尚矣.

옛날에 태호 포희씨庖犧氏[217]는 위로는 천문을 살피고 아래
로는 법을 살피고, 문자를 만들었으니 문자로 쓰인 기록이 나
왔습니다. 다음의 황제 헌원씨軒轅氏[218]는 자랄 때는 독실하고
민첩했으며, 성인이 되어서는 총명하여 의복을 갖추어 입고 천
하를 다스렸습니다. 그 후 오덕五德이 여러 번 바뀌었으니 군
주는 하나의 성이 아니었습니다. 영토를 분할하고 밭을 구획하
여[219] 나라를 세우고 도읍을 건설하였으니, 화려함과 질박함은

---

217) 포희씨庖犧氏 : 『尙書』序에서 "古者伏羲氏之王天下也, 始畫八卦, 造
書契, 以代結繩之政, 由是文籍生焉"라고 기록되어 있다.

218) 헌원씨軒轅氏 : 전설 속의 천자로 주로 黃帝라 불린다. 『史記』에 의하면
성은 公孫 혹은 姬다. 헌원의 언덕에서 출생하였으므로 헌원씨라고 불
리며, 有雄에 국도를 정하였으므로 유웅씨라고도 불린다. 전설 속에서는
중국의 문물과 여러 제도들을 만들었다고 전한다.

219) 분획국도장량전야分割國都丈量田野 : 『周禮』「天官·序官」에서는 "惟
王建國, 辨方正位, 體國經野, 設官分職, 以爲民極"라 하였고, 이에 대
해 鄭玄은 注에서 "體猶分也, 經謂爲之里數. 鄭司農云:‘營國方九里,
國中九經九緯, 左祖右社, 面朝後市, 野則九夫爲井, 四井爲邑之屬是

두 개가 반복되고 정삭은 세 개가 번갈아 고쳐졌습니다. 대개 정삭의 개정에 대해 하나라에서는 인寅을 기준으로 세웠고, 은나라에서는 축丑을 기준으로 세웠고, 주나라에서는 자子를 기준으로 세웠다고 합니다. 날을 묶어 달을 정하고, 달을 묶어 사시를 정하였으며, 사시를 묶어 일년을 정하였으니, 이것이 곧 삼왕이 서로 계승한 도입니다. 대개 복색을 바꾸는 것은 하후씨는 흑색을 숭상하였고, 은나라 사람들은 백색을 숭상하였고, 주나라 사람들은 적색을 숭상하였다고 합니다. 산·용·화충·종이·조·화·분미·보·불을 보면 이것은 백세대도 알 수 있는 도입니다. 삼가 『상서』「우서虞書」를 살펴보면, "내가 옛사람들의 상징을 보고자 하여, 일·월·성신·산·용·화충은 그림으로 그리고, 종이·조·화·분미·보·불은 수를 놓는다"라고 하였습니다. 이 말로 미루어 보면 그 유래가 오래되었음을 알 수 있습니다.

夫日月星辰者, 明光照下土也. 山者, 布散雲雨, 象聖王澤沾下人也. 龍者, 變化無方, 象聖王應機布教也. 華蟲者, 雉也, 身被五采, 象聖王體兼文明也. 宗彝者, 武蜼也, 以剛猛制物, 象聖王神武定亂也. 藻者, 逐水上下, 象聖王隨代而應也. 火者, 陶冶烹飪, 象聖王至德日新也. 米者, 人恃以生, 象聖王物之所賴也. 黼能斷割, 象聖王臨事能決也. 黻

也.'"라고 분석하였다. 후에는 국가를 세우고 다스린다는 의미로 광범위하게 사용되었다.

者, 兩己相背, 象君臣可否相濟也. 逮有周氏, 乃以日月星
辰爲旌旗之飾, 又登龍於山, 登火於宗彝, 於是乎制袞冕以
祀先王也. 九章者, 法於陽數也. 以龍爲首章者, 袞者卷也,
龍德神異, 應變潛見, 表聖王深沈遠智, 卷舒神化也. 又制
鷩冕以祭先公也, 鷩者雉也, 有耿介之志, 表公有賢才, 能
守耿介之節也. 又制毳冕以祭四望也, 四望者, 岳瀆之神也.
武蜼者, 山林所生也, 明其象也. 制絺冕以祭社稷也, 社稷,
土穀之神也, 粉米由之成也, 象其功也. 又制玄冕以祭群小
祀也, 百神異形, 難可遍擬, 但取黻之相背異名也. 夫以周
公之多才也, 故化定制禮, 功成作樂. 夫以孔宣之將聖也,
故行夏之時, 服周之冕. 先王之法服, 乃此之自出矣; 天下
之能事, 又於是乎畢矣.

　무릇 일월성신은 밝은 빛을 토지에 내려 비추어 줍니다. 산
이라는 것은 구름과 비를 흩어 놓으니, 성왕의 은택이 아래로
사람들에게 가득 넘치는 것을 상징합니다. 용이라는 것은 변화
가 무쌍하니, 성왕이 때에 맞게 교화를 펴는 것을 상징합니다.
화충이라는 것은 꿩으로 몸이 오채색을 띠니, 성왕의 본체가
문명을 겸하고 있음을 상징합니다. 종이라는 것은 용맹한 원숭
이[武蜼]로 강한 용맹함으로써 사물을 제압하니, 성왕이 신이
한 무용으로 어지러움을 평정하는 것을 상징합니다. 조藻라는
것은 물을 따라 위아래로 흐르니, 성왕이 세대에 따라 응하는
것을 상징합니다. 화火라는 것은 굽고 녹이고 삶고 익힐 수 있
는 것으로, 성왕의 지극한 덕이 날로 새로워지는 것을 상징합
니다. 미米라는 것은 사람들이 기대어 살아가는 것으로, 성왕
이 만물에 의탁하는 것을 상징합니다. 보黼라는 것은 능히 끊

을 수 있으니, 성왕이 일에 임하여 능히 결정할 수 있음을 상징합니다. 불黻은 기己 두 개가 서로 등을 대고 있는 모양으로, 군신이 서로 논의하여 서로 돕는 것을 상징합니다. 주周에 이르러 일월성신으로는 정기의 장식으로 삼고, 용 문양을 산의 위에 올리고, 화 문양을 종이 위에 얹어 이에 곤면을 제작하여 선왕을 제사하였습니다. 9장이라는 것은 양의 숫자를 따른 것입니다. 용 문양을 첫번째 문양으로 한 것은, (곤면의) 곤袞은 분발하는 의미인 것처럼, 용의 덕은 신비롭고 뛰어나며, 변화에 응하여 숨었다가 나타나니 성왕의 깊고 원대한 지혜를 나타내며, 말았다가 펴는 것은 신의 조화와 같은 것입니다. 또 별면을 제작하여 선공에 제사하는데, 별은 꿩으로 바르고 굳은 의지가 있는 것이니, 공에게 현명한 재능이 있어 능히 바르고 곧은 절개를 지킬 수 있음을 나타내는 것입니다. 또 취면을 제작하여 사망四望에 제사하는데 사망은 악독의 신입니다. 용맹한 원숭이[武蜼]는 산림에서 탄생한 것으로 현명함이 그 상징입니다. 치면을 제작하여 사직에 제사하는데, 사직은 토지와 곡식의 신이며, 분미가 이로 말미암아 이루어지는 것으로, 그 공업을 상징합니다. 또 현면을 제작하여 여러 작은 제사를 하는데 온갖 신의 형태가 달라 모두 묘사하기 어려워, 불黻이 서로 등을 대고 있으며 이름이 다른 것을 취한 것입니다. 무릇 주공이 재능이 많아 바른 것을 교화하고 예를 제정하였으며, 공업을 이루고 악을 제작하였습니다. 무릇 공자는 장차 성인이 되었을 때에 의거하여 하왕조의 시령을 행하고 주나라의 면복을 입었습니다. 선왕이 제정한 복식은 이것으로부터 나오기 시작한 것이니, 천하가 능히 할 수 있는 일이 여기에 있는 것입니다.

今表狀「請制大明冕十二章, 乘輿服之」者. 謹按, 日月星
辰者, 已施旌旗矣 ; 龍武山火者, 又不踰於古矣. 而云麟鳳
有四靈之名, 玄龜有負圖之應, 雲有紀官之號, 水有感德之
祥, 此蓋別表休徵, 終是無踰比象. 然則皇王受命, 天地興
符, 仰觀則璧合珠連, 俯察則銀黃玉紫. 盡南宮之粉壁, 不
足寫其形狀 ; 罄東觀之鉛黃, 無以紀其名實. 固不可畢陳於
法服也. 雲也者, 從龍之氣也, 水也者, 藻之自生也, 又不假
別爲章目也. 此蓋不經之甚也. 又「鷩冕八章, 三公服之」者.
鷩者, 太平之瑞也, 非三公之德也. 鷹鸇者, 鷙鳥也, 適可以
辨祥刑之職也. 熊羆者, 猛獸也, 適可以旌武臣之力也. 又
稱藻爲水草, 無所法象, 引張衡賦云, 「蔕倒茄於藻井, 披江
葩之狎獵.」 謂爲蓮花, 取其文采者. 夫茄者蓮也, 若以蓮花
代藻, 變古從今, 旣不知草木之名, 亦未達文章之意. 此又
不經之甚也.

　지금 표를 올리니 "면복의 12장 문양을 크게 밝혀 제작하시
고, 황제께서 입으시기를 청합니다." 삼가 살펴보면, 일월성신
은 이미 정기의 장식이 되었으며, 또 용과 용감한 원숭이와 산
과 화[龍武山火]는 예전을 넘어서지 못하였습니다. 그러나 기
린, 봉황은 사령四靈의 명성이 있다고 하고, 현귀玄龜는 하도를
지고 나오는 응험이 있다고 하며, 구름은 관직을 기술하는 칭
호가 있으며, 물에는 덕에 감응하는 길상이 있으니, 이것은 모
두 대개 좋은 징조를 나타내는 것으로, 마침내 이 상징을 넘어
서는 것이 없습니다. 그런 즉 황왕이 수명을 받으면 천지에서

부서가 나타나고 우러러 본 즉 옥벽이 합해지며 구슬이 연이어 드리우고, 굽어 본 즉 황금색 은과 자색 옥구슬입니다. 남궁의 하얀 벽을 다하여도 그 형상을 묘사하기에 부족합니다. 동관의 연황220)을 다 써도 그 명실을 기록할 수 없습니다. 그러므로 규정된 복식에 대해서 완벽하게 표현하는 것은 불가능합니다. 구름이라는 것은 용의 기운으로부터 나온 것이고, 물이라는 은 말풀이 자생한 곳이니, 기타 다른 문양을 빌려 말하지 않더라도 모두 경전에 기반을 두지 않은 것이 매우 심각한 상태입니다. 또 "8개 문장을 넣은 별면복은 삼공이 입는다"고 했습니다. 별驚이라는 것은 태평의 길조이지, 삼공의 덕이 아닙니다. 응전鷹鸇221)은 지조鷙鳥로 마땅히 재앙과 형벌의 직분을 분별할 수 있습니다. 웅비熊羆222)는 맹수로 무신의 능력을 드러낼 수 있는 것입니다. 또 조藻를 칭하여 수초라고 하는 것은 모양을 본뜬 바가 아닌 것이니, 장형張衡223)의 부賦에서 "물풀 천정에 거꾸로 매달린 가지의 꽃받침에 꽃은 겹겹이 피었네"224)라고 한 것은 연화를 일컫는 것으로, 그 문채를 취한 것입니다. 여기서 '가지[茄]'라는 것이 '연蓮'인데, 연꽃으로 물풀을 대신한 것

---

220) 연황鉛黃 : 鉛粉과 雌黃, 古代 婦女의 化粧用品이다.

221) 응전鷹鸇 : 鷹과 鸇 모두 매를 가리킨다. 용감하고 충성스러움을 상징한다.

222) 웅비熊羆 : 용맹한 곰을 가리킨다.

223) 장형張衡(78~139) : 후한의 학자로 字는 平子이며, 남양군 西鄂縣(현재 河南省 南陽市 石橋鎭) 사람이다. 천문학, 수학, 지리학에 조예가 깊었으며, 발명가이며, 문학가이기도 하다.

224) 『文選·張衡』「西京賦」: "蔕倒茄於藻井." 薛綜注 : "茄, 藕莖也. 以其莖倒殖於藻井, 其華下向反披."

과 같은 것이니, 옛것을 변화시켜 오늘의 것을 따른다면 이미 초목의 이름을 알지 못할 뿐만 아니라 역시 그 문장의 뜻에도 이르지 못하게 됩니다. 이것 역시 경전에 의거하지 않았음이 심한 것입니다.

又「毳冕六章, 三品服之」者. 按此王者祀四望服之名也. 今三品乃得同王之毳冕, 而三公不得同王之袞名. 豈惟顚倒衣裳, 抑亦自相矛盾. 此又不經之甚也.

또 "6개 문장을 넣은 취면복은 3품 관리가 입는다"고 했습니다. 이 복식은 왕이 사망四望에 제사할 때 입는 복식입니다. 지금 3품 관리는 왕의 취면과 같은 복식을 입을 수 있으나, 삼공은 왕과 같은 곤면을 입을 수 없습니다. 어찌 오히려 의상이 뒤바뀐 것이 아닌 것이며, 서로 모순된 것이 아니겠습니까, 이 역시 경전에 의거하지 않았음이 심한 것이다.

又「黼冕四章, 五品服之」. 考之於古, 則無其名 ; 驗之於今, 則非章首. 此又不經之甚也.

또 "4개의 문장을 넣은 보면복黼冕服은 5품관이 입는다"고 했습니다. 옛 전적을 상고하여 보면, 이 복식의 이름이 없습니다. 지금의 사정에서 증험해 보아도 문장에 있는 것이 아닙니다. 이 역시 경전에 의거하지 않았음이 심한 것입니다.

若夫禮惟從俗, 則命爲制, 令爲詔, 乃秦皇之故事, 猶可

以適於今矣. 若乃義取隨時, 則出稱警, 入稱蹕, 乃漢國之
舊儀, 猶可以行於代矣. 亦何取於變周公之軌物, 改宣尼之
法度者哉!

대개 예라는 것은 풍속을 따르고자 하여, 명으로 제를 내리
고 령으로 조를 내리니, 이에 진황제의 옛일이 여전히 지금에
이를 수 있는 것입니다. 그 뜻을 시대를 따르는 것에서 취하여,
나갈 때는 경警이라고 외치고, 들어올 때는 필蹕이라고 외치니,
이것은 한나라의 옛 의례로서 여전히 이어 행해질 수 있는 것
입니다. 어찌 주공의 규정과 공자의 법도를 고쳐야만 취할 수
있는 것이겠습니까!

由是竟寢知機所請.

이 때문에 소지기의 청구가 마침내 받아들여지지 않았다.

景龍二年七月, 皇太子將親釋奠於國學, 有司草儀注, 令從臣皆
乘馬者著衣冠. 太子左庶子劉子玄進議曰:

경용225) 2년(708) 7월에 황태자가 장차 국학에서 석전釋奠226)의
예를 행하려고 할 때 담당관이 의주를 초하여, 따르는 신료들은 모
두 말을 타고 의관을 입으라고 하였다. 태자좌서자227) 유자현228)이

---

225) 경용景龍: 唐 中宗의 두 번째 연호다.
226) 석전釋奠: 고대에 학교에서 음식을 차려 놓고 선성과 선사에게 존경의
    제를 지내던 풍습이다. 『禮記』 「王制」 "出征執有罪, 反釋奠於學, 以訊
    馘告."

의견을 올려 다음과 같이 말하였다.

古者自大夫已上皆乘車, 而以馬爲騑服. 魏·晉已降, 迄于隋代, 朝士又駕牛車, 歷代經史, 具有其事, 不可一二言也. 至如李廣北征, 解鞍憩息 ; 馬援南伐, 據鞍顧盼. 斯則鞍馬之設, 行於軍旅, 戎服所乘, 貴於便習者也. 案江左官至尚書郎而輒輕乘馬, 則爲御史所彈. 又顔延之罷官後, 好騎馬出入閭里, 當代稱其放誕. 此則專車憑軾, 可攝朝衣 ; 單馬御鞍, 宜從褻服. 求之近古, 灼然之明驗矣.

예전에는 대부 이상은 모두 수레를 탔는데, 말이 수레를 끌었습니다. 위진 이후 수나라에 이르기까지 조정의 관료는 소가 끄는 수레를 탔다는 것 또한, 역대 경전과 역사서에 모두 기록되어 있어, 한두 구절이 아닙니다. 이광李廣[229]이 북방을 정벌하러 갈 때에는 안장을 풀어놓고 휴식하였고, 마원馬援[230]이

----

227) 좌서자左庶子 : 東宮의 부속기구로, 左春坊의 관리로 2인이며 정4품상에 해당한다.

228) 유자현劉子玄(661~721) : 본명은 知幾이며, 楚州刺史 胤之의 族孫이다. 어려서 兄 知柔와 함께 詞學으로 유명하였고, 弱冠에 進士가 되었다. 태자좌서자와 숭문관학사를 지냈다. 또 〈무후실록〉을 찬수하였는데, 바르게 고쳐야 한다는 건의를 武三思가 받아들이지 않자, 『史通』 49편을 지었다.

229) 이광李廣(기원전?~기원전119) : 전한의 명장이다. 흉노정벌에서 큰 공을 세웠고, 경제 때에는 오초칠국의 난을 평정하는데 참여하였다. 무제 때에는 미앙궁위위에 제수되었고, 元光 6년(129)에는 驍騎將軍으로 흉노공격에 나서기도 하였다.(『漢書』 권54「李廣傳」)

남방을 정벌하러 갈 때에는 안장에 앉아서 두루 살펴보았습니다. 이것은 말에 안장을 치고, 군대가 행렬하였다는 것이고, 군복을 입고 (말을) 타는 것이 활쏘기에 편하였다는 것입니다. 동진시대에는 관이 상서랑尚書郎에 이른 자가 번번이 가볍게 말을 타자 어사에게 탄핵되었습니다. 또 안연지顔延之231)가 관직에서 물러난 후에 말을 타고 마을을 드나들기 좋아하였는데, 당시 사람들이 그를 멋대로 한다고 말했습니다. 이것은 수레를 타고 수레 턱에 기댈 때에는 조복을 입는 것이고, 말 한 마리를 타고 부릴 때에는 평상복[褻服]232)을 입는다는 것입니다. 가까운 옛날을 살펴보아도 분명하게 드러납니다.

自皇家撫運, 沿革隨時. 至如陵廟巡幸, 王公冊命, 則盛服冠履, 乘彼輅車. 其士庶有衣冠親迎者, 亦時以服箱充馭. 在於他事, 無復乘車, 貴賤所行[一五],233) 通鞍馬而已. 臣

---

230) 마원馬援(기원전14~49) : 전한말 후한 초의 명장이며, 후한의 개국공신이다. 또 후한 明帝 明德皇后의 아버지다. 후한 건국 후에 서쪽으로는 羌族을 정벌하고, 남쪽으로는 交趾 정벌, 북쪽으로는 烏桓을 정벌하는데 나서 伏波將軍에 올랐으며 新息侯에 봉해졌다.(『後漢書』권24「馬援傳」)

231) 안연년顔延年(384~456) : 이름은 顔延之이고 자가 延年이다. 琅琊 臨沂(현재 山東省 臨沂市) 사람으로 南朝 宋의 文學家다. 陶淵明과도 교유하였으며, 남조의 송나라에서 太常博士, 金紫光祿大夫 등을 지냈다. 명나라 사람이 집일한 『顔光祿集』이 있다.(『宋書』권73「顔延之傳」)

232) 褻服설복 : 고대에 집에서 머물 때 입었던 평상복을 말한다.

233) [교감기 15] "貴賤所行"의 '行'字는 각 本의 원문에는 없다. 『구당서』권102「劉子玄傳」과 『冊府元龜』권588에 따라 보원하였다.

伏見比者鑾輿出幸, 法駕首途, 左右侍臣皆以朝服乘馬. 夫
冠履而出, 止可配車而行, 今乘車既停, 而冠履不易, 可謂
唯知其一而未知其二. 何者? 褒衣博帶, 革履高冠, 本非馬
上所施, 自是車中之服. 必也襪而升鐙, 跣以乘鞍, 非惟不
師古道, 亦自取驚今俗, 求諸折中, 進退無可. 且長裙廣袖,
襜如翼如, 鳴珮紆組, 鏘鏘弈弈, 馳驟於風塵之內, 出入於
旌棨之間, 儻馬有驚逸, 人從顚墜, 遂使屬車之右, 遺履不
收, 清道之傍, 絓驂相續, 固以受嗤行路, 有損威儀.

　당나라가 수명을 이은 이래 수시로 연혁이 바뀌었습니다. 능
묘 순행이나 왕공을 책봉하는 경우에는 옷과 관과 신발을 모두
갖추고 로거輅車를 탑니다. 사인과 서민이 의관을 갖추고 친영
할 때에는 역시 때때로 수레를 타고 말을 부립니다. 기타의 경
우에는 수레를 타지 않고, 귀한 자나 천한 자나 다닐 때에는
말을 탈 뿐이었습니다. 신이 삼가 근자에 난여鑾輿가 출행할
때와 법가法駕 행차를 살펴보니, 좌우 시신들이 모두 조복을
입고 말을 탔습니다. 대저 관을 쓰고 신[履]을 신고 나가면 수
레를 타고 가야 하는데, 지금은 수레를 타지 않으면서도 관과
신을 바꾸지 않으니, 하나만 알고 둘은 모르는 것이라고 할 수
있습니다. 무슨 이유이겠습니까? 넓은 소매의 옷과 넓은 허리
띠, 가죽 신과 높은 관은 본래 말을 탈 때 입는 것이 아니라
수레를 탈 때 입는 것입니다. 반드시 버선을 신고 말의 등자를
밟아야지, 맨발차림으로 말의 안장에 앉는 것은 오히려 옛 제
도를 본받은 것이 아니라, 지금의 경박한 풍속에서 취한 것이
니, 절충을 구하는 데에 진퇴가 불가능합니다. 또 긴 치마와 넓
은 소매의 옷을 입고 울리는 패옥[紆組]을 차고, 금옥소리 울리

는 휘장을 치고, 바람과 먼지 속에서 말을 달리며 정군대의 병진 사이[旌棨]를 드나들 때, 만일 말이 놀라 달리면 사람들도 따라서 뒤집혀 떨어지니, 마침 오른쪽에 있던 속거를 부리더라도, 떨어진 신을 주울 수 없었으며, 도로상에 수레가 서로 부딪쳐서 길을 가던 사람들이 비웃게 되니 위엄을 잃게 되는 것입니다.

今議者皆云秘閣有梁武帝南郊圖, 多有衣冠乘馬者, 此則近代故事, 不得謂無其文. 臣案此圖是後人所爲, 非當時所撰. 且觀當今有古今圖畫者多矣, 如張僧繇畫群公祖二疏, 而兵士有著芒屩者 ; 閻立本畫昭君入匈奴, 而婦人有著帷帽者. 夫芒屩出於水鄉, 非京華所有 ; 帷帽創於隋代, 非漢宮所作. 議者豈可徵此二畫以爲故實者乎! 由斯而言, 則梁武南郊之圖, 義同於此. 又傳稱義惟因俗, 禮貴緣情. 殷輅周冕, 規模不一 ; 秦冠漢珮, 用舍無恆. 況我國家道軼百王, 功高萬古, 事有不便, 資於變通. 其乘馬衣冠, 竊謂宜從省廢. 臣此異議, 其來自久, 日不暇給, 未及摧揚. 今屬殿下親從齒冑, 將臨國學, 凡有衣冠乘馬, 皆憚此行, 所以輒進狂言, 用申鄙見.

지금 논의하는 자들은 모두 비각에 있는 〈양무제남교도梁武帝南郊圖〉에 옷과 관을 잘 입고 말을 탄 자가 많다고 하는데, 이것은 가까운 시대의 일이기 때문에 문자 기록이 없다고는 할 수 없습니다. 신이 〈양무제남교도〉를 살펴보니, 후대인이 만든 것으로 당시에 찬술된 것이 아닙니다. 또 지금 고금도서를 본 자들이 많이 있는데, 장승요張僧繇[234)가 그린 〈군공조이소群公

祖二疏〉235)에는 풀로 만든 신[芒屬]을 신은 병사가 있고, 염립
본閻立本236)이 그린 〈소군입흉노昭君入匈奴〉에는 유모帷帽를
쓴 부인이 있습니다. 대저 망교는 물이 많은 곳[水鄕[에서 나는
것이지, 경성에서 나는 것이 아닙니다. 유모라는 것은 수나라
때에 처음 나온 것이지, 한나라 때 있던 것이 아닙니다. 논의한
자들처럼 어찌 이 두 그림으로 옛 사실의 증거를 삼을 수 있겠

---

234) 장승요張僧繇 : 생졸연대는 자세하지 않지만, 대략 6세기 전기에 활약하
였던 화가다. 吳郡 吳中(현재 江蘇 蘇州) 사람으로 梁나라의 대신을
지냈다. 양나라 天監 연간에 武陵王國侍郎, 直秘閣知畫事, 右軍將軍
吳興太守 등을 지냈으며, 회화에 있어서 사실적 묘사에 뛰어났으며, 佛
像, 龍, 鷹 등 많은 그림을 남겼다. 특히 "畫龍點睛"이라는 고사를 만들
어 낸 주인공이기도 하다. 顧愷之, 陸探微, 吳道子 등과 함께 畫家 四祖
로 불리며, 唐나라의 閻立本과 吳道子의 스승격이다.

235) 군공조이소群公祖二疏 : 양나라 때 화가 張僧繇가 그린 그림이다. 장승
요는 불교회화를 잘 하는 것으로 유명했고, 인물초상, 화조, 동물, 산수화
등 다양한 분야에서 뛰어난 화풍을 발달시켰다. 강남의 사원 벽화도 다
수 그렸다. 그가 그렸다는 그림 속 '이소二疏'는 전한 宣帝 치세기에
활동한 名臣 疏廣과 그의 조카인 疏受이다.

236) 염립본閻立本(601~673) : 雍州 萬年(현재 陝西省 西安市 臨潼區) 사람
으로 수나라 때 음서로 관직에 나아갔으며, 당나라에서는 재상을 지냈으
며, 화가로서 유명하다. 정관 연중에 主爵郎中, 刑部郎中, 將作少監을
역임하였다. 이 때 "昭陵六駿"과 "淩煙閣"功臣圖를 그렸으며 翠微宮
을 감수하였다. 顯慶 元年(656)에 將作大匠를 거쳐 工部尙書에 올랐다.
總章 元年(668)에는 檢校右丞相에 올라 博陵縣男에 책봉되었다. 중서
령에까지 승진하였다. 篆書와 隸書에 뛰어났으며, 건축에도 조예가 깊
었으며, 특히 회화에서 걸출한 업적을 남겼다. 대표작으로 〈步輦圖〉〈曆
代帝王像〉을 남겼다.(『舊唐書』 권77 「閻立本傳」)

습니다. 이로써 말하자면 즉 〈양무남교지도〉의 경우도 이와 같은 이치입니다. 또 전해오는 말에 의하면, 의義는 오직 풍속을 따르는데 두며, 예는 인정을 따르는 것을 귀하게 여긴다고 합니다. 은나라의 수레와 주나라의 면복은 규격과 모양이 같지 않습니다. 진秦나라의 관과 한漢나라의 패옥은 쓰임새가 일정하지 않았습니다. 하물며 우리 당나라는 국가의 도가 백왕보다 앞서고 공이 만고에 어느 때보다 높으니, 불편한 일이 있으면 변통을 취하십시오. 이처럼 말을 타고 의관을 갖추는 것은 생략하거나 폐하는 것이 마땅하다고 말씀드립니다. 신의 이 같은 다른 의견은 생각한 지가 오래되었으나, 겨를이 없어 아직 헤아려 드러내지 못한 것입니다. 지금 전하가 친히 치주齒冑[237]의 예를 수행하여 장차 국학의 의례에 참석하고자 하면서 의관을 갖추고 말을 타고자 하니 모두 이 행차를 꺼리므로, 문득 경솔한 발언을 하며 비루한 의견을 펴고자 한 것입니다.

皇太子手令付外宣行, 仍編入令, 以爲恆式.

황태자가 친히 수기한 영을 교부하여 시행하도록 선포하고, 이에 영에 편입시켰으니 이것이 정식의 법식이 되었다.

譙服, 蓋古之褻服也, 今亦謂之常服. 江南則以巾褐裙襦, 北朝則雜以戎夷之制. 爰至北齊, 有長帽短靴, 合褲襖子, 朱紫玄黃,

---

237) 치주齒冑 : 황태자가 입학할 연령이 되어 치르는 입학례를 말한다.

各任所好. 雖謁見君上, 出入省寺, 若非元正大會, 一切通用. 高氏諸帝, 常服緋袍. 隋代帝王貴臣, 多服黃文綾袍, 烏紗帽, 九環帶, 烏皮六合靴. 百官常服, 同於匹庶, 皆著黃袍, 出入殿省. 天子朝服亦如之, 惟帶加十三環以爲差異, 蓋取於便事. 其烏紗帽漸廢, 貴賤通服折上巾, 其製周武帝建德年所造也. 晉公宇文護始命袍加下襴.

연복은 대개 예전의 평상복으로, 지금은 상복이라고 부른다. 강남 지방에서는 건巾을 쓰고 거친 베로 만든 치마저고리를 입는데, 북조에서는 이민족의 제도가 섞여 있다. 북제에서는 긴 모자를 쓰고 짧은 장화를 신고, 살 부분이 붙은 합고合袴에 저고리[襖]를 입는데 붉은색과 자색, 검은색, 황색을 각기 좋아하는 것에 따랐다. 군주를 뵈러 갈 때나 관청을 출입할 때, 또는 만약 원단일의 대회가 아니라면 언제나 모두 두루 입을 수 있었다. 북제의 고씨 황제들은 붉은 비단으로 만든 포[緋袍]를 상용하였다. 수나라 때의 황제와 귀척 신하들은 대부분 황색 무늬가 있는 능사로 만든 포[黃文綾袍]를 입고 오사모烏紗帽를 쓰고 아홉 개의 고리가 달린 허리띠[九環帶]를 차고, 검은 가죽으로 만든 육합화를 신었다. 백관의 상복은 서민과 같아서 모두 황색의 포를 입고 궁전과 관부를 드나들었다. 천자의 조복 역시 이와 같은데 오직 허리띠만 13개의 고리를 더하여 차이를 두었으니 이것은 일하기에 편한 점을 취한 것이다. 그 중 오사모는 점차 폐해지고 귀천을 막론하고 모두 절상건折上巾을 썼으니 이것은 북주 무제 건덕 연간(572~577)에 만들어진 것이다. 진공 우문호宇文護238) 때에는 처음으로 명령을 내려 포에 아래의 난襴239)을 덧붙이라고 하였다.

及大業元年, 煬帝始制詔吏部尚書牛弘·工部尚書宇文愷·兼
內史侍郎虞世基·給事郎許善心·儀曹郎袁朗等憲章古則, 創造衣
冠, 自天子逮于胥吏, 章服皆有等差. 始令五品以上, 通服朱紫. 是
後師旅務殷, 車駕多行幸, 百官行從, 雖服褲褶, 而軍間不便. 六
年, 復詔從駕涉遠者, 文武官等皆戎衣, 貴賤異等, 雜用五色. 五
品已上, 通著紫袍, 六品已下, 兼用緋綠. 胥吏以青, 庶人以白, 屠
商以皂, 士卒以黃.

대업[240] 원년(605)에 이르러, 양제가 비로소 이부상서 우홍牛弘[241],
공부상서 우문개宇文愷[242], 겸내사시랑 우세기虞世基,[243] 급사랑 허

---

238) 우문호宇文護(513~572) : 字는 薩保이며 代郡 武川(현재 內蒙古 武川
　　 縣) 사람이다. 鮮卑族으로 北周 初期의 權臣이며, 周文帝 宇文泰의 조
　　 카다. 邵惠公 宇文顥의 세 번째 아들이다. 宇文泰를 따라 사방을 정벌
　　 하는 전쟁에 참여하였고, 전공을 쌓아서 都督, 征虜將軍, 驃騎大將軍
　　 등을 역임하였다. 북주 건국 후에는 大司馬, 晉國公에 올랐으며, 정적들
　　 을 제거하고 북주 정권을 안정시키는 데 공헌하여 大塚宰에 올랐다. 天
　　 和 7年(572) 長安 含仁殿에서 피살되었다.

239) 난란襴 : 고대에 윗옷과 치마가 서로 이어져 있는 長衣下擺에 밑 단에 가
　　 선을 댄 것을 말한다. 下裳形制의 橫幅을 襴이라고 한다. 加襴의 制度
　　 는 北周에서 시작되어 당에서 정착되었다.

240) 대업大業 : 隋 煬帝의 연호다.

241) 우홍牛弘(545~610) : 字는 裏仁이고 安定 鶉觚(현재 甘肅省 靈台縣)
　　 사람이다. 수나라 때의 대신이며, 북위 때 侍中을 지낸 蟟允의 아들이다.
　　 북주시대에 관리가 되어, 기거주를 담당하였다. 수 문제 즉위 후 산기상
　　 시, 비서감등에 올랐고, 開皇 3년(583)에 禮部尚書에 올라 明堂을 세우
　　 고, 禮樂制度를 제정할 것을 건의하였으며, 『五禮』 100권을 수찬하였
　　 다.(『隋書』 권49 「牛弘傳」)

242) 우문개宇文愷(555~612) : 字는 安樂이고, 弘化郡 岩綠縣(현재 陝西省

선심許善心、,244) 의조랑 원랑袁朗245) 등에게 제조를 내려 옛 법에 의

靖邊縣) 사람이다. 건축에 뛰어난 역량을 발휘하여 수나라 때 도시의
계획과 건축공정에 업적을 남겼다. 특히 大業 연간에 營東都副監, 將作
大匠에 차례로 임명되어 낙양의 건축을 맡았는데, 역대 궁전의 법식을
고찰하여, 화려하고 웅대하게 지었다. 공부상서에 임명되었으며, 廣通渠
의 축조도 맡아 수당 운하의 출발을 열었던 인물이다. 저서로『東都圖
記』『明堂圖議』『釋疑』등을 지었다고 하나 전해지지 않는다.『隋書』
권49「宇文愷傳」

243) 우세기虞世基(?~618) : 字는 懋世이며, 會稽 餘姚(현재 浙江省 慈溪市)
사람이다. 서예가 虞世南의 형이고, 우세기 역시 초서와 예서를 잘했다.
隋나라 건국 후에 通直郎, 內史舍人 등을 역임하였고, 煬帝에 의해서
중용되어 조정의 기밀을 장악하였다. 大業 9년(612)에는 高麗 전역에 참
가하였다. 저서에『區宇圖志』가 있다.『隋書』권67「虞世基傳」

244) 허선심許善心(558~618) : 字는 務本이며, 高陽 北新城(현재 河北省 徐
水縣)사람이다. 조상은 高陽에서 남으로 이주하여 남조에서 대를 이어
관료를 지냈다. 허선심은 9세에 고아가 되었으나, 학문을 게을리 하지
않아 신동으로 이름을 날렸으며, 남조의 陳에서 新安王法曹를 거쳐 度
支郎中 侍郎, 撰史學士 등을 역임하였다. 수나라에 들어 와서는 通直散
騎侍, 虞部侍郎을 거쳤으며, 開皇 16년(596)에『神雀頌』을 지어 隋文
帝가 비단 200段을 하사하였다. 다음해에 秘書丞에 제수되어, 國家藏書
를 정리하는 일을 맡았다. 도서를 정리하여 阮孝緖가 지은『七錄』을 모
방하여 새로이『七林』을 지었는데, 각각의 도서를 크게 종류별로 나누고
각각 總序를 쓰고 篇首를 쓰고, 또 薄錄 뒤에 작자의 저술의 의도를
서술하는 방식으로 그 類例를 구분하여 서술하였으나, 일찍이 없어졌
다.(『隋書』권58「許善心傳」)

245) 원랑袁朗 : 雍州 長安사람이다. 문장을 잘 지었으며, 南朝 陳나라에서 釋
褐秘書郎을 지냈다. 陳 後主의 부름을 받고 禁中에 들어가 太子洗馬에
올랐다. 수나라에서는 儀曹郎을 지냈으며, 唐나라 초에는 授齊王의 文
學이었다가 給事中에 올랐다. 貞觀 初年에 죽었는데 태종이 매우 애도

거하여 의관제도를 갖추도록 하였는데, 천자로부터 서리에 이르기까지 문양과 복식에 모두 등차가 있었다. 처음으로 영을 내려 5품 이상은 모두 주자朱紫색 복식을 입게 하였다. 이후 군대를 일으키는 일이 많았고, 수레 행차가 많아서 백관이 이를 따랐는데 비록 바지저고리[褲褶]를 입었으나 군대에서는 불편하였다. 대업 6년(610)에 다시 조를 내려 멀리까지 수레 행렬을 수행해야 하는 문무관등은 모두 융복을 입게 하였고, 귀천에 따라 등급을 달리하여 오색을 섞어 쓰도록 하였다. 5품 이상은 자색 포를 입었고, 6품 이하는 붉은색[緋]과 녹색 포를 겸용하도록 하였다. 서리는 청색을, 서인은 백색의 포를 입도록 하였고, 상인은 검은색, 사졸은 황색 포를 입도록 하였다.

武德初, 因隋舊制, 天子讌服, 亦名常服, 唯以黃袍及衫, 後漸用赤黃, 遂禁士庶不得以赤黃爲衣服雜飾. 四年八月敕:「三品已上, 大科紬綾及羅, 其色紫, 飾用玉. 五品已上, 小科紬綾及羅, 其色朱, 飾用金. 六品已上, 服絲布, 雜小綾, 交梭, 雙紃, 其色黃. 六品·七品飾銀. 八品·九品鍮石. 流外及庶人服紬·絁·布, 其色通用黃, 飾用銅鐵.」五品已上執象笏[一六].[246] 三品已下前挫後直, 五品已上前挫後屈. 自有唐已來, 一例上圓下方, 曾不分別. 六品已下, 執竹木爲笏, 上挫下方. 其折上巾, 烏皮六合靴, 貴賤通用.

무덕 연간(618~626)[247] 초에 수의 옛 제도를 따라서 천자의 연복

하였다고 한다. 문집 14권에 시 4수가 있다.(『舊唐書』 권190上 「袁朗傳」)

246) [교감기 16] "五品已上執象笏"에서 『唐會要』 권32에는 이 구절 뒤에 "已下執竹木笏" 여섯 자가 있고, 아래구절 "三品已下前挫後直" 앞에는 '舊制' 두 자가 있다.

은 그 명칭을 상복常服이라고 하였고 모직 황색 포와 삼을 입었으나
그 후에 점점 적황색을 사용하여, 마침내 사인과 서인은 의복이나 여
러 장식에 적황색을 사용할 수 없도록 하였다. 무덕 4년 8월 칙령으
로 "3품 이상은 대과大科248)의 굵은 능과 라를 사용하며, 그 색은 자
색이고 장식은 옥으로 한다. 5품 이상은 소과小科의 굵은 능綾과 라
羅를 사용하며 그 색은 주색이고 장식은 금으로 한다. 6품 이상은 명
주, 베와 잡소릉雜小綾, 교사交梭, 쌍순雙紃 옷을 입으며, 그 색은 황
색으로 한다. 6품과 7품의 장식은 은으로 한다. 8품과 9품의 장식은
유석鍮石249)으로 한다. 유외流外와 서인은 굵은 주, 가는 시絁, 베로
만든 옷을 입는데 그 색은 모두 황색으로 한다. 장식은 동과 철을 사
용하도록 하라"고 하였다. 5품관 이상은 상아로 된 홀을 잡는다. 3품
관 이하는 앞부분이 꺾여 있고 뒷부분은 곧은 형태이고, 5품관 이상
은 앞부분이 꺾여 있는데 뒷부분은 둥근 형태다. 당나라 이래로 하나
의 형태로 통일되어 위는 둥글고, 아래는 네모나서 분별할 수 없었
다. 6품 이하의 관원은 모두 대나무로 만든 홀을 잡는데 위는 꺾여
있고, 아래는 네모진 모양이다. 절상건折上巾250)과 검은 가죽으로 만
든 육합화烏皮六合靴251)는 귀천을 막론하고 모두 사용하였다.

---

247) 무덕武德 : 당 고조의 첫 번째 연호다.

248) 대과大科 : 袍衫에 놓은 繡의 꽃송이가 큰 것을 말한다.

249) 유석鍮石 : 천연의 황동광석 혹은 천연의 銅를 말한다.

250) 절상건折上巾 : 옛 관의 이름이다. 후한대에 梁冀가 輿服制를 개정할 때
巾의 위 귀퉁이를 접어 쌓았기 때문에 折上巾이라고 불렀다. 北周에서
는 四脚을 달아서 幞頭라고 부르거나 혹은 折上巾이라고 불렀다. 隋唐
대에는 貴賤을 막론하고 通用하였으며, 宋대에는 皇帝와 皇太子의 常
服이 되었다.

貞觀四年又制[一七]252), 三品已上服紫, 五品已下服緋, 六品·七品服綠, 八品·九品服以青, 帶以鍮石. 婦人從夫色. 雖有令, 仍許通著黃. 五年八月敕, 七品已上, 服龜甲雙巨十花綾, 其色綠. 九品已上, 服絲布及雜小綾, 其色青. 十一月, 賜諸衛將軍紫袍, 錦爲褾袖. 八年五月, 太宗初服翼善冠, 貴臣服進德冠.

정관 4년(630)에, 또 제를 내려서 3품 이상의 관리는 자색옷을, 5품 이하는 붉은색[緋] 옷을, 6품과 7품은 녹색, 8품과 9품은 청색 옷을 입고, 유석 허리띠를 매며, 부인은 남편의 옷색을 따라 입게 하였다. 비록 영이 있었으나 모두 황색을 입는 것도 허용하였다. 정관 5년 8월에 칙령으로 내려, 7품 이상은 구갑쌍거십화능龜甲雙巨十花綾의 옷을 입도록 하였는데 그 색은 녹색으로 하였다. 9품관 이상은 사포絲布253)와 잡소릉으로 만든 옷을 입었는데 그 색은 청색이다. 11월에는 모든 위장군에게 자색 포와 소맷부리 입구를 비단으로 장식한 옷을 지급하였다. 정관 8년 5월에 태종은 처음으로 익선관을

251) 오피육합화烏皮六合靴 : 고대에 제왕이 일상적으로 신던 신발이다. 검은 가죽으로 만들었다. 당나라에 들어와서는 관료나 서민, 귀천을 막론하고 사용하였다. 『舊唐書』 권45 「興服志」 "其常服, 赤黃袍衫, 折上頭巾, 九環帶, 六合靴, 皆起自魏周, 便於戎事." 『遼史』 「儀衛志二」 "皇帝柘黃袍衫, 折上頭巾, 九環帶, 六合鞾. 起自宇文氏. 唐太宗貞觀以後, 非元日, 冬至受朝及大祭祀, 皆常服而已."

252) [교감기 17] "貞觀四年又制"에서 '制'字는 각 本의 원문에는 '置'라고 쓰여 있다. 『通典』 권61에 따라 수정하였다.

253) 사포絲布 : 비단과 삼베를 말한다. 古代의 布는 麻織物이다. 漢의 桓寬이 쓴 『鹽鐵論』 「通有」에 사포 관련 기록이 있다. "婦女飾微治細, 以成文章, 極伎盡巧, 則絲布不足衣也."

썼고, 높은 신료들은 진덕관進德冠을 썼다.

龍朔二年, 司禮少常伯孫茂道奏稱:「舊令六品·七品著綠, 八
品·九品著靑, 深靑亂紫, 非卑品所服. 望請改八品·九品著碧, 朝
參之處, 聽兼服黃.」從之. 總章元年, 始一切不許著黃. 上元元年
八月又制:「一品已下帶手巾·算袋, 仍佩刀子·礪石, 武官欲帶者
聽之. 文武三品已上服紫, 金玉帶. 四品服深緋, 五品服淺緋, 並金
帶. 六品服深綠, 七品服淺綠, 並銀帶. 八品服深靑, 九品服淺靑,
並鍮石帶. 庶人並銅鐵帶.」

　용삭 2년(662)에 사례소상백 손무도孫茂道[254]가 다음과 같이 상주
하였다. "옛 영에서는 6품과 7품은 녹색 옷을 입고, 8품과 9품은 청
색을 입는다고 합니다. 짙은 청색과 자색이 섞인 옷은 낮은 관품자
들이 입는 것이 아닙니다. 8품과 9품의 관복을 고쳐서 푸른색으로
입게 하고, 조회에 참석할 때에는 황색 옷을 겸하게 하십시오." 황제
가 이를 따랐다. 총장[255] 원년(668)에는 비로소 황색의 사용을 일절

---

254) 손무도孫茂道 : 본명은 孫處約이며, 汝州 郟城 사람이다. 貞觀 연간에
　　齊王 李祐의 記室이 되었다. 祐가 失德하였으므로 손처약이 수차례 상
　　서하여 간하였다. 祐가 주살 된 후 태종에게 발탁되어 中書舍人이 되었
　　다. 그 해에 中書令 杜正倫이 舍人으로 천거하여 同知制誥가 되었다.
　　高宗 때에는 신임이 두터워 太宗實錄을 찬수하는데 참여하였다. 中書
　　侍郎에 올라 李勣, 許敬宗 등과 함께 同知國政하였으며, 中宮을 避諱
　　하여 이름을 茂道로 고쳤다. 일에 연좌되어 司禮少常伯으로 좌천되었
　　다가 顯慶 연간에 少司成이 되었다.(『舊唐書』 권81 「孫處約傳」)
255) 총장總章 : 唐 高宗의 여섯 번째 연호다.

금지하였다. 상원256) 원년(674) 8월에 또 제를 내려, "1품관 이하는
수건手巾·산대算袋, 도자刀子·여석礪石257)을 차고 무관으로써 허리
띠를 착용하고자 요청하는 경우는 들어주라. 문무 3품관 이상은 자
색 옷을 입고 금과 옥 허리띠를 착용하게 하라. 4품관은 짙은 붉은
색[深緋] 옷을 입고, 5품관은 옅은 붉은 색[淺緋] 옷을 입으며, 금 허
리띠를 착용하게 하라. 6품관은 짙은 녹색[深綠] 옷을 입고, 7품관은
옅은 녹색[淺綠] 옷을 입고, 은 허리띠를 착용하게 하라. 8품관은 짙
은 청색 옷을 입고, 9품관은 옅은 청색 옷을 입으며, 유석 허리띠를
착용하게 하라. 서인들은 모두 동철銅鐵 허리띠를 착용하게 하라"고
하였다.

文明元年七月甲寅詔:「旗幟皆從金色, 飾之以紫, 畫以雜文.
八品已下舊服者[一八]258), 並改以碧. 京文官五品已上, 六品已
下, 七品淸官, 每日入朝, 常服褲褶. 諸州縣長官在公衙, 亦准此.」

문명259) 원년(684) 7월 갑인일에 조를 내려, "기旗와 치幟는 모두

---

256) 상원上元 : 唐 高宗의 여덟 번째 연호다.
257) 여석礪石 : 칼을 갈 수 있는 숫돌이다. 고대
에는 금속공예가 아직 충분히 발달하지 않
아서, 칼을 자주 갈아 주지 않으면 금방 녹이
쓸었다고 한다.

258) [교감기 18] "舊服者"는 『唐會要』 권31에서는 '者'자가 앞에 '靑'자가 있다.
259) 문명文明 : 唐 睿宗의 연호다. 684년 文明, 光宅이라는 연호를 사용하다
가, 이듬해 측천무후가 주를 건국하면서 연호를 垂拱으로 바꾸었다.

금색으로 하고 자색으로 장식하며 여러 색 문양을 그린다. 8품관 이하 옛 청색青色 복식을 입은 자들은 모두 푸른색[碧] 옷으로 바꾸어 입도록 하고, 경사의 문관 5품 이상과 6품 이하, 7품 청관은 매일 입조할 때 바지저고리를 입는다. 모든 주현의 장관이 공관에 있을 때에는 역시 이에 준한다"고 하였다.

景雲中又制, 令依上元故事, 一品已下帶手巾·算袋, 其刀子·礪石等許不佩. 武官五品已上佩鞊韘七事, 七謂佩刀·刀子·礪石·契苾眞·噦厥針筒·火石袋等也. 至開元初復罷之.

경운景雲[260] 연간(710~711) 중에 또 제를 내려, 상원上元 연간(674~675)의 고사에 의하여 영을 내려 1품관 이하는 수건과 산대를 차고, 도자와 여석 등을 차지 않도록 허용하였다. 무관으로 5품 이상은 접섭칠사鞊韘七事[261]를 차게 하였는데 7개는 패도佩刀·도자刀子·여

---

260) 경운景雲 : 唐 睿宗이 다시 복위하였을 때 사용한 연호다.
261) 접섭칠사鞊韘七事 : 접섭은 7가지의 도구들을 허리띠에 매달아 장식한 것을 말하는데, 장식적 효과도 있지만 佩刀·刀子·礪石·契苾眞·噦厥·針筒·火石으로 실제 사용할 수도 있는 도구였다. 본래 유목민족들에게서 중국으로 들어왔다.

권현주, 「접섭대에 관한 연구」, 『중아아시아연구』 11, 2006.

석礪石 · 계필진契苾眞[262] · 홰궐噦厥[263] · 침통針筒[264] · 화석대火石袋[265] 등이다. 개원 연간(713~741) 초에 이르러 다시 폐지하였다.

則天天授二年二月, 朝集使刺史賜繡袍, 各於背上繡成八字銘. 長壽三年四月, 敕賜岳牧金字銀字銘袍. 延載元年五月, 則天內出緋紫單羅銘襟背衫, 賜文武三品已上. 左右監門衛將軍等飾以對師子, 左右衛飾以麒麟, 左右武威衛飾以對虎, 左右豹韜衛飾以豹, 左右鷹揚衛飾以鷹, 左右玉鈐衛飾以對鶻, 左右金吾衛飾以對豸, 諸王飾以盤龍及鹿, 宰相飾以鳳池, 尙書飾以對鴈.

측천무후 천수天授[266] 2년(691) 2월에 조집사[267] 자사刺史에게

262) 계필진契苾眞 : 계필은 鐵勒의 일족으로 전투에 능했던 유목민족이었다. 당나라 때 契苾何力 可汗(?~677)이 당에 귀부하여 지금의 감숙성 지역에 정착하였다. 당시 계필의 문화는 다소 낙후되어 문자를 새겨서 쓰는 방법을 가지고 있었는데, 秦漢시대의 書刀와 유사했다. 문서를 새기는 이 칼을 楔子 혹은 契苾針이라 하였고, 계필에서는 관리의 필수품이었다. 당나라 때 계필이 정착하면서 계필침 역시 당에 전해졌다.

263) 홰궐噦厥 : 당대 무관이 혁대고리에 차던 물건이라고 하는데 아마도 작은 방울이 아닌가 추정된다.

264) 침통針筒 : 竹筒이라고도 한다. 종이나 백서 문건이 훼손되지 않도록 문서를 넣고 휴대하기 위한 통이다.

265) 화석火石 : 지금의 성냥이나 라이터 같은 용도다. 언제 어디서든 불을 사용할 수 있도록 휴대하였다.

266) 천수天授 : 측천무후의 네 번째 연호다.

267) 조집사朝集使 : 한 해의 연말에 諸州에서 보고하기 위해서 조정으로 보냈던 관리다. 매년 10월 25일까지 경사에 모이고 11월 1일에는 戶部로 나아가 諸州의 일을 보고하였다. 漢代의 上計吏와 같은 성격의 관리다.

수를 놓은 포를 하사하였는데, 각각 그 등에는 여덟 글자를 수 놓았다. 장수長壽[268] 3년(694) 4월에 칙령으로, 규모가 큰 목의 자사에게는 금실과 은실로 글자를 수 놓은 포를 하사하였다. 연재延載[269] 원년(694) 5월에, 측천무후가 비자단라명금배삼緋紫單羅銘襟背衫을 궁에서 내어 문무 3품관 이상에게 하사하였다. 좌우감문위장군左右監門衛將軍 등에게는 쌍사자 모양을 장식하게 하였고, 좌우위左右衛는 기린 모양을 장식하게 하였으며, 좌우무위위左右武威衛는 쌍호랑이 모양을 장식하게 하였고, 좌우표도위左右豹韜衛는 표범 모양을 장식하게 하였고, 좌우응양위左右鷹揚衛는 매 모양을 장식하게 하였고, 좌우옥금위左右玉鈐衛는 쌍 송골매 모양을 장식하게 하였고, 좌우금오위左右金吾衛는 쌍치[豸]를 장식하게 하였고, 제왕은 반용과 사슴 모양을 장식하고, 재상은 봉황이 사는 연못을, 상서는 쌍기러기를 장식하도록 하였다.

　武德已來, 始有巾子, 文官名流, 上平頭小樣者. 則天朝, 貴臣內賜高頭巾子, 呼爲武家諸王樣. 中宗景龍四年三月, 因內宴賜宰臣已下內樣巾子. 開元已來, 文官士伍多以紫皁官絁爲頭巾·平頭巾子, 相效爲雅製. 玄宗開元十九年十月, 賜供奉官及諸司長官羅

<hr />

『舊唐書』 권43 「職官志」2 "凡天下朝集使, 皆以十月二十五日至京師, 十一月一日戶部引見訖, 於尙書省與羣官禮見, 然後集于考堂, 應考績之事. 元日, 陳其貢籬於殿廷. 凡京都諸縣令, 每季一朝."

268) 장수長壽 : 측천무후의 여섯 번째 연호다.

269) 연재延載 : 측천무후의 일곱 번째 연호다.

頭巾及官樣巾子, 迄今服之也.

무덕 연간(618~626) 이래, 처음에는 두건이 있었는데 문관이나 유명 인사들은 윗부분이 평평한 모양의 두건을 썼다. 측천무후 시대에 와서 지위가 높은 신하에게 윗부분을 높게 만든 두건을 하사하고, 이를 '무가제왕양武家諸王樣'이라고 불렀다. 중종 경룡 4년(710) 3월에는 궁에서 연회할 때에 재신 이하에게 궁궐 내관의 건과 같은 모양의 두건을 하사하였다. 개원 연간(713~741) 이래로 문관과 무장들이 대부분 자색과 검은색 관용 시絁로 만든 두건이나 평두건을 써서 상호 우아한 모양을 모방하였다. 현종 개원 19년(731) 10월, 공봉관供奉官[270] 및 제사장관에게 나두건羅頭巾 및 관양건官樣巾[271]을 하사하였는데 지금까지 이것을 착용한다.

天寶十載五月, 改諸衛旗幡隊仗, 先用緋色, 並用赤黃色, 以符土德.

천보 10년(751) 5월에, 모든 衛의 깃발과 의장을 고쳐서 먼저 붉은[緋]색을 사용하였으며, 아울러 적황색을 함께 사용하여, 이로써

---

270) 공봉관供奉官 : 당나라 때 황제의 近侍官을 말한다. 侍中, 中書令, 左右散騎常侍, 黃門侍郎, 中書侍郎, 諫議大夫, 給事中, 中書舍人, 起居郎, 起居舍人, 通事舍人, 補闕, 拾遺 등을 말한다. 永徽 연간(650~655) 이후에는 황제가 大明宮에 머무는 시간이 많아서 宮中에 설치된 從官들을 東頭供奉官이라고 부르고, 원래 大內從官을 西頭供奉官이라고 불렀다.

271) 관양건官樣巾 : 官樣圓頭巾, 圓頭巾이라고도 하며 줄여서 官樣이라고도 한다.

토덕272)을 드러냈다.

高祖武德元年九月, 改銀菟符爲銀魚符. 高宗永徽二年五月, 開
府儀同三司及京官文武職事四品・五品, 並給隨身魚. 咸亨三年
五月, 五品已上賜新魚袋, 並飾以銀, 三品已上各賜金裝刀子礪石
一具. 垂拱二年正月, 諸州都督刺史, 並准京官帶魚袋. 天授元年
九月, 改內外所佩魚並作龜. 久視元年十月, 職事三品已上龜袋,
宜用金飾, 四品用銀飾, 五品用銅飾, 上守下行, 皆從官給. 神龍
元年二月, 內外官五品已上依舊佩魚袋. 六月, 郡王・嗣王特許佩
金魚袋. 景龍三年八月, 令特進佩魚. 散職佩魚, 自此始也. 自武德
已來, 皆正員帶闕官始佩魚袋, 員外・判試・檢校自則天・中宗後
始有之, 皆不佩魚. 雖正員官得佩, 亦去任及致仕卽解去魚袋. 至
開元九年, 張嘉貞爲中書令, 奏諸致仕許終身佩魚, 以爲榮寵, 以
理去任, 亦聽佩魚袋. 自後恩制賜賞緋紫, 例兼魚袋, 謂之章服〔一
九〕273), 因之佩魚袋・服朱紫者衆矣.

고조 무덕 원년(618) 9월에, 은토부銀菟符274)를 은어부銀魚符275)

---

272) 토덕土德 : 5덕 중의 하나로 해당 색상은 黃色이다.

273) [교감기 19] "謂之章服"에서 '謂'字는 각 本의 원문에는 없다. 『唐會要』
  권31에 따라 보완하였다.

274) 은토부銀菟符 : 은으로 만든 토끼 모양의 兵符를 말한다. 『新唐書』 권24
  「車服志」에 당 고조가 銀菟符를 반포하였다. 후에 銅魚符로 바꾸었다
  고 기록하였다. "〈高祖〉頒銀菟符, 後改銅魚符." 『說郛』 권2에서는 唐
  張鷟의 『朝野僉載』를 인용하여 한대에 병사를 일으킬 때에는 銅虎符를
  사용하였는데, 당초에는 銀兔符를 사용하였다. 토 자가 상서로운 부서였
  기 때문이다. "漢發兵用銅虎符. 及唐初爲銀兔符, 以兔子爲符瑞故也."

로 고쳤다. 고종 영휘 2년(651) 5월에, 개부의동삼사 및 경관 문무직 사관 4품 5품에게 몸에 지니는 어부를 지급하였다. 함형 3년(672) 5 월에는 5품 이상의 관에게는 새로운 어대魚袋[276]를 하사하였는데, 은으로 장식하게 하였고, 3품 이상의 관에게는 각각 금으로 장식한 도자와 여석 한 틀을 하사하였다. 수공 2년(686) 정월에는 모든 주州

라고 하였다.

275) 은어부銀魚符 : 唐代의 魚符를 말한다.

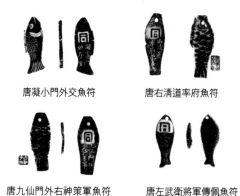

唐凝小門外交魚符   唐右清道率府魚符

唐九仙門外右神策軍魚符   唐左武衛將軍傳佩魚符

(출처 : 羅振玉 편집, 『歷代符牌圖錄』, 1998, 中國書店)

276) 어대魚袋 : 唐宋시대에 관원의 품급의 고하를 나타내기 위해 차고 다니 던 신분증명 용품이다. 물고기 모양을 새겨 넣어 어대라고 하였다. 당에 서 시작되어, 송대까지 이어졌으나 송 이후에 점차 사용하지 않았다.

孫機, 『華夏衣冠』, 2016, 上海古籍出版社(唐 李賢墓壁畫, 莫高窟 156굴 晩唐壁畫)

의 도독 자사에게 모두 경관에 준하여 어대를 차게 하였다. 천수 원년(690) 9월에는 내관이나 외관이 차던 물고기 모양의 (어대를) 거북이 모양으로 고치도록 하였다. 구시277) 원년(700) 10월에는 직사 3품관 이상은 구대龜袋를 차게 하고 금장식을 하게 하였다. 4품은 은으로 장식하고 5품은 동으로 장식하여 상급에서 아래에 이르기까지 모두 관의 공급을 따르도록 하였다. 신룡278) 원년(705) 2월에 내외관 5품 이상은 옛 제도에 의거해서 어대를 차게 하였다. 6월에 군왕·사왕은 특별히 금어대金魚袋의 착용을 허락하였다. 경룡 3년(709) 8월에 영을 내려 특진에게 어를 차게 하였다. 산직관이 어를 차는 것이 이때부터 시작되었다. 무덕 연간 이후로 모든 정원에 해당하는 대궐관은 처음으로 어대를 찼으며, 원외員外·판시判試·검교檢校는 측천무후와 중종 이후에 비로소 어를 가질 수는 있었지만, 모두 어를 찰 수는 없었다. 비록 정원에 해당하는 관리도 찰 수 있었지만, 관직에서 물러나거나 벼슬에서 퇴직하게 되면 어대를 풀어 놓아야 하였다. 개원 9년(721) 장가정이 중서령이 되자, 모든 벼슬했던 관리들은 종신토록 어대를 찰 수 있도록 허용할 것을 청하였는데 이것은 영광과 은총이라고 생각해서 관직에서 물러나도 역시 어대를 찰 수 있도록 허용해 주었다. 이후 은택으로 비색 자색을 상으로 내려주고 어대도 겸하여 주었는데 이것을 장복이라고 불렀고, 이로 인해서 어대를 차고, 주색과 자색을 입는 자들이 많아졌다.

---

277) 구시久視 : 측천무후의 열네 번째 연호다.
278) 신룡神龍 : 중종의 첫 번째 연호다.

梁制云, 褲褶, 近代服以從戎, 今纘嚴則文武百官咸服之[二十].[279] 車駕親戎, 則縛褲不舒散也. 中官紫褶, 外官絳褶, 烏用皮. 服冠衣朱者, 紫衣用赤烏, 烏衣用烏烏. 唯褶服以靴, 靴, 胡履也, 取便於事, 施於戎服.

양나라의 제도에서는, 바지저고리[褲褶]는 근대에는 종군 시에 입었다고 하였는데,[280] 지금은 새로운 황제가 즉위할 때 문무백관이 모두 이 옷을 입는다. 수레를 타고 친히 군사를 일으킬 때에는 바지를 묶어 펄럭이지 않도록 한다. 중관은 자색 저고리를 입고 외관은 강색絳色 저고리를 입고, 신발[烏]은 가죽으로 만든다. 관과 옷을 주색으로 입은 자가 자색 상의를 입으면 적색 석烏을 신고, 검은[烏]색 상의를 입으면 검은색 석을 신는다. 오직 저고리를 입을 때에만 장화[靴]를 신는데, 장화는 호족의 신발[胡履]로 일을 하는 데 편하기 때문에 취한 것으로 융복을 입을 때에 신는다.

舊制, 乘輿案褥·床褥·床帷, 皆以紫爲飾. 天寶六載, 禮儀使太常卿韋縚奏請依御袍色, 以赤黃爲飾. 從之.

옛 제도에, 황제의 방석[案褥]·침대 깔개[床褥]·침상 휘장[床帷]은 모두 자색으로 장식한다고 하였다. 천보 6년(747)에 예의사 태상경

---

279) [교감기 20] "今纘嚴"에서 '今'字는 각 本의 원문에는 '슈'으로 쓰여있다. 『隋書』 권11 「禮儀志」에 따라 수정하였다.

280) 이 말은 『梁書』에는 없고, 『隋書』 권11 「禮儀六」에 "袴褶, 近代服以從戎. 今纂嚴, 則文武百官咸服之. 車駕親戎, 則縛袴, 不舒散也. 中官紫褶, 外官絳褶, 腰皮帶, 以代鞶革"라고 하였다.

위도韋縚가 황제의 포의 색에 의거하여 적황색으로 장식할 것을 주청하였다. 황제가 이를 따랐다.

> 武德令, 皇后服有褘衣·鞠衣·鈿釵禮衣三等.

무덕령에 의하면, 황후의 복식에는 위의褘衣[281]·국의鞠衣[282]·전채례의鈿釵禮衣의 3개의 등급이 있다.

> 褘衣, 首飾花十二樹, 幷兩博鬢, 其衣以深靑織成爲之, 文爲翬翟之形.【素質, 五色, 十二等.】 素紗中單, 黼領, 羅縠褾·襈,【褾·襈皆用

---

281) 위의褘衣 : 황후의 祭服으로 가장 높은 등급의 복식이다. 『周禮』 「天官·內司服」 ""掌王後之六服 : 褘衣, 揄狄, 闕狄, 鞠衣, 展衣, 緣衣, 素沙." 鄭玄注 "從王祭先王, 則服褘衣." 『隋書』 권11 「禮儀志」 "皇后服褘衣, 乘重翟. 皇帝初獻, 降自東陛, 皇后亞獻, 降自西陛, 並詣便坐. 夫人終獻, 上嬪獻于祼神訖. 帝及后並詣檻位, 乃送神. 皇帝皇后及羣官皆拜. 乃撤就燎, 禮畢而還."

宋 聶崇義 『삼례도』

282) 국의鞠衣 : 고대 왕후의 6복 중의 하나이며, 구빈 및 경처의 복식이다. 『周禮』 「天官·內司服」 ""掌王后之六服." 鄭玄注 "鞠衣, 黃桑服也, 色如鞠塵, 象桑叶始生." 『隋書』 권12 「禮儀志」 "鞠衣, 黃羅爲之. 應服者皆同. 其蔽膝, 大帶及衣, 革帶, 舃, 隨衣色. 餘與褘衣同, 唯無雉. 親蠶則服之. 應服者皆以助祭."

宋 聶崇義 『삼례도』

140 『구당서』 권45

朱色也】蔽膝,【隨裳色, 以緅爲領, 用翟爲章, 三等.】大帶,【隨衣色, 朱裏, 紕其外, 上以朱錦, 下以綠錦, 紐約用靑組.】以靑衣, 革帶, 靑襪·舃,【舃加金飾.】白玉雙珮, 玄組雙大綬.【章綵尺寸與乘輿同】. 受冊·助祭·朝會諸大事則服之.

위의 褘衣는 머리장식 꽃은 12수이며, 양쪽 박빈博鬢을 더하며, 그 옷은 짙은 청색 직조283)로 만들고, 문양은 날아가는 꿩[翬翟]의 형태다.【바탕에 오색으로 12개 문양을 넣는다.】소사중단을 입는데 보 문양으로 장식한 옷깃, 주름 비단으로 만든 소맷부리[褾]284), 가선[襈]285)【표, 선은 모두 붉은 주색을 쓴다】을 두른다. 폐슬,【치마의 색과 같으며, 검은 비단으로 가선을 두르고 꿩으로 문장을 만드는데 3등급이 있다.】대대大帶,【웃옷의 색과 같게 하며 붉은 주색으로 안을 대고 밖으로 가선을 대는데, 윗부분은 주색 비단[錦]으로 하고 아랫부분은 녹색 비단[錦]으로 하며, 뉴약紐約은 청색 직조를 사용한다.】청색 웃옷, 혁대, 청색버선, 신발,【신발에는 금장식을 한다.】백옥쌍패, 현조쌍대수【장의 채색과 크기는 황제와 같다.】등으로 구성하며, 책봉을 받을 때, 제사를 도울 때, 조회 및 여러 대사에 참석할 때 이 옷을 입는다.

鞠衣,【黃羅爲之, 其蔽膝·大帶及衣革帶·舃隨衣色. 餘與褘衣同, 唯無雉也.】親蠶則服之.

---

283) 직성織成 : 직조가 단지 직물만 짜는 것이라면 직성은 직조할 때 문양을 넣어 짜는 것을 말한다.

284) 표褾 : 소맷부리 끝을 말한다.

285) 선襈 : 옷의 가장자리 장식을 말한다.

국의【황라로 만들며, 폐슬, 대대 및 상의의 혁대와 석舃은 상의의 색과 같다. 나머지는 휘의의 내용과 같은데 꿩 문양만 없다】는 친잠례를 할 때 이 옷을 입는다.

鈿釵禮衣, 十二鈿, 服通用雜色, 制與上同, 唯無雉及珮綬,【去舃, 加屨.】宴見客則服之.

전채례의鈿釵禮衣는 12개의 비녀를 꽂으며, 복식의 색은 섞어서 쓰며 형식은 휘의 복식과 동일한데, 오직 꿩 문양과 패수만 없으며, 【(신발은) 석舃을 신지 않고 리屨를 신는다.】연회에서 빈객을 만날 때 이 옷을 입는다.

皇太子妃服, 首飾花九樹,【小花如大花之數, 并兩博鬢也.】褕翟,【青織成爲之, 文爲搖翟之形, 青質·五色·九等也.】素紗中單, 黼領, 羅縠褾·襈,【褾·襈皆用朱也.】蔽膝,【隨裳色, 用絁爲領緣, 以搖翟爲章, 二等也.】大帶,【隨衣色, 朱裏, 紕其外, 上以朱錦, 下以綠錦, 紐用青組.】以青衣, 革帶, 青襪·舃,【舃加金飾.】瑜玉珮, 紅朱雙大綬,【章綵尺寸與皇太子同.】受冊·助祭·朝會諸大事則服之. 鞠衣,【黃羅爲之, 其蔽膝·大帶及衣革帶隨衣色, 餘褕翟同, 唯無雉也.】從蠶則服之. 鈿釵禮衣, 九鈿, 服通用雜色, 制與上同, 唯無雉及珮·綬,【去舃, 加屨.】宴見賓客則服之.

황태자비의 복식은 머리장식 꽃은 9수이며【작은 꽃의 수와 큰 꽃의 수는 같고 양쪽 박빈을 겸하여 장식한다】, 유적褕翟【청색 직물로 만들며 문양은 흔들리는 꿩[搖翟] 모양이고, 청색 바탕에 오색을 배합하고 9등급이 있다】, 소사중단을 입는데, 보 문양 옷깃 장식, 주름 비단으로 소맷부리와 가선【표와 선은 모두 주색을 사용한다】을 두른다. 폐슬【치마[裳]의 색과 같으며, 검은 비단으로 가선을 두르고 흔들리는 꿩 모양으로 문장을 만드는데 2개의 등급이 있다】, 큰 띠[大帶]【웃옷의 색과 같게 하며 붉은 주색으로 안을 대고 붉은 비紕색 밖으로 가선을 대는데 윗부분은 주색 비단[錦]으로 하고 아랫부분은 녹색 비단[錦]으로 하며, 뉴紐는 청색 직조를 사용한다】를 찬다. 청색 상의에 혁대, 청색 버선, 석【석에는 금장식을 더한다】을 입는다. 유옥패와 홍색과 주색으로 만든 쌍대수를 찬다【장의 채색과 크기는 황태자와 같다】. 책봉을 받을 때, 제사를 도울 때, 조회나 큰 행사에 나아갈 때 이 옷을 입는다. 국의【황라로 만들며, 그 폐슬, 큰 띠, 웃옷 혁대는 상의의 색과 같게 한다. 나머지는 유적과 같은데, 꿩 문양만 없다】, 친잠례를 따라 갈 때 이 옷을 입는다. 전채례의鈿釵禮衣는 9개의 비녀를 꽂으며, 복식의 색은 섞어서 쓰며 형식은 위의 복식과 동일한데, 오직 꿩 문양과 패와 인끈만 없다【(신발은) 석舃을 신지 않고 리履를 신는다】. 연회에서 빈객을 만날 때 이 옷을 입는다.

內外命婦服花釵,【施兩博鬢, 寶鈿飾也.】翟衣靑質,【羅爲之, 繡爲雉, 編次於衣及裳, 重爲九等而下.】第一品花鈿九樹,【寶鈿准花數, 以下准此也.】翟九等. 第二品花鈿八樹, 翟八等. 第三品花鈿七樹, 翟七等. 第四品花鈿六樹, 翟六等. 第五品花鈿五樹, 翟五等. 並素紗中單, 黼領, 朱褾·襈,【亦通用羅縠也.】蔽膝,【隨裳色, 以緅爲領緣, 加以文繡, 重雉爲章二事, 一品已下皆同也.】大帶,【隨衣色, 緋其外, 上以朱錦, 下以綠錦, 紐同靑組.】青衣, 革帶, 靑襪·舃, 珮, 綬. 內命婦受冊·從蠶·朝會則服之 ; 其外命婦嫁及受冊·從蠶·大朝會亦準此. 鈿釵禮衣, 通用雜色, 制與上同, 唯無雉及珮綬.【去舃, 加屨.】第一品九鈿, 第二品

八鈿, 第三品七鈿, 第四品六鈿, 第五品五鈿. 內命婦尋常參見,
外命婦朝參辭見及禮會則服之. 六尚·寶林·御女·采女·女官等
服[二一][286], 禮衣通用雜色, 制與上同, 惟無首飾. 七品已上, 有
大事服之, 尋常供奉則公服.【公服去中單·蔽膝·大帶.】九品已上, 大
事及尋常供奉, 並公服. 東宮準此. 女史則半袖裙襦. 諸公主·王
妃珮綬同, 諸王縣主·內命婦準品. 外命婦五品已上, 皆準夫·子,
卽非因夫·子別加邑號者, 亦準品. 婦人宴服, 準令各依夫色, 上
得兼下, 下不得僭上. 旣不在公庭, 而風俗奢靡, 不依格令, 綺羅
錦繡, 隨所好尚. 上自宮掖, 下至匹庶, 遞相倣效, 貴賤無別.

　　내외명부의 복식은 화려한 보석으로 장식한 꽃비녀[花釵][287]【양쪽
박빈 장식을 하고 보석은 감입하여 장식한다】를 꽂는다. 적의翟衣는 청색
바탕이다【라羅로 만들며 꿩을 수 놓는다. 웃옷과 치마에 등차에 맞게 짜 넣
는데 높은 등급은 9줄에서 시작하여 아랫등급으로 내려간다】. 제1품은 꽃장
식[花鈿][288]이 9가지이고【감입한 보석은 꽃가지 수를 기준으로 하며, 이하

----

286) [교감기 21] "女官"의 '女'字는 각 本의 원문에는 없다. 『通典』권108에
　　　따라 보완하였다.
287) 꽃비녀[花釵] : 花釵 숫자의 다소에 따라 내명부인의 품급을 표시하였다.
　　　『隋書』권11「禮儀志」"內外命婦從五品已上, 蔽髻, 唯以鈿數花釵多
　　　少爲品秩. 二品已上金玉飾, 三品已下金飾."

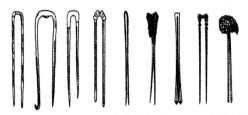

孫晨陽 張珂 편저 『中國古代服飾辭典』, 2015, 中華書局

이에 준한다), 꿩의 문양은 9줄이다. 제2품은 꽃장식은 8가지이고, 꿩의 문양은 8줄이다. 제3품은 꽃장식은 7가지이고, 꿩의 문양은 7줄이다. 제4품은 꽃장식은 6가지이고, 꿩의 문양은 6줄이다. 제5품은 꽃장식은 5가지이고, 꿩의 문양은 5줄이다. 모두 소사중단을 입는데, 보문양으로 옷깃을 장식하고, 주색으로 소맷부리와 가선[역시 모두 주름 비단으로 만든다)을 두른다. 폐슬[치마의 색상과 같게 하며 검은 비단으로 가선을 두르며 문양을 수 놓는데 중첩된 꿩의 문양은 2줄이며, 1품관 이하 모두 같다), 대대[상의의 색과 같게 하며 바깥부분은 붉은 비색이고, 윗부분은 주색 비단으로, 아랫부분은 녹색 비단으로 하며, 뉴는 청색 직조로 만든다)를 찬다. 청색의 상의, 혁대, 청색 버선, 석, 패, 수를 착용한다. 내명부인이 책봉을 받거나, 친잠례에 따라 가거나 조회에 참석할 때 이 옷을 입는다. 외명부인이 출가할 때, 책봉 받을 때, 친잠례에 따라 갈 때, 큰 조회에 참석할 때 역시 이에 준한다. 전채례의, 모두 여러 색을 섞어서 쓰며, 형태는 위의 복식과 같으나, 오직 꿩 문양, 패, 인끈은 없다[석을 신지 않고 리를 신는다]. 제1품은 9개의 비녀, 제2품은 8개의 비녀, 제3품은 7개의 비녀, 제4품은 6개의 비녀, 제5품은 5개의 비녀로 장식한다. 내명부인이 평상의 조회에서 알현할 때와 외명부인이

---

288) 꽃장식[花鈿] : 화전은 눈썹 사이의 약간 위쪽 이마에 붉은색으로 동그랗게 그리는 것을 말한다.

유금와당박물관 동양복식연구회 엮음, 『아름다운 여인들』, 2010, 미술문화

조회에서 임명 받을 때, 궁을 떠나는 인사를 올릴 때, 연회에 참석할 때 이 옷을 입는다. 육상, 보림, 어녀, 채녀, 여관 등의 복식은 예복은 모두 색을 섞어서 쓰며, 형태는 위와 같으나, 오직 머리 장식은 없다. 7품 이상이 큰 행사가 있을 때 이 옷을 입고, 평상시 일을 할 때에는 공복을 입는다【공복은 중단中單·폐슬蔽膝·대대大帶는 없다】. 9품 이상 관원은 큰 행사가 있거나 일상적인 봉공업무를 할 때 모두 공복을 입는다. 동궁은 이에 준한다. 여사女史는 반수半袖[289]와 저고리[絝襦]를 입는다. 공주와 왕비의 옥패, 인끈은 서로 같고, 각 왕의 현주와 내명부인은 품급으로 기준을 삼는다. 외명부 5품 이상은 모두 남편과 아들로 기준을 삼는데, 남편과 아들로 인해서가 아닌 별도 읍호를 받은 (외명부인)은 역시 그 품으로 기준을 삼는다. 부인의 연복은 영에 따라 각각 그 남편의 색에 의거하는데 상품에서 하품의 것을 겸하여 사용할 수 있지만, 하품에서는 상품의 것을 넘어설 수 없다. (그러나) 이미 조정의 일은 하지 않으면서도, 풍속은 사치해져서 격령格令을

---

289) 반수半袖 : 반소매의 상의를 말한다. 한위시대에는 공식적인 장소에서 입지 않았으나, 隋나라 이후 "半臂"라고 불리며, 부녀들이 供奉할 때 예복으로 입었다. 나중에는 궁중의 궁녀들 복식이 되었다. 후에 점차 민간에서도 유행하다가 당나라 중기 이후 점차 줄어들었다.

孫晨陽 張珂 편저 『中國古代服飾辭典』, 2015, 中華書局

지키지 않고 그 기호에 따라 기라금수綺羅錦繡를 입는 것을 숭상하였다. 위로는 궁중으로부터 아래로는 필부와 서인에 이르기까지 서로 모방하여 귀천의 구별이 없었다.

武德·貞觀之時, 宮人騎馬者, 依齊·隋舊制, 多著冪䍡. 雖發自戎夷, 而全身障蔽, 不欲途路窺之. 王公之家, 亦同此制. 永徽之後, 皆用帷帽, 拖裙到頸, 漸爲淺露. 尋下敕禁斷, 初雖暫息, 旋又仍舊. 咸亨二年又下敕曰:「百官家口, 咸預士流, 至於衢路之間, 豈可全無障蔽. 比來多著帷帽, 遂棄冪䍡, 曾不乘車, 別坐檐子, 遞相倣效, 浸成風俗, 過爲輕率, 深失禮容. 前者已令漸改, 如聞猶未止息. 又命婦朝謁, 或將馳駕車, 旣入禁門, 有虧肅敬. 此並乖於儀式, 理須禁斷, 自今已後, 勿使更然.」則天之後, 帷帽大行, 冪䍡漸息. 中宗卽位, 宮禁寬弛, 公私婦人, 無復冪䍡之制.

무덕(618~626)·정관(627~649) 연간에, 궁인으로서 말을 타는 자는 북제와 수왕조의 제도에 의하여 얼굴가리개[冪䍡]290)를 많이 착용하였다. 비록 (이 복식은) 오랑캐[戎夷]로부터 나왔지만, 전신을 가리어 거리에서 훔쳐보지 못하도록 하고자 하였다. 왕공의 가문 역시 이 제도에 준하였다. 영휘 연간(650~655) 이후에는 모두 유모帷帽291)를 사용하여 목 부분까지 가림을 끌어 올리고 점점 짧아져 드러나게 되었다. 오래 지나지 않아 칙령으로 폐지하였으나, 처음에는 잠시 그

---

290) 멱리冪䍡 : 일종의 모자로 고대에 얼굴을 가리는 용도로 사용하였다. 晉代에 처음 나왔는데, 유행 초기에는 남녀 모두 사용할 수 있었다. 당 이후에는 주로 여자들이 외출할 때 착용하였다.

첬다가 곧 그 이전으로 돌아갔다. 함형 2년(671)에 또 칙령을 내려 말하였다. "백관의 가족은 모두 사류에 속하는데 도로에서 어찌 모두 가림이 없을 수 있는가. 근래에 유모를 사용하는 자가 많아 마침내 얼굴가리개는 폐기되었고, 이에 수레를 타지 않고 따로 첨자檐子[292])에 앉아 간다. 서로 모방하여 점차 풍속이 되었으니 경솔함이

孫晨陽·張珂 편저, 『中國古代服飾辭典』, 2015, 中華書局

291) 유모帷冒 : 둘레에 망사로 씌운 얼굴을 가릴 수 있는 모자로 당나라 이전부터 여인들이 외출할 때 주로 썼다고 하지만, 당에 들어와 크게 유행하였다. 당나라 이전에는 주로 멱리를 썼는데 멱리는 길고 거추장스러운 반면, 유모는 가리개가 짧고 모자 형태라 간편하였다. 특히 영휘 연간 이후 유모가 크게 유행하였는데 일반적인 외출을 하거나 말을 탈 때 매우 편리하게 사용하였다.

孫晨陽·張珂 편저, 『中國古代服飾辭典』, 2015, 中華書局(三才圖會)

292) 첨자檐子 : 어깨에 매는 가마의 종류다. 당초에 크게 유행하였는데, 가리는 휘장이 없었다고 한다. 『舊五代史』 권125 「周書」에 왕주은이 주의 고조를 맞이할 때 첨자를 탔다고 기록되어 있다. "五代史補 : 周高祖爲

지나치고 예의범절을 크게 잃은 것이다. 앞서 이미 영을 점차 고쳤으나 아직 없어지지 않았다고 들었다. 또 명부인들이 조알할 때에 수레를 타고 금문까지 들어오니, 정숙하고 공경함이 이지러진 것이다. 아울러 의례와 법식에서 어긋난 것이니, 금단하는 것이 당연한 이치다. 지금부터 그렇게 하지 못하도록 하라." 측천무후 이후에 유모가 크게 유행하였고, 멱리는 점점 없어졌다. 중종이 즉위하자 궁중의 금령이 점차 해이해져 공사의 부인들 사이에 다시 멱리를 사용하는 제도가 없어졌다.

開元初, 從駕宮人騎馬者, 皆著胡帽, 靚粧露面, 無復障蔽. 士庶之家, 又相倣效, 帷帽之制, 絶不行用. 俄又露髻馳騁, 或有著丈夫衣服靴衫, 而尊卑內外, 斯一貫矣.

개원 연간(713~741) 초에, 말을 타고 가마를 따르는 궁인들은 모두 호모를 쓰고 단장한 용모를 드러내서 다시 가리는 일이 없었다. 사인과 서인의 집에서는, 또 서로 모방하여 유모의 제도는 끊어져 행해지지 않았다. 오래지 않아 상투를 드러내고 말을 타고 달리고 혹은 장부의 의복을 입고 가죽신과 삼을 입는 경우도 있었는데, 존비 내외가 모두 하나같았다.

奚車, 契丹塞外用之, 開元·天寶中漸至京城. 兜籠, 巴蜀婦人所用, 今乾元已來, 蕃將多著勳於朝, 兜籠易於擔負, 京城奚車·

枢密, 鳳翔, 永興, 河中三鎭反, 高祖帶職出討之, 迴戈路由京洛. 時王守恩爲留守, 以使相自專, 乘檐子 迎高祖於郊外."

兜籠, 代於車輿矣.

　해거는 거란이 새외에서 사용한 것인데, 개원(713~741) · 천보(742~
755) 연간 중에 점차 경성에서도 사용하기에 이르렀다. 두롱293)은
파촉의 부인들이 사용하는 것이었는데, 지금 건원 이래로 번장이 조
정에서 공훈을 드러낸 일이 많았고, 두농은 짐을 지는 것이 용이하
여 경성에서는 해거 · 두롱이 수레를 대신하였다.

　武德來, 婦人著履, 規制亦重, 又有線靴. 開元來, 婦人例著線
鞋, 取輕妙便於事, 侍兒乃著履. 臧獲賤伍者皆服襴衫. 太常樂尙
胡曲, 貴人御饌, 盡供胡食, 士女皆竟衣胡服, 故有范陽羯胡之亂,
兆於好尙遠矣.

　무덕 연간(618~626) 이래로, 부인들은 리履를 신었는데, 규격 역
시 엄중했으며, 또 선화線靴294)도 있었다. 개원(713~741) 이래로 부
인들은 대부분 선혜線鞋295)를 신었는데 가볍고 일하기에 편한 점을
취한 것이며, 시녀들도 리를 신었다. 노비[臧獲]296)와 천역을 하는
자들은 모두 난삼襴衫297)을 입는다. 태상악은 호곡胡曲을 숭상하고,
귀인이 식사할 때에도 호식胡食을 진공하며, 사녀는 모두 마침내 호

---

293) 두롱兜籠 : 대나무나 버들고리로 만든 바구니의 끈 위에 긴 막대를 걸어
　　앞뒤로 사람이 매고 가는 형식의 작은 가마다.
294) 선화線靴 : 麻로 짠 신발로 당나라에서 처음으로 사용하기 시작했으며,
　　여성들이 주로 신었다.
295) 선혜線鞋 : 細麻의 실로 짠 신발로 조직이 성글어서 여름에 신는 신이다.
　　당나라에서 유행하였으며, 세마 본래의 색인 신이 많았으나, 염색을 한
　　채색신도 있었다.

복을 입었다. 그러나 범양에서 있었던 갈호의 난[298]으로 인해서 좋아하고 숭상하는 것과는 멀어지게 되었다.

太極元年, 左司郞中唐紹上疏曰:

孫晨陽 張珂 편저, 『中國古代服飾辭典』, 2015, 中華書局 (莫高窟晚唐壁畫)

296) 장획臧獲 : 노비를 말한다. 『荀子』「王霸」 "大有天下, 小有一國, 必自爲之然後可, 則勞苦耗頓莫甚焉 ; 如是, 則雖臧獲不肯與天子易埶業."

297) 란삼襴衫 : 袍의 한 종류로, 둥근 옷깃에 소매가 넓고 길이가 길며, 옷깃과 소매 끝, 옆선, 밑단에 다른 색으로 가선이 둘러 있다.

『三才圖會』

298) 안사의 난을 말한다. 『新唐書』 권157 「陸贄傳」에 贄奏가 상주한 내용을 보면 천보 연간 이후 양귀비가 총애를 입고, 이에 갈호가 편승하였다고 기록하고 있다. "信賞必罰, 霸王之資也. 輕爵褻刑, 衰亂之漸也. 非功而獲爵則輕, 非罪而肆刑則褻. 天寶之季, 嬖幸傾國, 爵以情授, 賞以寵加, 綱紀始壞矣. 羯胡乘之, 遂亂中夏. 財賦不足以供賜, 而職官之賞興焉."

태극[299] 원년(712), 좌사낭중 당소가 다음과 같이 상소하였다.

臣聞王公已下, 送終明器等物, 具標甲令, 品秩高下, 各
有節文. 孔子曰, 明器者, 備物而不可用, 以芻靈者善, 爲俑
者不仁. 傳曰, 俑者, 謂有面目機發, 似於生人也. 以此而
葬, 殆將於殉, 故曰不仁. 近者王公百官, 競爲厚葬, 偶人像
馬, 雕飾如生, 徒以眩耀路人, 本不因心致禮. 更相扇慕, 破
産傾資, 風俗流行, 遂下兼士庶. 若無禁制, 奢侈日增. 望諸
王公已下, 送葬明器, 皆依令式, 並陳於墓所, 不得衢路行.

신이 들으니 왕공 이하 장례할 때 쓰는 명기明器 등의 물건
은 모두 갑령甲令에 기재되어 있는데 품과 질의 고하에 따라
각각 규정[節文]이 있다고 합니다. 공자는 '명기라는 것은 갖추
어 놓는 물건이나 사용할 수는 없고, 풀로 만들어 놓은 혼령은
좋지만, 용俑은 불인하'다고 하였습니다. 전에서 말하기를, '용
이라는 것은 얼굴과 눈과 몸체가 있는 것으로 살아 있는 사람
과 유사한 것이다. 이것으로 장례하면 순장하는 것과 거의 같
기 때문에 불인하다고 하는 것이다'라고 하였습니다. 근자에
왕공 백관은 사치스러운 장례를 경쟁하여 사람과 말의 형상을
살아 있는 것과 같이 조각하고 장식하니, 헛되이 길 가는 사람
에게 자랑하려는 것일 뿐, 마음으로 본래 예로 나아가려는 것
이 아닙니다. 서로 숭상하여 따라 하니, 파산하여 산업이 기우
는데도 이 풍속이 유행하여 아래로 사인 평민에게까지 미쳤습

---

299) 태극太極 : 唐 睿宗의 두 번째 연호다.

니다. 만약 금지하는 법령이 없다면, 사치가 날로 더할 것입니다. 왕공 이하가 장례할 때 명기는 모두 법령식에 맞추고, 모두 묘소에 진설할 뿐, 도로에 주행할 수 없도록 하십시오.

又士庶親迎之儀, 備諸六禮, 所以承宗廟, 事舅姑, 當須昏以爲期, 詰朝謁見. 往者下俚庸鄙, 時有障車, 邀其酒食, 以爲戲樂. 近日此風轉盛, 上及王公, 乃廣奏音樂, 多集徒侶, 遮擁道路, 留滯淹時, 邀致財物, 動踰萬計. 遂使障車禮覘, 過於聘財, 歌舞喧譁, 殊非助感. 旣虧名敎, 實蠹風猷, 違衆禮經, 須加節制. 望請婚姻家障車者, 並須禁斷. 其有犯者, 有蔭家請準犯名敎例附簿, 無蔭人決杖六十, 仍各科本罪.

또 사인과 서인의 친영의 의례는 육례가 갖추어져 있으니, 종묘를 계승하는 것과 시부모[舅姑]를 섬기는 것은 응당 해질 녘에 시기를 맞추어야 하며, 아침에 이르러 알현하여야 합니다. 예전에 향리에서는 풍속이 비루하고 천하여, 때때로 장거障車[300]가 있어서 주연에 초대하여 즐겼습니다. 요즘에는 이러한 풍속이 매우 성하니, 위로 왕공에 이르기까지 널리 음악을 연주하고 무리들을 많이 모아 도로를 가로막고 지체하게 하여, 시간을 늦추게 하며 재물을 보내고 맞느라고 움직임이 만을 넘게 되었습니다. 마침내 장거의 예로 하여금 얻은 재물이 빙례

---

300) 장거障車 : 唐代 혼인 풍속의 하나로, 골목과 문에서 신부의 수레를 막고 못 들어가게 하는 일을 말한다.

의 재물을 초과하고 노래와 춤이 시끄러우니 특별히 감화를 돕는 것이 아닙니다. 이미 명교가 이지러지고 풍습의 모범이 좀먹고, 예경에 위배되었으니 반드시 예절제도를 더하여야 합니다. 혼인하는 가문에서 장거 활동을 하는 자가 있으면 반드시 금지하십시오 위법하는 자, 관음의 가문으로써 명교를 범한 사례가 당안에 기록된 자, 관음이 없는 자는 결장 60대로 하고, 각기 본래의 죄목으로 처벌하십시오.

制從之.

황제가 제서로서 이를 승인하였다.

[唐] 冕服을 입은 황제와 朝服을 입은 관료, 介幘과 裲襠 袴褶을 입고 부채를 든 사람(燉煌 220窟 貞觀시기 壁畫 維摩變 일부) 沈從文, 『중국고대복식연구』, 2011, 商務印書館

西安石刻 凌烟閣功臣圖

좌: [唐] 漆紗籠冠을 쓰고 方心曲領을 한 朝服을 입
은 大臣, 중: [唐] 幞頭를 쓰고 六縫靴를 신고 허리
에 비단 어대를 차고 圓領를 한 관복을 입은 大臣,
우: [唐] 進賢冠을 쓰고 六縫靴를 신고 허리에 비단
어대를 차고 圓領를 한 관복을 입은 大臣.

沈從文, 『중국고대복식연구』, 2011, 商務印書館

陝西省 乾陵 永泰公主墓 壁畫

[唐] 머리는 高髻를 하고 披帛을 어깨에 걸쳤으며,
半臂와 長裙을 입고 重臺履를 신은 귀족 여인과 시녀

沈從文, 『중국고대복식연구』, 2011, 商務印書館

西安 韋頊墓 出土 石刻線畫

(좌) [唐]渾脫金錦帽를 쓰고 翻領에 좁은 소매(小袖)의 長衣
를 입고 帖鞢帶를 찬 胡服侍女, (중) [唐]渾脫金錦帽를 쓰고
翻領에 좁은 소매(小袖)의 長衣를 입고 帖鞢帶를 찼으며, 줄무
늬가 있는 褲를 입고, 錦靮靴를 신은 胡服侍女, (우) [唐] 고계
머리를 하고 翻領에 좁은 소매(小袖)의 長衣를 입고 帖鞢帶를
찼으며, 줄무늬가 있는 褲를 입고, 錦靮靴를 신은 胡服侍女

沈從文, 『중국고대복식연구』, 2011, 商務印書館

[唐] 帷帽를 쓰고 말을 탄 여인 俑

沈從文, 『중국고대복식연구』, 2011, 商務印書館

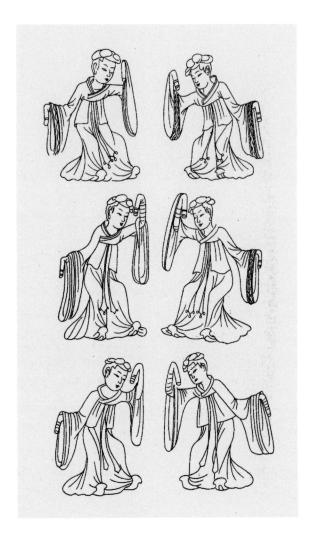

[唐] 李壽墓 線刻 舞伎

沈從文,『중국고대복식연구』, 2011, 商務印書館

[唐] 李壽墓 線刻 坐部樂伎

沈從文,『중국고대복식연구』, 2011, 商務印書館

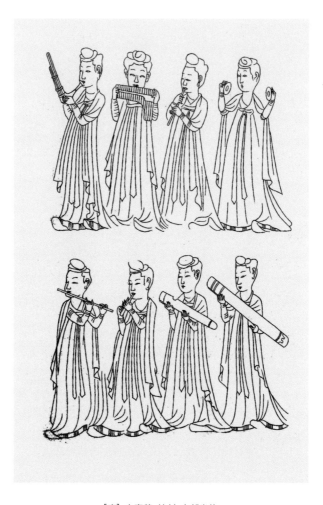

[唐] 李壽墓 線刻 立部樂伎

沈從文, 『중국고대복식연구』, 2011, 商務印書館

唐代 文官 陶俑(陝西省 禮泉縣, 昭陵陵園 張士貴墓 출토)

上海博物館, 『周秦漢唐文明』, 2004

唐代 武官 陶俑(陝西省 禮泉縣, 昭陵陵園 張士貴墓 출토)

上海博物館, 『周秦漢唐文明』, 2004

車服
거복

唐初受命, 車・服皆因隋舊. 武德四年, 始著車輿・衣服之令, 上得兼下, 下不得儗上.

당왕조가 천명을 받았으니 처음에 수레와 복식은 모두 수왕조의 옛 제도를 계승하였다. 무덕武德[1] 4년(621)에 비로소 거여령과 의복령[2]을 만들었는데 위 계급은 아래 계급의 수레와 복식을 겸할 수 있었으나 아래 계급은 위 계급의 것을 사용할 수 없었다.

凡天子之車:

천자의 수레

曰玉路者, 祭祀・納后所乘也, 靑質, 玉飾末; 金路者, 饗・射・祀還・飮至所乘也, 赤質, 金飾末; 象路者, 行道所乘也, 黃質, 象飾

---

1) 무덕武德 : 당 高祖의 연호다. 武德(618~626)
2) 武德令은 당 고조(618~636)가 즉위한 후 제정한 율령이다. 裴寂과 蕭瑀에게 명하게 刑律을 제정하였고, 수나라의 율령을 기초로 하여 덜어내거나 보태어 당나라의 율령으로 정돈하였고, 이를 武德 7년(624)에 반포하였다. 모두 30권이었다고 하나 전해지지 않는다. 『구당서』의 지에 무덕령의 조문을 인용한 부분이 많고, 『당회요』『통전』 중에도 들어 있다. 거여령과 의복령은 무덕령 중의 일부였을 것이다. 복식령에는 천자의 복식 14종, 황후의 복식 3종, 황태자의 복식 6종, 황태자비의 복식 3종, 군신의 복식 22종, 명부인의 복식 6종 등이 제정되었는데, 기본적으로 수나라의 제도를 계승하였으며 이후 기술과 문화의 발전에 따라 복식의 재질이나 문양, 색채 등이 더욱 풍부해졌다.

末; 革路者, 臨兵·巡守所乘也, 白質, 鞃以革; 木路者, 蒐田所乘
也, 黑質, 漆之. 五路皆重輿, 左青龍, 右白虎, 金鳳翅, 畫苣文鳥
獸, 黃屋左纛. 金鳳一·鈴二在軾前, 鸞十二在衡, 龍輈前設鄣塵.
青蓋三層, 繡飾. 上設博山方鏡, 下圓鏡. 樹羽. 輪金根·朱班·重
牙. 左建旗, 十有二旒, 畫升龍, 其長曳地, 青繡綢杠. 右載闟戟,
長四尺, 廣三尺, 黻文. 旗首金龍銜錦結綬及綵帶, 垂鈴. 金鍐方
釳, 插翟尾五焦, 鏤錫, 鞶纓十二就. 旌旗·蓋·鞶纓, 皆從路質, 唯
蓋裏皆用黃. 五路皆有副.

　　옥로玉路[3)]는 제사하러 갈 때와 황후를 들일 때 타는데 청색 바탕
에 옥으로 끝장식을 한다. 금로金路는 향례·사례·제사 후 돌아올
때, 개선 연회[飲至][4)]에 갈 때 타는데, 붉은 적색 바탕에 금으로 끝

----

3) 옥로玉路 : 玉輅라고도 하며, 帝王이 타는 수레로 옥으로 장식하였다.
　『周禮』「春官·巾車」""王之五路, 一曰玉路." 鄭玄注 : "玉路, 以玉飾
　諸末." 賈公彦疏 : "言諸末者, 凡車上之材於末頭皆飾之, 故云."

宋 聶崇義『三禮圖』

4) 음지飲至 : 고대에 제후들이 회맹 후 정벌을 마치고 종묘에 승전을 알리
　는 제사를 올리며 경축 향연을 열었던 전례에서 유래한다. 후대에는 출정
　과 개선 시에 종묘에 제사하며 공을 치하하던 의례다. 일반적으로 개선축
　하연을 말한다.『左傳』「隱公5年」"三年而治兵, 入而振旅, 歸而飲至,

장식을 한다. 상로象路는 행차할 때 타는데 황색 바탕에 상아로 끝 장식을 한다. 혁로革路는 병영에 나아갈 때, 순수하러 나갈 때 타는데 백색 바탕에 만鞔5)을 가죽으로 한다. 목로木路는 사냥[蒐田]6)하러 갈 때 타는데 흑색 바탕에 옻칠을 한다. 오로는 모두 차상[輿]을 이중으로 하며 왼쪽은 청룡, 오른쪽은 백호를 그리고 금으로 만든 봉황의 날개[金鳳翅] 장식에 거문조수苣文鳥獸7)의 그림을 그리며, 황옥8) 덮개에 좌독을 단다. 금으로 만든 봉황 한 개와 방울 두 개를 수레턱[軾] 앞에 달고 난방울9) 12개를 형에 달며 용주 앞에는 장진郶塵10)을 설치한다. 청색 덮개는 삼층으로 하는데 수를 놓아 장식한

以數軍實." 『三國志』 권64 「吳書」 "感四牡之遺典, 思飲至之舊章. 故遣中台近官, 迎致犒賜, 以旌茂功, 以慰劬勞."

5) 만鞔 : 수레를 끄는 밧줄이다.

6) 수전蒐田 : 봄의 사냥, 혹은 일반적으로 사냥을 가리킨다. 『周禮』 「夏官·大司馬」 "以教坐作進退疾徐疏數之節, 遂以蒐田. 有司表貉, 誓民, 鼓, 遂圍禁, 火弊, 獻禽以祭社"에 대한 정현의 주에서 "春田爲蒐"라 하였다.

7) 거문조수苣文鳥獸 : 『舊唐書』 「輿服志」에서는 '簨文鳥獸'라고 표기하였다. 수레의 軿에 그린 그림으로, 孫機는 운기와 조수 문양으로 보았다 (『中國古輿服論叢』, 文物出版社, 2001, p.362).

8) 황옥黃屋 : 황색 비단을 사용하여 만든 수레 덮개로 황제의 수레나 황제의 궁실을 상징하기도 한다.

9) 난鑾 : 車軶首나 車衡 위에 다는 방울이다. 漢 張衡 「東京賦」 "鑾聲噦噦, 和鈴鉠鉠." 晉 崔豹 『古今注·輿服』 "五輅衡上金爵者, 朱雀也. 口銜鈴, 鈴謂鑾, 所謂和鑾也. 一說, 安裝在馬嚼子兩端的鈴."

10) 장진郶塵 : 제왕의 수레 앞에 먼지를 막기 위해서 설치하는 기물이다. 『隋書』 권10 「禮儀志」5 "玉輅 … 龍輈, 前設郶塵."

다. 윗부분에는 박산 모양의 네모진 거울[博山方鏡]11)을 설치하고 아
래에는 둥근 거울[圓鏡]을 설치한다. 오채색의 깃털[樹羽]12)을 꽂는
다. 바퀴는 금근에 주반중아朱班重牙13)의 형태다. 왼쪽에는 기를 세
우는데 12가닥의 류를 드리우며, 오르는 용을 그리며, 길게 땅까지
늘어뜨리고 깃대는 청색 수를 놓은 명주로 감싼다. 오른쪽에는 흡극
鬪戟14)을 싣는데 길이는 4척이고 너비는 3척이며 불 문양을 장식한

---

11) 박산경자博山鏡子 : 博山은 수레의 덮개 가장자리에 있는 삼각형 혹
은 돌기 형태의 장식이며, 여기에 거울을 단 것이 박산경자이다. 박산
은 華山을 형상화한 것이라고도 하고, 秦昭王과 天神이 여기에서 博
戲하였다고 하여 얻은 이름이라고도 하는 등 다양한 논의가 있다. 후
에 온갖 동물과 신선이 거처하는 산의 형상으로 만든 향로를 博山爐
라 불렀다.

12) 수우樹羽 : 오채색의 깃털로 만든 장식을 꽂는 것을 말한다. 옛날 의례
장식의 일종으로 새의 깃털을 모아서 자루 병의 머리와 같은 모양이
며 덮개와 유사하다. 『詩經』「周頌·有瞽」"有瞽有瞽, 在周之庭. 設業
設虡, 崇牙樹羽." 孔穎達疏 "因樹置五采之羽以爲之飾." 『晋書』권45
「輿服志」에서는 '四角金龍衛羽葆'라고 해서 이것을 우보羽葆라고 하
였다.

13) 주반중아朱班重牙 : 붉은색으로 班무늬를 그리고 바퀴테가 이중인 수레
바퀴를 말한다.

14) 흡극鬪戟 : 고대의 병기로 긴 창이다. 『史記』권68「商鞅列傳」에는 "君之
出也, 後車十數, 從車載甲, 多力而駢脅者爲驂乘, 持矛而操鬪戟者旁車
而趨" 라는 구절이 있는데, 여기서 '鬪'에 대해서는 『集解』'所及反'이라
는 주석이 있고, 戟에 대해서는 『集解』"徐廣曰 '一作『尞』. 屈盧之勁矛,
干將之雄戟.'" 『索隱』에는 "鬪, 亦作'鈒', 同所及反. 鄒誕音吐臘反. 尞
音遼. 屈音九勿反. 按 : 屈盧, 干將並古良匠造矛戟者名." 『正義』에서는
"顧野王云 「鋋也」方言云 矛·吳·揚·江·淮·南楚·五湖之閒謂之鋋.

다. 기의 머리 부분에는 금으로 만든 용이 비단을 엮어서 만든 수와
수대를 물고 있으며 방울을 드리운다. 말머리 장식 금맘金錽[15] 방흘
方釳[16]을 장식하고 꿩의 꼬리털로 만든 오초五焦를 꽂으며, 누양鏤
錫[17] 장식을 하며 반영鞶纓[18]은 12 취就[19]로 만든 것을 맨다. 정기,

其柄謂之矜.' 釋名云 '戟, 格也. 旁有格'"라 하여 전국시대 진에서 이미
闡과 戟이라는 긴 창 형태의 무기가 있었으며, 상앙이 출행할 때 사용하
였음을 알 수 있다.

15) 금맘金錽 : 말의 冠이다. 높이와 너비는 각 5촌이다. "『獨斷』蔡邕曰, 金
錽者, 馬冠也. 高廣各五寸. 上如玉華形. 在馬髦前. 則馬頭上有金錽.
方釳不在馬頭."

16) 방흘方釳 : 철로 만들며, 말의 머리 위에 단다. 일설에는 마차의 끌채 양
쪽에 달아서 말들이 서로 부딪치는 것을 방지하기 위한 것이라고도 한
다. 『文選 · 張衡』「東京賦」"方釳左纛, 鉤膺玉瓖." 薛綜注 "方釳, 謂
轅旁以五寸鐵鏤錫, 中央低, 兩頭高, 如山形, 而貫中以翟尾, 結著之
轅兩邊, 恐馬相突也."『說文』「金部」"釳, 乘輿馬頭上防釳, 插以翟尾
鐵翮, 象角."

17) 누양鏤錫 : 말의 이마에 붙이는 금속 장식으로 當顱라고도 한다.

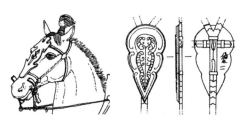

(좌) 劉永華, 『中國古代車輿馬具』, 2013, 淸華大學出版社
(우) 張仲立, 『秦陵銅車馬與車馬文化』, 1994, 陝西人民敎育出版社

18) 반영鞶纓 : 천자나 제후의 수레를 끄는 말에 매는 장식이다. 纓은 말의
가슴에서 내려뜨려 장식하는 술처럼 생긴 것으로 線이나 繩으로 만든다.
鞶은 이것을 꿰어서 말에 매는 가죽띠다.

덮개, 반영의 색은 모두 각각 노路의 바탕색을 따르며 오직 덮개의 안쪽은 모두 황색을 쓴다. 오로에는 모두 부거副車[20)가 있다.

耕根車者, 耕藉所乘也, 青質, 三重蓋, 餘如玉路.

경근거[21)는 적전에서 밭을 가는 예를 행할 때 타는데 청색 바탕이며 3중 덮개로 하며 나머지는 옥로와 같다.

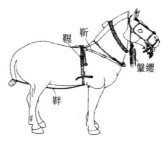

汪少華, 『中國古車輿名物考辨』, 2005, 商務印書館

19) 취就 : 오채색의 실을 하나로 묶어 하나의 就를 만든다. 이 就 개수에 따라서 等級 高下를 구별한다. 『周禮』 「大行人」 "上公之禮, 執桓圭九寸, 繅藉九寸, 冕服九章, 建常九斿, 樊纓九就." 鄭玄注 "每一處五采備爲一就. 就, 成也." 『禮記』 「禮器」 "大路繁纓一就, 次路繁纓七就." 孔穎達疏 "五色一帀曰就"

20) 부거副車 : 황제의 從車 혹은 屬車다. 『漢官儀』에서는 천자의 속거, 즉 부거가 36승이라고 하였다. "天子屬車三十六乘. 屬車即副車, 而奉車郎御而從後."

21) 경근거耕根車 : 漢代에는 耕車라고 불렀다. 네 마리의 말이 끌며, 천자가 친경례를 하러 갈 때 타는데, 耒耜를 수레에 싣고 간다. 『晉書』 권45 「輿服志」 "駕四馬, 建赤旗, 十有二斿, 天子親耕所乘者也. 一名芝車, 一名三蓋車. 置耒耜於軾上."

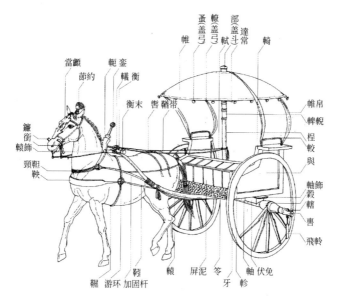

끌채가 두 개인 수레의 명칭 설명도

劉永華, 『中國古代車輿馬具』, 2013, 淸華大學出版社.

安車者, 臨幸所乘也, 金飾重輿, 曲壁, 紫油纁, 朱裏通幰, 朱絲絡網, 朱鞶纓, 朱覆髻具絡, 駕赤駵. 副路·耕根車·安車, 皆八鸞.

안거[22]는 행차할 때[臨幸][23] 타는데 이중의 차상을 금으로 장식하

22) 안거安車 : 徐廣은 앉아서 타는 수레라고 하였다. 『後漢書』 권29 「輿服志」에 "徐廣曰 : 「立乘曰高車, 坐乘曰 安車」." 『隋書』 권10 「禮儀志」에는 "安車, 飾重輿, 曲壁, 紫油纁朱裏, 通幰, 朱絲絡網, 朱鞶纓, 朱覆髻, 具絡. 駕赤駵. 臨幸則供之"라 하였다.

23) 임행臨幸 : 황제가 친림하는 것을 말한다. 제왕의 수레가 이르는 것을 "幸"이라고 한다. 南朝 宋나라의 劉義慶이 쓴 『世說新語』 「識鑑」에는, "진무제가 선무장에서 무예를 강론하였는데 무제는 무를 쓰러트리고 문

고 차상의 벽면은 구부러지게 하며 기름을 먹인 자색에 훈색을 배색하고 주색으로 안을 댄 통헌[24] 형태다, 주색 비단실로 짠 수레망을 수레에 씌우고, 주색 말의 뱃대끈[鞶]과 주색 말의 가슴에 걸어 안장에 매는 안장 끈[纓]을 달고, 주색 망으로 목덜미를 덮어[覆髦具絡] 꾸민 적색 말[25]이 수레를 끈다. 부로와 경근거·안거는 모두 8개의 난 방울을 단다.

四望車者, 拜陵·臨弔所乘也, 制如安車, 靑油纁, 朱裏通幰, 朱絲絡網.

사망거[26]는 배릉拜陵[27]하거나 조문하러 갈 때 타는데 형식은 안

을 닦으려 하여 친히 행차하며 모든 신하를 불러들였다. 晉武帝講武於宣武場, 帝欲偃武修文, 親自臨幸, 悉召群臣."고 하였다.

24) 통헌通幰 : 한 폭의 비단을 통째로 써서 만드는 것으로, 깃발도 통헌으로 하는 것이 있고, 수레의 장막도 통헌으로 하는 것이 있다. 통상 '통헌거'라고 부르는 수레를 말할 때 주로 나오는데, 덮개를 앞뒤로 덮은 수레를 가리킨다. 『晉書』 권25 「輿服志」 "通幰車, 駕牛, 猶如今犢車制, 但擧其幰通覆車上也. 諸王三公幷乘之."亦省稱"通幰".

25) 유류騮 : 월따말, 털빛이 붉고 갈기가 검은 말이다.

26) 사망거四望車 : 사망거에 대해서는 『南齊書』와 『隋書』에 구체적인 기록이 있는데, 두 사서의 기록에 다소 차이가 있다. 『南齊書』 권17 「輿服志」에서는 "通幰, 油幢絡, 班柒輪轂. 亦曰皁輪, 以加禮貴臣"라고 하였는데, 『隋書』 권10 「禮儀志」에는 "四望車, 制同犢車. 金飾, 靑油纁朱裏, 通幰. 拜陵臨弔則供之"라 하였다.

27) 배릉拜謁 : 皇陵에 행차하는 일이다. 『晉書』 권70 「王導傳」에는 "한위시대 이래로 군신들은 산릉에 배릉하는 예를 하지 않는다. 왕도는 평민이었을 때 원제와 함께 하였으므로 단순히 군신관계라고 만은 할 수 없었으니,

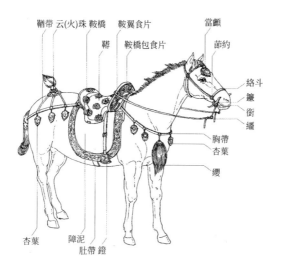

마구 명칭 설명도
劉永華, 『中國古代車輿馬具』, 2013, 淸華大學出版社

거와 같고 기름을 먹인 청색에 훈색을 배색하고 주색으로 안을 댄 통헌 형태다. 주색 비단실로 짠 망을 씌운다.

又有屬車十乘: 一曰指南車, 二曰記里鼓車, 三曰白鷺車, 四曰
鸞旗車, 五曰辟惡車, 六曰皮軒車, 七曰羊車, 與耕根車·四望車
·安車爲十乘. 行幸陳於鹵簿, 則分前後; 大朝會, 則分左右.

매번 한 단계 높여서 모두 배릉하러 갔는데, 슬픔을 이기지 못하였다. 백관에게 배릉의 조를 내린 것은 이 왕도로부터 시작된 것이다.自漢魏以來, 群臣不拜山陵. 導以元帝睠同布衣, 匪惟君臣而已, 每一崇進, 皆就拜, 不勝哀戚. 由是詔百官拜陵, 自導始也."라고 하였다. 『舊唐書』 권45 「輿服志」에는 '拜謁'로 기술되어 있다.

또 속거28) 10승이 있다. 첫째 지남거,29) 둘째 기리고거,30) 셋째 백
로거,31) 넷째 난기거,32) 다섯째 벽악거,33) 여섯째 피헌거,34) 일곱째

---

28) 속거屬車 :『晉書』권25「輿服志」에 "속거는 부거副車라고도 하고 이거
   貳車, 좌거左車라고도 한다. 한나라에서는 진의 제도를 계승하여 대가의
   속거를 81승으로 하였는데 행차 시에 중앙과 좌우로 나누어 나간다.屬
   車, 一曰副車, 一曰貳車, 一曰左車.漢因秦制, 大駕屬車八十一乘, 行則
   中央左右分爲行."고 하였다. 당대에는 속거가 10승이라고 하였다.

29) 지남거指南車 : 일명 司南車라고도 한다. "사남거는 일명 지남거라고도
   하며 네 마리 말이 끈다. 수레의 아랫부분의 형태는 누각과 같으며, 3층이
   며 네 귀퉁이에는 금용이 우보를 머금고 있고 나무에는 선인을 새겨 깃털
   옷을 입히고 수레 위에 세우면 수레가 비록 돌아 움직일지라도 손은 항상
   남쪽을 가리킨다. 대가(大駕)가 출행할 때 먼저 인도하는 수레다.『晉書』
   권45「輿服志」에는 "一名指南車, 駕四馬, 其下制如樓, 三級, 四角金龍
   銜羽葆, 刻木爲仙人. 衣羽衣, 立車上, 車雖回運而手常南指. 大駕出行,
   爲先啟之乘"라고 하였다.

30) 기리고거記里鼓車 :『晉書』권25「輿服志」"기리고거는 네 마리 말이 끈
   다. 형태는 사남거와 같다. 그 중에 나무로 만든 사람이 추를 잡고 북을
   향하여 있다. 행차 시에는 1리를 지날 때마다 추를 한 번 친다. 記里鼓車,
   駕四, 形制如司南, 其中有木人執槌向鼓, 行一里則打一槌."

31) 백로거白鷺車 :『舊唐書』와『新唐書』에 처음으로 기록된 수레다. 이후
   송대에도 있었던 것으로 보인다.

32) 난기거鸞旗車 :『晉書』권25「輿服志」"난기거는 네 마리 말로 몬다. 선도
   가 탄다. 난기는 쪼갠 깃털을 엮어서 만들었고 당기의 옆에 열을 지어 매달
   았다. 鸞旗車, 駕四, 先輅所載也. 鸞旗者, 謂析羽旄而編之, 列繫幢傍也."

33) 벽악거辟惡車 : 秦나라의 儀衛車 중의 하나다. 불길한 일을 방지하는 용
   도로 사용되어 벽악거라는 이름이 붙었다. 晉나라 때 崔豹의『古今注‧
   輿服』에서는 "辟惡車, 秦制也. 桃弓葦矢, 所以祓除不祥也. 太僕令一
   人, 在車前, 執弓箭"라 하였다.

34) 피헌거皮軒車 : 가죽으로 헌을 만든 수레다.『晉書』에 처음으로 등장한다.

양거35) 그리고 경근거·사망거·안거가 10승이다. 노부36)의 행차가 펼쳐질 때는 앞뒤로 나누어 행렬한다. 큰 조회가 열릴 때는 좌우로 나누어 위치한다.

皇后之車六:

황후의 수레는 6개다.

重翟車者, 受冊·從祀·饗廟所乘也, 靑質, 靑油纁, 朱裏通憶, 繡紫絡帶及帷, 八鸞, 鏤錫, 鞶纓十二就, 金鍐方釳, 樹翟羽, 朱總.

중적거重翟車는 책명을 받거나 제사에 따라가거나 종묘에 제사하러 갈 때 타는데 청색 바탕이며 기름을 먹인 청색에 훈색을 배색하고 주색으로 안을 댄 통헌 형태이며, 수를 놓은 자색 명주띠와 휘장을 치며, 8개의 난 방울을 달고 누양장식과 반영은 12취로 만든 것을 매고, 금맘, 방흘을 장식하고 꿩의 꼬리털 장식을 꽂고 주색으로 묶는다.

厭翟車者, 親桑所乘也, 赤質, 紫油纁, 朱裏通憶, 紅錦絡帶及帷. 翟車者, 歸寧所乘也, 黃油纁, 黃裏通憶, 白紅錦絡帶及帷. 三

『晉書』 권25 「輿服志」 "皮軒車, 駕四, 以獸皮爲軒."

35) 양거羊車 : 일명 연거라고도 하며 그 윗 부분은 초거와 같이 상(箱)이 복토伏兎 모양이다. 바퀴와 멍에에 칠로 그림을 그린다. 『晉』 권45 「輿服志」 "羊車, 一名輦車, 其上如軺, 伏兎箱, 漆畫輪軛."

36) 노부鹵簿 : 천자가 거동할 때의 행렬을 말한다.

車皆金飾末, 輪畫朱牙, 箱飾翟羽, 朱絲絡網, 繫縷色皆從車質.

염적거厭翟車[37]는 황후가 친잠하러 갈 때 타는데 적색 바탕에 기름을 먹인 자색에 훈색을 배색하고 주색으로 안을 댄 통헌 형태며 홍색 비단띠와 휘장을 친다.

적거翟車는 친정 부모를 뵈러 갈 때 타는데 기름을 먹인 황색에 훈색을 배색하고 황색으로 안을 댄 통헌으로 하며, 백색과 홍색 비단띠와 휘장을 친다. (위의) 세 수레는 모두 금으로 끝 장식을 하고 바퀴테에는 주색으로 그림을 그렸다. 차상의 장식은 꿩의 꼬리털로 하고 주색 비단실로 짠 망을 씌우고 반영의 색은 모두 수레의 바탕색과 같게 한다.

安車者, 臨幸所乘也, 制如金路, 紫油繡, 朱裏通幰.

안거는 행차할 때 타는데 형식은 금로와 같고 기름을 먹인 자색에 훈색을 배색하고 주색으로 안을 댄 통헌 형태다.

四望車者, 拜陵·弔喪所乘也, 青油繡, 朱裏通幰.

---

37) 염적거厭翟車 : 后·妃·公主가 타는 수레로 翟羽로 덮었기 때문에 이렇게 불렸다. 『周禮』「春官·巾車」"王後之五路, 重翟, 錫面朱總. 厭翟, 勒面績總." 鄭玄 注 "厭翟, 次其羽使相迫也 … 厭翟, 後從王賓饗諸侯所乘."

宋 聶崇義 『三禮圖』

사망거는 배릉하러 가거나 조문하러 갈 때 타는데 기름을 먹인 청색에 훈색을 배색하고 주색으로 안을 댄 통헌 형태다.

金根車者, 常行所乘也, 紫油纁, 朱裏通幰.

금근거金根車[38)는 평상시에 타는데 기름을 먹인 자색에 훈색을 배색하고 주색으로 안을 댄 통헌 형태다.

夫人乘厭翟車, 九嬪乘翟車, 婕妤以下乘安車. 外命婦·公主· 王妃乘厭翟車. 一品乘白銅飾犢車, 青油纁, 朱裏通幰, 朱絲絡網. 二品以下去油纁·絡網. 四品有青偏幰.

부인夫人은 염적거를 타고 구빈九嬪은 적거를 타며, 첩여婕妤[39) 이하는 안거를 탄다. 외명부[40)·공주[41)·왕비는 염적거를 탄다. (여

---

38) 금근거金根車: 본래 桑根車다. 秦에서는 금근거라고 불렀고, 漢이 이를 계승하였다. 漢代에는 황제뿐만 아니라 太皇太后·皇太后·皇后도 法駕 행차 때에 重翟羽蓋의 金根車를 이용하였다. 『晉書』「文帝本紀」에서는 천자가 금근거를 타고 행차하였음을 기록해 놓았다. 『晉書』 권2 「文帝本紀」 "五月, 天子命帝冕十有二旒, 建天子旌旗, 出警入蹕, 乘金根車, 駕六馬, 備五時副車, 置旄頭雲罕." 『新唐書』에서는 황후의 수레로 분류되어 있다.

39) 당나라에서는 황후 아래에 정1품 夫人, 정2품 九嬪, 정3품 婕妤 등 여러 여관들이 있었다. 『舊唐書』 권51 「后妃傳」 "唐因隋制, 皇后之下, 有貴妃, 淑妃, 德妃, 賢妃各一人, 爲夫人, 正一品. 昭儀, 昭容, 昭媛, 修儀, 修容, 修媛, 充儀, 充容, 充媛各一人, 爲九嬪, 正二品. 婕妤九人, 正三品. 美人九人, 正四品. 才人九人, 正五品. 寶林二十七人, 正六品. 御女二十七人, 正七品. 采女二十七人, 正八品. 其餘六尚諸司, 分典乘輿服御."

관으로서) 1품인 자는 백동으로 장식한 독거[42]를 타는데 기름을 먹인 청색에 훈색을 배색하고 주색으로 안을 댄 통헌 형태이며, 주색 비단실로 짠 망을 덮는다. 2품 이하의 부인은 기름 먹인 훈색 배색을 하지 않고, 수레망을 치지 않는다. 4품 이하의 부인은 청색 편헌거[43]를 탄다.

皇太子之車三:

황태자의 수레는 3종이다.

金路者, 從祀·朝賀·納妃所乘也, 赤質, 金飾末, 重較, 箱畫苣文鳥獸, 黃屋, 伏鹿軾, 龍輈, 金鳳一, 在軾前, 設鄣塵, 朱黃蓋裏,

---

40) 외명부外命婦 : 왕, 사왕, 군왕 및 5품관 이상, 훈관 4품관 이상의 모친이나 처, 첩을 말한다. 『新唐書』 권46 「百官志」 "凡外命婦 有六 : 王, 嗣王, 郡王之母, 妻爲妃, 文武官一品, 國公之母, 妻爲國夫人, 三品以上母, 妻爲郡夫人, 四品母, 妻爲郡君, 五品母, 妻爲縣君, 勳官四品有封者母, 妻爲鄕君. 凡 外命婦朝參, 視夫, 子之品."

41) 공주公主 : 大長公主, 長公主, 公主 등이다. 『新唐書』 권46 「百官志」 "皇姑爲大長公主, 正一品. 姊妹爲長公主. 女爲公主. 皆視一品. 皇太子女爲郡主, 從一品. 親王女爲縣主, 從二品."

42) 독거犢車 : 軒車의 일종으로 한대에는 재력이 없는 제후가 탔으나 나중에는 점차 귀해졌다고 한다. 동진 이후에는 화물을 싣는 수레로 사용되기도 했다. 『宋書』 권18 「禮志」 "軒車之流也. 漢諸侯貧者乃乘之, 其後轉見貴. 孫權云「車中八牛」, 即 犢車 也. 江左御出, 又載儲偫之物. 漢代賤軺車而貴輜軒, 魏, 晉賤輜軒而貴軺車."

43) 편헌거偏幰車 : 반쪽만 포장으로 덮은 수레를 말한다.

輪畫朱牙. 左建旂九旒, 右載闟戟, 旂首金龍銜結綏及鈴綏, 八鸞二鈴, 金鍐方釳, 樹翟尾五焦, 鏤錫, 鞶纓九就.

금로는 (황제를 따라) 제사하거나 조하 의례에 나갈 때, 황태자비를 맞이할 때 타는데 적색 바탕에 금으로 끝을 장식하며 교較[44)는 이중으로 하며, 수레상자에는 거문조수를 그리고, 황옥으로 하고, 엎드려 있는 사슴 모양의 수레턱[軾]에 용 모양의 끌채[輈]를 달고, 금으로 만든 봉황 한 마리를 수레턱 앞에 장식하며, 장진을 설치하고, 주색으로 황색 덮개의 안을 대며, 바퀴테는 주색 바탕에 그림을 그렸다. 왼쪽에는 9가닥의 류旒가 달린 기를 세우며, 오른쪽에는 흡극을 싣는데, 깃대의 머리 부분에는 금으로 만든 용이 결수結綏[45)와 영위鈴綏[46)를 물고 있는 모양이며, 8개의 난방울과 2개의 방울을 달며, 금속에 꿩의 꼬리털을 꽂은 말머리 장식[金鍐方釳]을 하고, 꿩의 꼬리털로 만든 오초五焦를 꽂고 누양 장식과 반영은 9개의 취로 만든 것을 맨다.

軺車者, 五日常服·朝饗宮臣·出入行道所乘也.

초거[47)는 5일마다 열리는 조회에 참석하거나 태자궁의 궁신들을 조견하거나 연회를 할 때, (궁을) 출입하여 행차할 때 탄다.

---

44) 교較 : 수레 귀이다. 차여의 양쪽 윗부분의 가로 나무가 고부장하게 앞쪽으로 내밀어 나와 있는 부분. 수레 안에 서 있을 때의 손잡이가 된다. 중교는 수레 손잡이가 좌우 양쪽에 있는 것을 말한다.

45) 결수結綏 : 끈을 엮어서 매듭을 만든 것이다.

46) 영위鈴綏 : 방울을 달아 늘어뜨린 것이다.

47) 초거軺車 : 옛날의 병거인데, 사방을 바라볼 수 있는 수레이며, 혹은 말 한 필이 끄는 작은 수레를 말한다.

四望車者, 臨弔所乘也. 二車皆金飾末, 紫油纁, 朱裏通憶.

사망거는 조문하러 갈 때 탄다. 초거와 사망거는 모두 금으로 끝을 장식하며 기름을 먹인 자색에 훈색을 배색하고 주색으로 안을 댄 통헌 형태다.

親王及武職, 一品有象路, 青油纁, 朱裏通憶, 朱絲絡網. 二品·三品有革路, 朱裏青通憶. 四品有木路, 五品有軺車, 皆碧裏青偏憶. 象飾末, 班輪, 八鸞, 左建旂, 畫升龍, 右載闒戟. 革路·木路, 左建旜. 軺車, 曲壁, 碧裏青通憶. 諸路, 朱質·朱蓋·朱旂·朱班輪. 一品之旜九旒, 二品八旒, 三品七旒, 四品六旒, 鞶纓就亦如之. 三品以上珂九子, 四品七子, 五品五子, 六品以下去通憶及珂.

친왕 및 무관직, 1품관은 상로를 타는데, 기름을 먹인 청색에 훈색을 배색하고 주색으로 안을 댄 통헌 형태이며, 주색 비단실로 짠 망을 씌운다. 2품, 3품관은 혁로를 타는데, 주색으로 안을 댄 통헌의 형태다. 4품관은 목로를 타며, 5품관은 초거를 타는데, 모두 벽碧색으로 안을 댄 청색 통헌의 형태다. 상아로 끝을 장식하며, 무늬를 그린 바퀴이며, 8개의 난방울을 단다. 왼쪽에는 기旂 깃발을 세우는데, 기에는 날아오르는 용을 그리며, 오른쪽에는 흡극을 싣는다. 혁로와 목로는 왼쪽에는 전旜 깃발을 세운다. 초거는 수레의 벽체를 구부리고 벽색으로 안을 댄 청색의 통헌 형태다. 모든 로는 주색 바탕에 주색 덮개, 주색 기, 무늬가 있는 주색 바퀴로 한다. 1품관은 (수레에 세우는) 전기는 9가닥의 류를 드리우며, 2품관의 류는 8가닥이며, 3품관은 7가닥, 4품관은 6가닥이며, 반영의 매듭[就] (숫자도) 역시 같다. 3품관 이상의 말굴레에 다는 옥장식[珂]은 9개, 4품관은 7개, 5품관은 5개, 6품관 이하는 통헌이나 말 굴레에 다는 옥장식이 없다.

王公車路, 藏於太僕, 受制·行冊命·巡陵·昏葬則給之. 餘皆以騎代車.

왕공의 수레는 태복太僕[48])에서 보관하고 있다가, 황제의 명령을 받거나, 책명을 행하거나 능묘를 순행하거나, 혼례나 장례가 있으면 내어 준다. 나머지 경우는 모두 말을 타는 것으로써 수레를 대신하도록 하였다.

凡天子之服十四:

천자의 복식은 14종류다.

大裘冕者, 祀天地之服也. 廣八寸, 長一尺二寸, 以板爲之, 黑表, 纁裏, 無旒, 金飾玉簪導, 組帶爲纓, 色如其綬, 黈纊充耳. 大裘, 繒表, 黑羔表爲緣, 纁裏, 黑領·褾·襈緣, 朱裳, 白紗中單, 皂

---

48) 태복太僕 : 본래 秦漢代 9卿 중 하나였다. 당대에는 9寺 중의 하나로 太僕寺라 하였으며, 황제의 수레와 廐牧을 관리하였다. 『新唐書』 권48 「百官志」 "卿一人, 從三品 ; 少卿二人, 從四品上 ; 丞四人, 從六品上 ; 主簿二人, 從七品上 ; 錄事二人. 卿掌廐牧, 輦輿之政, 總乘黃, 典廐, 典牧, 車府四署及諸監牧. 行幸, 供五路屬車. 凡監牧籍帳, 歲受而會之, 上駕部以議考課."

領, 靑褾·禩·裾, 朱襪, 赤鳥. 鹿盧玉具劍, 火珠鏢首, 白玉雙佩.
黑組大雙綬, 黑質, 黑·黃·赤·白·縹·綠爲純, 以備天地四方之
色. 廣一尺, 長二丈四尺, 五百首. 紛廣二寸四分, 長六尺四寸, 色
如綬. 又有小雙綬, 長二尺六寸, 色如大綬, 而首半之, 閒施三玉
環. 革帶, 以白皮爲之, 以屬佩·綬·印章. 鞶囊, 亦曰鞶帶, 博三寸
半, 加金鏤玉鉤鰈. 大帶, 以素爲之, 以朱爲裏, 在腰及垂皆有裨,
上以朱錦, 貴正色也, 下以綠錦, 賤閒色也, 博四寸. 紐約, 貴賤皆
用靑組, 博三寸. 韍以繒爲之, 隨裳色, 上廣一尺, 以象天數, 下廣
二尺, 以象地數, 長三尺, 朱質, 畫龍·火·山三章, 以象三才, 其頸
五寸, 兩角有肩, 廣二寸, 以屬革帶. 朝服謂之韠, 冕服謂之韍.

　　대구면[49]은 천지에 제사할 때 쓴다. (면관은) 너비가 8촌, 길이는
1척 2촌이고, 판으로 만들며, 겉은 흑색이고 안은 훈색이다. 류旒[50]
는 없고, 금으로 장식한 옥잠도를 꽂으며, 직조한 띠로 영을 만들고,
색은 수綬[51]의 색과 같고, 주광충이駐纊充耳[52]를 단다. 대구는 증繒

---

49) 대구면大裘冕 : 大裘를 입고 冕冠을 쓰는 것으로
　　고대 천자가 제사할 때 입는 여섯 가지 면복 중의
　　하나다. 대구는 검고 어린 양가죽으로 만든 옷이다.
　　『周禮』「夏官·節服氏」에는 "郊祀裘冕, 二人執
　　戈"라고 하여 교사할 때 구면을 입는다고 하였다.

宋 聶崇義 『三禮圖』

50) 류旒 : 기폭에 붙여 늘어뜨린 긴 오리를 말한다.
51) 수綬 : 본래는 관리들이 도장을 매어 가지고 다니기 위해 착용하던 끈 모
　　양이었으나, 후에는 장식성이 강해져 복식의 장식처럼 착용하였다.

과 검은 양의 가죽으로 만들며,53) 안은 훈색, 옷깃[領], 소맷부리[褾],
가슴 옷깃[襈]은 흑색으로 한다. 주색 치마에 흰색 사紗로 만든 중
단54)을 입는데, 옷깃은 검은[皂]색, 소맷부리[褾], 가선[襈], 옷자락
[裾]은 청색으로 하며, 주색 버선과 적색 신발[舃]55)을 신는다. 녹로

孫晨陽 張珂 편저『中國古代服飾辭典』, 2015, 中華書局
(山東省 嘉祥縣 武氏祠堂 石刻)

52) 주광충이黈纊充耳 : 누런 귀막이 솜. 황색 비단을 작은 공 모양으로 만든
것이다. 관면에 매달아 양쪽 귀로 내려뜨리는데, 망령된 말을 듣지 않고자
함을 보여주는 것이다. 呂忱曰 "黈, 黃色也. 黃絲爲之." 禮緯曰 "旒垂目,
纊塞耳, 王者示不聽讒, 不視非也." 薛綜曰 "以珩玉爲充耳也. 詩云 '充
耳琇瑩' 毛萇傳曰 '充耳謂之瑱. 天子玉瑱. 琇瑩, 美石也.諸侯以石.'"

53) 이 부분에 대해『舊唐書』권45「輿服志」에서는 "裘以黑羔皮爲之, 玄領
·褾·襈緣. 朱裳, 白紗中單, 皂領, 靑褾·襈·裾"라고 하였다. 여기서는
『舊唐書』에 따라서 검은 양의 가죽으로 만들었다고 풀었다.

54) 중단中單 : 祭服이나 朝服을 입을 때 안에 입는 옷이다. 처음에는 中衣라
고 불렀다. 백색의 얇은 비단으로 만들며, 領, 袖, 襟, 裾는 짙은 색으로
가선을 두르기도 하였다.『隋書』권11「禮儀志」"天監三年, 何佟之議
:「公卿以下祭服, 裏有中衣, 即今之中單也. 案後漢輿服志明帝永平二
年, 初詔有司採周官 禮記 尚書, 乘輿服, 從歐陽說 ; 公卿以下服, 從大
小夏侯說. 祭服, 絳緣領袖爲中衣, 絳袴袜, 示其赤心奉神. 今中衣絳緣,
足有所明, 無俟於袴. 既非聖法, 謂不可施.」遂依議除之."

옥구검鹿盧玉具劍[56]]을 차는데 검의 머릿 부분은 화주[57]로 장식한다. 백옥쌍패白玉雙佩[58]를 찬다. 직물로 만든 대쌍수大雙綬[59]는 흑색을 바탕으로 흑색, 황색, 적색, 표색, 녹색으로 가선을 둘러 천지사방의 색을 갖춘다. 너비가 1척이고 길이는 2장 4척이며, 5백수로 만든다. 분紛[60]은 너비가 2촌 4분이고 길이는 6척 4촌이며, 색은 수의 색과

孫晨陽 張珂 편저 『中國古代服飾辭典』, 2015, 中華書局(明 王圻 『三才圖會』)

55) 석석鳥 : 천자나 황후 등 신분이 높은 자들이 신는 신발이다. 履의 바닥에 나무를 덧대어 높여, 진흙 등이 묻지 않게 하였다. 赤鳥, 白鳥, 黑鳥 등도 있었는데, 赤鳥이 가장 상위다. 晉 崔豹의 『古今注·輿服』에 "鳥, 以木置履下, 乾腊不畏泥濕也"라 하였다.   宋 聶崇義 『三禮圖』

56) 녹로옥구검鹿盧玉具劍 : 『隋書』 권11 「禮儀志」에서는 남조의 陳나라와 북위의 의관제도를 서술한 부분에서는 '鹿盧劍'으로 되어 있다.

57) 화주火珠 : 火珠首라고도 하며 검의 장식이다. 검의 머릿부분을 화주로 장식한다. 화주에 대해서는 『舊唐書』 권197 「南蠻西南蠻傳·林邑」에 "〈貞觀〉四年, 其王范頭黎遣使獻火珠, 大如雞卵, 圓白皎潔, 光照數尺, 狀如水精, 正午向日, 以艾承之, 即火燃"라는 기록이 있다.

58) 옥패玉佩 : 고대에 옷에 걸어 드리우는 장식이다. 珠玉, 容刀, 帨巾, 觿 등을 연결하여 만들었다. 『詩經』 「秦風」에 "我送舅氏, 悠悠我思. 何以贈之, 瓊瑰玉佩"라는 구절이 있다.

같다. 또 소쌍수小雙綬를 차는데, 길이는 2척 6촌으로 색은 대수의
색과 같으며, 수는 (대수)의 반으로 하며, 그 사이에 3개의 옥환을

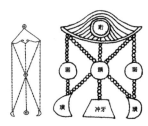

聶崇義『三禮圖』, 孫晨陽 張珂 편저, 『中國古代服飾辭典』, 2015, 中華書局
(明 王圻『三才圖會』)

59) 대수大綬 : 바탕을 촘촘하게 짠 넓은 綬帶를 말한다. 성글게 짠 小帶와
구별된다.『隋書』권12「禮儀志」 "大綬, 六采, 玄黃赤白縹綠, 純玄質,
長二丈四尺, 五百首, 廣一尺."

孫晨陽 張珂 편저『中國古代服飾辭典』, 2015, 中華書局
(좌)明 王圻『三才圖會』, (우)燉煌 莫高窟 唐代壁畫

60) 분紛 : 綬와 유사한 형태로 추측된다. 綬와 같은 색으로 하였으며, 너비는
2촌 4분, 길이는 6척 4촌이었다. 황제의 紛과 진현관을 쓰는 문관의 紛의
길이는 같고 너비는 다르다.『新唐書』권24「車服志」, 進賢冠者, 文官朝
參, 三老五更之服也. 黑介幘, 靑綾. 紛 長六尺四寸, 廣四寸, 色如其綬.
『隋書』권11「禮儀志」에서 북위의 제도 가운데 "官有綬者, 則有紛, 皆
長八尺, 廣三寸, 各隨綬色. 若服朝服則佩綬, 服公服則佩紛. 官無綬者,
不合佩紛."의 기록이 있다.『설문』에 의하면 "紛, 馬尾韜也"이라 했으므
로, 패의 紛은 뒤쪽에 차는 것이 될 것이다.

끼운다. 혁대는 백피로 만드는데 패, 수, 인장을 혁대에 단다. 반낭鞶
囊[61]은 반대鞶帶라고도 부르며, 두께[博]는 3촌 반으로 금을 입힌 옥

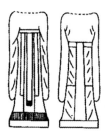

孫晨陽 張珂 편저 『中國古代服飾辭典』, 2015, 中華書局
(좌 : 唐崇陵石人 뒷모습, 우 : 唐端陵石人 뒷모습)

61) 반낭鞶囊 : 작은 물건들을 넣어 다니기 위해 차고 다니던 작은 주머니다.
본래 가죽으로 만들었지만 비단으로 만들기도 하였다. 방형으로 만들며
동물의 문양을 장식하기도 하였다. 관리들은 도장을 넣고 다녔다. 『晉書』
권25 「輿服志」 "鞶, 古制也. 漢世著 鞶囊者, 側在腰間, 或謂之傍囊, 或
謂之綬囊, 然則以紫囊盛綬也. 或盛或散, 各有其時." 『隋書』 권11 「禮
儀志」 "鞶囊, 二品已上金縷, 三品金銀縷, 四品銀縷, 五品, 六品綵縷,
七, 八, 九品綵縷, 獸爪鞶. 官無印綬者, 並不合佩 鞶囊及爪."

좌 : 孫晨陽 張珂 편저 『中國古代服飾辭典』, 2015, 中華書局
우 : 段間壁墓壁畫, 『昭陵唐墓壁畫』, 2006, 文物出版社

으로 만든 고리[金鏤玉鉤鰈]가 있다. 대대大帶[62]는 소색으로 만들며 주색으로 안을 대는데 허리 부분[腰]과 드리우는 부분[垂]에 모두 가선이 있다. 위는 주색 비단으로 하는데 정색[63]을 귀하게 여긴 것이며, 아래는 녹색 비단으로 하는데 간색[64]을 낮추어 본 것이며, 폭은 4촌이다. 띠를 매는 부분[紐約][65]은 귀천을 막론하고 모두 청색 직조를 사용하는데 폭은 3촌이다. 불은 비단으로 만드는데 치마색에 따르며, 윗부분 너비는 1척으로 하늘의 수를 상징하고 아랫부분의 너

---

62) 대대大帶 : 고대 사대부 계층이 일반적으로 심의의 바깥에 매던 넓은 허리띠다. 祭服, 朝服을 입을 때 혁대 위에 다시 대대를 찼다. 비단 직물로 만들었으며, 천자나 제후는 가선을 둘렀고, 천자는 주색으로 안을 댔다.

孫晨陽 張珂 편저 『中國古代服飾辭典』, 2015, 中華書局
좌 : 宋 聶崇義 『三禮圖』, 우 : 『明會典』

63) 정색正色 : 정색은 청색, 적색, 황색, 백색, 검정색 등 색깔의 기본이 되는 색을 말한다.

64) 간색間色 : 초록, 보라 등 정색을 배합하여 이루어진 색을 말한다. 『禮記』 「玉藻」 편에 "衣에는 정색을 쓰지만, 裳에는 간색을 사용해도 된다. 衣裳이 모두 같은 색이 아니면 公門에 들어가지 않으며, 홑옷에 絺綌으로는 공문에 들어가지 않으며, 갖옷을 겉에 입고서는 공문에 들어가지 않으며, 羔裘 위에 裼衣를 껴입고서는 공문에 들어가지 않는다. 衣正色, 裳間色. 非列采不入公門, 振絺綌不入公門, 表裘不入公門, 襲裘不入公門."고 하였다.

65) 뉴약紐約 : 맨다는 뜻. 『예기』 「옥조」 공영달의 소 "紐, 謂帶之交結之處, 以屬其紐. 約者, 謂以物穿紐, 約結其帶."

비는 2척으로 땅의 수를 상징한다. 길이는 3척인데 주색 바탕에 용, 화, 산의 3장 문양을 그려서 삼재三才를 상징하며, 그 목부분[頸]은 5촌인데 양쪽 끝에 견장이 있으며, 너비는 2촌으로 혁대에 끼운다. 조복을 입을 때의 (붉은) 필韠[66]이라고 부르며, 면복을 입을 때는 불敝[67]이라고 부른다.

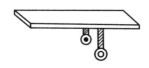

孫晨陽 張珂 편저 『中國古代服飾辭典』, 2015, 中華書局
(宋 陳祥道의 『禮書』)

66) 필韠 : 『禮記』 「玉藻」 편에 韠에 대한 규정이 있다. "韠, 君朱, 大夫素, 士爵韋. 圜殺直, 天子直, 公侯前後方, 大夫前方後挫角, 士前後正. 韠, 下廣二尺, 上廣一尺, 長三尺, 其頸五寸, 肩革帶博二寸. 一命縕韍幽衡, 再命赤韍幽衡, 三命赤韍蔥衡."

67) 불敝 : 여기서는 가죽으로 만든 큰 수건 모양의 폐슬을 말한다. 조복을 입을 때는 韠이 된다(『左傳』 「桓公2年」 "袞冕敝珽"에 대해, 杜預는 "敝, 韋韠以蔽膝也"라고 주석하였다).

孫晨陽 張珂 편저 『中國古代服飾辭典』, 2015, 中華書局
(좌 : 『三禮詞典』, 우 : 宋 聶崇義 『三禮圖』)

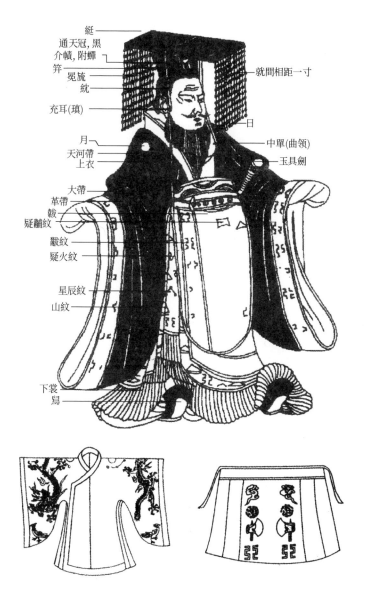

紞
通天冠, 黑
介幘, 附蟬
笄
冕旒
紘
充耳(瑱)
月
天河帶
上衣
大帶
革帶
韍
疑黼紋
黻紋
疑火紋
星辰紋
山紋
下裳
舄

就間相距一寸
日
中單(曲領)
玉具劍

冕服 명칭도 및 玄衣와 纁裳

孫晨陽 張珂 편저 『中國古代服飾辭典』, 2015, 中華書局

袞冕者, 踐祚·饗廟·征還·遣將·飮至·加元服·納后·元日受朝賀·臨軒冊拜王公之服也. 廣一尺二寸, 長二尺四寸, 金飾玉簪導, 垂白珠十二旒, 朱絲組帶爲纓, 色如綬. 深靑衣纁裳, 十二章: 日·月·星辰·山·龍·華蟲·火·宗彝八章在衣; 藻·粉米·黼·黻四章在裳. 衣畫, 裳繡, 以象天地之色也. 自山·龍以下, 每章一行爲等, 每行十二. 衣·褾·領, 畫以升龍, 白紗中單, 黻領, 靑褾·襈·裾, 韍繡龍·山·火三章, 舄加金飾.

곤면[68]은 천자가 즉위하는 의례[踐祚], 묘에서의 제사[饗廟], 군대가 원정에서 돌아왔을 때의 의례[征還], 군대를 원정에 내보낼 때의 의례[遣將], 출정에서 개선하여 종묘에서 음복할 때[飮至], 관례를 할 때, 황후를 맞이할 때, 혹은 원일에 조회할 때, 왕공을 책봉하러 임헌할 때 입는 복식이다. (면관의) 너비가 1척 2촌이고 길이는 2척 4촌이며, 금으로 장식한 옥잠도를 꽂으며, 백색 구슬을 꿴 12가닥의 류旒를 늘어뜨린다. 주색 비단실로 직조한 끈으로 관끈[纓]을 매는데

---

68) 곤면袞冕 : 고대 중국의 황제와 上公의 禮服과 禮冠이다. 천지제사, 종묘제사 등 큰 행사 때 입는 정식의 복장이다.

宋 聶崇義 『三禮圖』

색은 인끈의 색과 같게 한다. 짙은 청색의 상의에 훈색 치마를 입는데 12문장의 문양으로 장식한다. 일日·월月·성신星辰·산山·용龍·화충華蟲·화火·종이宗彝 등 8개 문장의 문양은 웃옷에 조藻·분미粉米·보黼·불黻 등 4개 문장의 문양은 치마에 넣는데 웃옷에는 그림을 그리고 아래치마에는 수를 놓아 하늘과 땅의 색을 상징한다. 산, 용 이하의 문양은 각 문장을 1행씩 동일하게 배열하는데, 행마다 12개의 문양으로 한다. 웃옷, 소맷부리, 목 옷깃에는 날아오르는 용을 그린다. 백색 사로 지은 중단을 입는데 옷깃에는 도끼 문양의 수를 놓고[黻領], 소맷부리, 가선, 옷자락은 청색이며, 불黻에는 용, 산, 화 3문장의 문양을 수 놓고 신발[舃]은 금으로 장식한다.

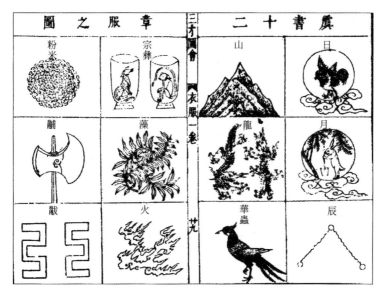

천자 복식의 12文章 (明 王圻 『三才圖會』)

鷩冕者, 有事遠主之服也. 八旒, 七章: 華蟲·火·宗彝三章在衣;
藻·粉米·黼·黻四章在裳.

별면[69]은 먼 조상의 신주에 제사할 때 입는다. (면관에는) 8가닥의
류를 늘어뜨린다. 문양은 7개 문장인데, 화충·화·종이 3개 문장의
문양은 상의에, 조·분미·보·불 4개 문장의 문양은 치마에 넣는다.

毳冕者, 祭海嶽之服也. 七旒, 五章: 宗彝·藻·粉米在衣; 黼·黻
在裳.

취면[70]은 바다와 산악에 제사할 때 입는데, (면관에는) 7가닥의
류를 늘어뜨린다. 문양은 5개 문장인데, 종이·조·분미 3개 문장의
문양은 상의에, 보·불 2개 문장의 문양은 치마에 넣는다.

69) 별면鷩冕 : 先公에 대한 제사나 鄕射禮 때 입는 예복이다. 鷩은 붉은 꿩
   을 가리키며, 꿩[雉]의 일종이다.
70) 취면毳冕 : 사망산천에 대한 제사 때 입는 예복이다. 면관은 7류인데, 류
   마다 12과를 맨다.

鷩冕　　　　　　毳冕
宋 聶崇義 『三禮圖』　宋 聶崇義 『三禮圖』

絺冕者, 祭社稷饗先農之服也. 六旒, 三章: 絺·粉米在衣; 黼·黻在裳.

치면[71]은 사직에 제사하고 선농에 배향할 때 입는다. 6가닥의 류를 늘어뜨린다. 문양은 3개 문장인데, 수[絺][72]를 놓고 분미는 상의에, 보불은 치마에 넣는다.

玄冕者, 蜡祭百神·朝日·夕月之服也. 五旒, 裳刺黻一章. 自袞

---

71) 치면絺冕 : 사직에 제사하고 선농에 배향할 때 입는다. 문양은 3문장인데, 치絺 분미는 상의에, 보불은 치마에 넣는다고 하였다.

宋 聶崇義『三禮圖』

72) 치絺 : 細葛布다.『尙書』「禹貢」편에 "厥貢鹽絺, 海物惟錯"라고 한 부분에 대해서 孔傳에서는 "絺, 細葛"라 하였다. 그런데 여기서는 문양의 하나로 기술되어 있으므로, 세갈포라고 보기는 어렵다. 絺는 "黹"와 통하니『尙書』「益稷」에 "宗彝, 藻, 火, 粉, 米, 黼, 黻, 絺, 繡"라고 한 부분에 대해서 蔡沈集傳에서는 "絺, 鄭氏讀爲黹, 紩也. 紩, 以爲繡也"라고 하여 수를 놓은 것으로 보았다. 이 때문에 금주금역에서는 "細葛彩綉"라고 번역한 듯하다. 그런데『舊唐書』권45「輿服志」의 세주에서는 "【一章在衣, 粉米, 二章在裳, 黼·黻】"라 하였다. 치면의 문양이 3문장이라는 점을 생각해 보면『舊唐』의 기록이 타당해 보인다. 즉 상의에 분미, 하상에 보와 불을 수 놓은 것으로 보인다.

冕以下, 其制一也, 簪導·劍·佩·綬皆同.

현면73)은 백신에 납제사74)를 지낼 때와 조일朝日75) 제사와 석월
夕月76) 제사를 지낼 때 입는다. 5가닥의 류를 늘어뜨린다. 치마에 보

---

73) 현면玄冕 : 크고 작은 제사 때에 입는 예복이다. 『周禮』「春官·司服」"祭
   群小祀則玄冕." 鄭玄 注 "玄者, 衣無文, 裳刺黻而已, 是以謂玄焉."

宋 聶崇義 『三禮圖』

74) 납제蜡祭 : 한 해의 연말에 백신에게 합제하였던 제사명이다. 『禮記』「郊
   特牲」에 "蜡之祭也, 主先嗇而祭司嗇也, 祭百種, 以報嗇也." 『新唐書』
   권12「禮樂志」에서는 "蜡祭, 神農氏, 伊耆氏, 少牢"라 하였다.

75) 조일朝日 : 군주가 춘분에 도읍의 동문 밖에 나가 해에 제사하던 의식이다.
   해가 동쪽에서 뜨기 때문에 동교에서 치렀다. 『周禮』「天官·掌次」에는
   "朝日, 祀五帝, 則張大次小次, 設重帟重案"라 하였고, 이에 대해 鄭玄
   注에서는 "朝日, 春分拜日於東門之外"라 하였다. 또 『漢書』 권25상 「郊
   祀志」에서도 "十一月辛巳朔旦冬至, 昒爽, 天子始郊拜泰一, 朝朝日,
   夕夕月, 則揖"라 하였는데, 顔師古는 注에서 "以朝旦拜日爲朝"라 하였다.

76) 석월夕月 : 군주가 추분에 도읍의 동문 밖에 나가 달에 제사하던 의식이
   다. 『周禮』「春官·典瑞」에 "以朝日"에 대한 鄭玄 注에서 "天子當春分
   朝日, 秋分夕月"라 하였고, 또 『史記』「孝武本紀」에서 "十一月辛巳朔
   旦冬至, 昧爽, 天子始郊拜泰一. 朝朝日, 夕夕月, 則揖 ; 而見泰一如雍
   禮"라 하였는데, 裴駰이 集解에서 應劭의 말을 인용하여 '天子春朝日,

문양 하나를 수 놓는다. 곤면부터 그 이하로 그 규격과 형태는 같아
서, 잠도·검·패·수는 모두 같다.

通天冠者, 冬至受朝賀·祭還·燕群臣·養老之服也. 二十四梁,
附蟬十二首, 施珠翠·博山, 黑介幘, 組纓翠綾, 玉·犀簪導, 絳紗
袍, 朱裏紅羅裳, 白紗中單, 朱領·褾·襈·裾, 白裙·襦, 絳紗蔽膝,
白羅方心曲領, 白襪, 黑舃. 白假帶, 其制垂二條帛, 以變祭服之
大帶. 天子未加元服, 以空頂黑介幘, 雙童髻, 雙玉導, 加寶飾. 三
品以上亦加寶飾, 五品以上雙玉導, 金飾, 六品以下無飾.

통천관77)은 동지에 조하를 받거나, 제사를 마치고 돌아올 때, 군
신과 연회할 때, 양로례78)를 할 때 입는다. (관에는) 24개의 양을 장
식하고 매미 장식79) 12개를 붙이며, 진주와 비취, 박산으로 장식한

秋夕月, 拜日東門之外, 朝日以朝, 夕月以夕'라 하였다.

77) 통천관通天冠 : 高山冠이라고도 하며, 그 모양이 산
과 같다고 하였으며, 딱딱한 심을 넣어 梁을 세웠다.
『後漢書』권30「輿服志」"通天冠, 高九寸, 正竪, 頂
少邪却, 乃直下爲鐵卷梁, 前有山, 展筒爲述, 乘輿
所常服."

宋 聶崇義 『三禮圖』

78) 양로養老 : 養老禮를 말하는 것으로 『禮記』「王制」편에 "凡養老 : 有虞
氏以燕禮, 夏后氏以饗禮, 殷人以食禮, 周人脩而兼用之. 五十養於鄕；
六十養於國；七十養於學, 達於諸侯；八十拜君命, 一坐再至, 瞽亦如
之；九十使人受"라 하였다. 후한 명제기에 처음으로 양로례를 행하였다
고 기록되어 있다. 『東觀漢記』「明帝紀」"冬十月, 〈明帝〉幸辟雍, 初行
養老禮."

79) 부선附蟬 : 금으로 매미 모양을 만든 관의 장식이다. 매미가 높은 곳에

다. 흑개책을 쓰는데 조영組纓[80)에 물총새 깃털을 늘어뜨리고[翠
綾][81), 옥과 무소뿔로 만든 잠도를 꽂는다. 강사포[82)를 입고, 주색으
로 안을 댄 홍색 비단[羅][83) 치마를 입고 백사중단을 입는데, 옷깃,

머물며 깨끗한 이슬을 먹는다는 것에서 의미를 취하였다(『後漢書』 권30
「輿服志」下에 應劭 漢官 "說者以金取堅剛, 百鍊不耗. 蟬居高飮絜, 口
在掖下. 貂內勁捍而外溫潤").

孫晨陽 張珂 편저 『中國古代服飾辭典』, 2015, 中華書局(『名臣圖』)

80) 조영組纓 : 비단으로 만든 관을 묶는 끈이다. 그 색이
　　지위에 따라 달랐다. 『禮記』 「玉藻」편에 "玄冠朱組
　　纓, 天子之冠也 … 玄冠丹組纓, 諸侯之齊冠也 ; 玄冠
　　綦組纓, 士之齊冠也"라 하였다.

宋 聶崇義 『三禮圖』

81) 취유翠綾 : 물총새의 털로 만들었으며, 관의 끈 아래로 늘어뜨리는 부분을
　　말한다.

82) 강사포絳紗袍 : 강색 비단으로 만든 길이가 길지 않은 포 형식의 상의를
　　말한다.

孫晨陽 張珂 편저 『中國古代服飾辭典』, 2015, 中華書局

83) 라羅 : 성글게 짜서 가벼운 비단을 말한다.

소맷부리, 가선, 옷자락을 주색으로 두르고, 백색 군과 유를 입고, 강사 폐슬을 드리우고, 백색 비단[羅]으로 만든 방심곡령[84]을 하고, 백색 버선에 흑색 신발[舃]을 신는다. 백색 가대假帶는 두 가닥의 비단[帛]을 드리우는 형태인데, 제복의 대대를 변화시킨 것이다. 천자가 아직 원복의 예를 치르지 않았다면 공정흑개책을 쓰고, 쌍동계雙童髻를 하고, 쌍옥도를 꽂고 보석 장식을 더한다. 3품 이상의 관리 역시 보석 장식을 하고, 5품 이상의 관리는 쌍옥도를 꽂고 금으로 장식하며, 6품 이하는 장식을 하지 않는다.

緇布冠者, 始冠之服也. 天子五梁, 三品以上三梁, 五品以上二梁, 九品以上一梁.

---

84) 방심곡령方心曲領 : "방심곡령의 연원은 분명하지 않으며, 두 단어가 결합되어 출현하는 것은 『舊唐書』에 이르러서다. 그러나 당대의 실물 자료는 남아 있지 않으며, 명대 『三才圖會』 「衣服圖繪」에 '방심곡령'이 그려져 있다(오른쪽 삽도). 이에 근거해 방심곡령의 실례를 찾아보면, 돈황 막고굴에서 나온 오대의 비단 그림인 〈五方五帝圖〉가 가장 이르다. 이후, 송대 회화로 추정하는 〈司馬光像〉 등을 비롯해 송대 유물에서 비교적 다수 출현한다.

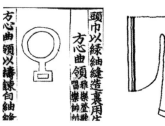

孫晨陽 張珂 편저 『中國古代服飾辭典』, 2015, 中華書局
(小口褲褶/唐 孫位『高逸圖』, 大口褲褶)

치포관[85]은 처음 관을 쓰는 관례[冠禮][86] 때 입는 복장이다. 천자는 5개의 양[梁][87]을 장식하고, 3품 이상의 관리는 3개의 양, 5품 이상의 관리는 2개의 양, 9품 이하의 관리는 1개의 양으로 장식한다.

武弁者, 講武・出征・蒐狩・大射・禡・類・宜社・賞祖・罰社・纂嚴之服也. 有金附蟬, 平巾幘.

무변[88]은 군사훈련을 하거나,[89] 출정, 사냥, 대사례, 마제[禡祭],[90]

---

85) 치포관緇布冠 : 관례 때 쓰는 관.

宋 聶崇義 『三禮圖』

86) 관례冠禮 : 고대에 남자가 20세가 되면 관을 쓰는 의식, 성인이 되었음을 표시하는 의식이다. 『禮記』「冠義」 "古者冠禮, 筮日筮賓, 所以敬冠事."

87) 양관梁冠 : 양은 冠上의 橫脊을 말한다. 『後漢書』「輿服志」 下에 "公侯三梁, 中二千石以下至博士兩梁, 自博士以下至小史私學弟子皆一梁" 라는 기록이 있다. 대나무로 뼈대를 만들어 관의 겉에 모양을 만든 것이다. 5양관, 3양관 등이 있다.

孫晨陽 張珂 편저 『中國古代服飾辭典』, 2015, 中華書局(明 王圻 『三才圖會』)

88) 무변武弁 : 武弁大冠이라고도 하며, 조나라의 惠文冠을 변형한 것으로

유제類祭,[91] 의사宜社,[92] 상조賞祖,[93] 벌사罰社,[94] 찬엄纂嚴[95]할 때

秦漢代 이래로 무장의 冠이었다.

宋 聶崇義『三禮圖』

89) 강무講武 : 일반적인 군사훈련을 말한다.『國語』「周語」上에 "三時務農, 而一時講武"라는 기록이 있는데, 韋昭注에서 "講, 習也"라 풀었다.

90) 마제禡祭 : 고대에 군대가 주둔한 곳에서 지내던 제사다.『詩經』「大雅 · 皇矣」에 "是類是禡"라 하였고,『禮記』「王制」에 "天子將出征 … 禡於 所征之地"라 한 대목에 대해, 鄭玄注에는 "禡, 師祭也, 爲兵禱"라고 풀 었다.『漢書』「敍傳」下 "類禡厥宗"라고 한 대목에 대해 顔師古注에서는 應劭의 말을 인용하여 "『詩經』云 : '是類是禡.' 禮, 將征伐, 告天而祭謂 之類, 告以事類也 ; 至所征伐之地, 表而祭之謂之禡. 禡者, 馬也. 馬者, 兵之首, 故祭其先神也"라고 하였다.

91) 유제類祭 : 고대에 특별한 사안이 있을 때 천신에게 고하기 위해 지냈던 제사를 말한다.『尙書』「舜典」에 "肆類於上帝"라 하였는데 孔穎達疏에 서는 "祭於上帝, 祭昊天及五帝也"라고 풀었다.『禮記』「王制」에서 "天 子將出, 類乎上帝, 宜乎社, 造乎禰"라 한 대목에 대해서는 鄭玄注에서 "類 · 宜 · 造, 皆祭名, 其禮亡"라 하였고, 孔穎達疏에서도 "類乎上帝, 謂 祭告天也"라 하였다.

92) 의사宜社 : 사직에 지내는 제사다.『尙書』「泰誓」上에 "予小子夙夜祗懼, 受命文考, 類於上帝, 宜於塚土"라 하였으며, 孔傳은 "祭社曰宜. 塚土, 社也"라고 하였다.『左傳』「定公4年」에도 "君以軍行, 祓社釁鼓, 祝奉以 從"라 하였는데, 杜預가 注하여 "師出, 先事祓禱於社, 謂之宜社 ; 於是 殺牲以血塗鼓釁爲釁鼓"라고 하였다.

입는다. 금으로 만든 매미 장식을 붙이고, 평건책을 쓴다.

弁服者, 朔日受朝之服也. 以鹿皮爲之, 有鐢以持髮, 十有二璂,
玉簪導, 絳紗衣, 素裳. 白玉雙佩, 革帶之後有鞶囊, 以盛小雙綬,
白襪, 烏皮履.

변복은 삭일에 조회를 받을 때 입는다. 녹피로 만드는데, 모발을
묶어 12개의 옥 장식을 꿴 기[璂]96)를 내려뜨리며, 옥잠도를 꽂고,
강사 상의에 소색 치마를 입으며, 백옥으로 만든 쌍패옥을 차고 가
죽 허리띠의 뒷부분에는 반낭鞶囊을 차는데 소쌍수小雙綬로 채우며,
백색 버선에 오피리를 신는다.

---

93) 상조賞祖 : 종묘에서 상을 내리는 일을 말한다.

94) 벌사罰社 : 사직에서 죄인을 처벌하는 일을 말한다.

95) 찬엄纂嚴 : 군대가 행장을 모두 갖추어 경계하는 것으로 지금의 계엄과
   비슷한 상황을 가리킨다. 『宋書』권79「竟陵王誕傳」에 "車駕出頓宣武
   堂, 內外纂嚴"라는 사례가 기록되어 있다.

96) 기璂 : 璂는 옥을 연결하여 弁冠에 매달아 꾸미는 장식이다. 『說文解字』
   에서는 "弁飾, 往往冒玉也. 从玉綦聲. 璂, 或从基. 渠之切"라고 하였
   다. 『說文解字注』에서는 "往往冒玉也. 上也字依詩音義補. 弁師曰. 王
   之皮弁會五采玉琪. 鄭司農云. 故書會作膾. 膾讀如馬會之會. 謂以五
   采束髮也. 琪讀如綦車轂之綦. 按許謂以玉飾弁曰琪. 與司農說同. 後
   鄭則易琪爲綦. 綦, 結也. 皮弁之縫中每貫結五采玉以爲飾, 謂之綦. 蓋
   後鄭謂經琪字乃玉名. 故易爲綦字. 曹風. 其弁伊騏. 箋亦云騏當作綦.
   自用其周禮說也. 許同先鄭說. 往往, 歷歷也. 鄭云嚃嚃而處是也. 从
   玉. 綦聲. 渠之切. 一部" 라고 하여, 피변에 옥장식을 달 때 매 줄의
   중간에 오채의 옥을 묶어 장식하는데 그것을 말한다.

202 「신당서」 권24

黑介幘者, 拜陵之服也. 無飾, 白紗單衣, 白裙·襦, 革帶, 素襪, 烏皮履.

흑개책은 배릉하러 갈 때 입는다. 장식은 없고 백사단의에 백색 치마와 저고리를 입고, 가죽 허리띠를 차고, 소색 버선에 오피리를 신는다.

白紗冒者, 視朝·聽訟·宴見賓客之服也. 以烏紗爲之, 白裙·襦, 白襪, 烏皮履.

백사모[97])는 조정에 조회하러 갈 때, 소송을 심의할 때, 연회에서 빈객을 맞이할 때 입는다. 검은색 비단으로 만들며, 백색 치마와 저고리를 입고, 백색 버선과 오피리를 신는다.

平巾幘者, 乘馬之服也. 金飾, 玉簪導, 支以玉, 紫褶, 白褲, 玉具裝, 珠寶鈿帶, 有靴.

평건책은 말을 탈 때 입는다. 금으로 장식하고, 옥잠도를 꽂는데, 관지冠支는 옥으로 한다. 자색 습褶[98])에 백색 고褲[99])를 입으며, 옥으

---

97) 백사모白紗帽 : 남조시기에 주로 황제가 쓰던 모자다. 梁 天監 8년(509)에 황제가 연회에서 백사모를 쓴 후로 귀하게 여겼다.

孫晨陽 張珂 편저, 『中國古代服飾辭典』, 2015, 中華書局 (燉煌 莫高窟 289窟 北朝 壁畫)

98) 습褶 : 길이가 짧고 소매는 넓은 상의로 일종의 편의복이다. 『急就篇』 顔

로 장식하고 진주와 보석, 나전으로 장식한 허리띠를 차며 가죽신을 신는다.

白帢者, 臨喪之服也. 白紗單衣, 烏皮履.

백갑[100]은 조문하러 갈 때 입는다. 백사단의를 입고 오피리를 신는다.

皇后之服三:

황후의 복식은 세 종류다

褘衣者, 受冊·助祭·朝會大事之服也. 深靑織成爲之, 畫翬, 赤

師古에서는 "褶, 謂重衣之最在上者也, 其形若袍, 短身而廣袖, 一曰左
衽之袍也"라 하였다.

99) 고고褲 : 혹은 袴라고도 한다. 좌우 양쪽에 갈래가 있는 하의, 즉 바지의
형태다.

100) 백갑白帢 : 素縑으로 만든 백색의 모자다. 한나라 말에 조조가 물자가
모자라니 옛 皮弁의 모양을 본떠 백색 비단으로 백갑을 만들어 썼다고
전한다. 남북조와 수당대에는 천자가 喪服으로 착용하기도 하였다.

孫晨陽 張珂 편저 『中國古代服飾辭典』, 2015, 中華書局
(『歷代帝王圖卷』 孫機 『高逸圖』)

質, 五色, 十二等. 素紗中單, 黼領, 朱羅縠褾‧襈, 蔽膝隨裳色, 以緅領爲緣[一],101) 用翟爲章, 三等. 靑衣, 革帶‧大帶隨衣色, 褘‧紐約‧佩‧綬如天子, 靑襪, 舃加金飾.

　위의褘衣102)는 책봉을 받거나, 제사를 도울 때, 조정의 큰 행사에 참석할 때 입는다. 짙은 청색 직물로 만들며, 꿩[翬]103)을 그리는데, 적색 바탕에 5색으로 12장 문양을 그린다. 소사중단을 입는데 옷깃에는 도끼 모양을 수 놓고[黼領], 소맷부리와 가선은 주색 얇은 주름 비단으로 하고, 폐슬은 치마의 색과 같게 하고, 검붉은 비단으로 옷깃을 하고, 꿩 모양으로 문장을 넣는데 3등급이 있다. 청의에, 혁대와 대대의 색은 상의의 색에 따른다. 비의褘衣104)‧뉴약紐約‧패佩‧수綬는 천자와 같다. 청색 버선에 금장식을 한 석舃을 신는다.

---

101) [교감기 1] "以緅領爲緣"은 『舊唐書』 권45 「輿服志」에는 "以緅爲領" 라고 하였다.

102) 위의褘衣 : 황후의 祭服으로 가장 높은 등급의 복식이다. 『周禮』 「天官‧內司服」 ""掌王后之 六服 : 褘衣, 揄狄, 闕狄, 鞠衣, 展衣, 緣衣, 素 沙." 鄭玄注 "從王祭先王, 則服褘衣.""『隋書』 권11 「禮儀志」 "皇后服褘衣, 乘重翟. 皇帝初獻, 降自東陛, 皇后亞獻, 降自西陛, 並詣便坐. 夫人 終獻, 上嬪獻于祼神訖. 帝及后並詣攢位, 乃送 神. 皇帝皇后及羣官皆拜. 乃撤就燎, 禮畢而還.

宋 聶崇義 『三禮圖』

103) 휘翬 : 오채색의 깃털을 가진 꿩(雉)을 가리킨다.

104) 비의褘衣 : 본래 天子의 六服 중 大裘冕服이 가장 위였고, 그 나머지는 褘衣가 된다. 『周禮』 「春官‧司服」 "享先公饗射, 則驚冕"라고 한 부분 에서 鄭玄은 前漢의 鄭司農의 말을 인용하여 "驚, 褘衣也"라 하였고, 賈公彦의 疏에서도 "『禮記』 「曾子問」 '諸侯褘冕'"라고 하였다.

鞠衣者, 親蠶之服也. 黃羅爲之, 不畫, 蔽膝·大帶·革帶·舄隨
衣色, 餘同褘衣.

국의鞠衣[105]는 친잠례를 행할 때 입는다. 황색 비단[羅]으로 만들
며, 문양을 그리지 않으며, 폐슬·대대·혁대·석은 모두 상의의 색과
같게 하며, 나머지는 휘의와 같다.

鈿釵禮衣者, 燕見賓客之服也. 十二鈿, 服用雜色而不畫, 加雙佩
小綬, 去舄加履, 首飾大小華十二樹, 以象袞冕之旒, 又有兩博鬢.

전채단의鈿釵禮衣[106]는 연회에서 빈객을 맞이할 때 입는다. 12개
의 비녀를 꽂는데 복식에 잡색을 쓰지만 문양을 그리지는 않으며,
쌍패와 소수를 더하며, 석을 신지 않고 리를 신는다. 머리 장식은 크
고 작은 12개의 꽃을 장식하여 곤면의 류를 상징하며, 또 양쪽 (뺨

---

105) 국의鞠衣 : 고대 왕후의 6복 중의 하나이며, 구빈
및 경처의 복식이다. 『周禮』「天官·內司服」 "掌
王后之六服." 鄭玄注 "鞠衣, 黃桑服也, 色如鞠
尘, 象桑叶始生."『隋書』권12「禮儀志」 "鞠衣,
黃羅爲之. 應服者皆同. 其蔽膝, 大帶及衣, 革帶,
舄, 隨衣色. 餘與褘衣同, 唯無雉. 親蠶則服之. 應
服者皆以助祭."

宋 聶崇義『三禮圖』

106) 전채단의鈿釵禮衣 :『舊唐書』권45「輿服志」에서는 황후의 복식을 휘
의, 국의, 전채예의라고 하였다("皇后服有褘衣·鞠衣·鈿釵禮衣三等").
손기는 禮을 '禮'의 오기로 추정하였다. 禮은 丹衣, 혹은 白衣를 의미하
는데, 여기서 '잡색'을 썼다고 했으므로 '禮衣'의 실체와 모순된다고 본
것이다.(孫機,『中國古輿服論叢』, 1993, 문물출판사, 410-411쪽).

에) 넓게 귀밑머리[博鬢]를 한다.

皇太子之服六:

황태자의 복식은 여섯 종류다.

袞冕者, 從祀·謁廟·加元服·納妃之服也. 白珠九旒, 紅絲組
爲纓, 犀簪導, 靑纊充耳. 黑衣纁裳, 凡九章: 龍·山·華蟲·火·宗
彝在衣, 藻·粉米·黼·黻在裳. 白紗中單, 黼領, 靑褾·襈·裾. 革
帶金鉤䚢, 大帶, 瑜玉雙佩. 朱組雙大綬, 朱質, 赤·白·縹·紺爲
純, 長一丈八尺, 廣九寸, 三百二十首. 黻隨裳色, 有火·山二章.
白襪, 赤舄, 朱履, 加金塗銀釦飾. 鹿盧玉具劍如天子.

곤면복은 종사·알묘·가원복·납비의 예를 행할 때 입는다. 백색
진주로 9가닥의 류를 드리우며, 홍색 비단으로 짠 관끈[纓], 무소뿔
잠도를 꽂고, 청색 귀막이를 하며, 흑색 상의에 훈색 치마를 입는데,
9장의 문양을 넣는다. 용·산·화충·화·종이 문양은 상의에 넣고,
조·분미·보·불 문양은 치마에 넣는다. 백사중단을 입는데 옷깃은
도끼 문양을 넣고, 소맷부리, 가선, 옷자락은 청색으로 하고 혁대에
금 혁대고리, 큰 띠, 유옥쌍패瑜玉雙佩를 차며, 주색 비단으로 직조
한 쌍대수는 주색 바탕에 적, 백, 표, 감紺색[107])으로 가선을 두르는
데 길이는 1장 8척, 너비는 9촌이며, 320수로 만든다. 불은 치마의
색과 같으며, 화, 산 2문장의 문양이 있다. 백색 버선, 적색 석, 주색

리를 신으며, 금으로 도금하고 은으로 꾸민 장식을 더한다. 녹로옥
구검鹿盧玉具劍은 천자와 같다.

遠遊冠者, 謁廟·還宮·元日朔日入朝·釋奠之服也. 以具服,
遠遊冠三梁, 加金博山, 附蟬九首, 施珠翠, 黑介幘, 髮纓翠緌, 犀
簪導, 絳紗袍, 紅裳, 白紗中單, 黑領·褾·襈·裾, 白裙·襦, 白假
帶, 方心曲領, 絳紗蔽膝, 白襪, 黑舄. 朔日入朝, 通服褲褶.

원유관遠遊冠[108]은 알묘례할 때, 환궁할 때, 원일 삭일에 입조할
때, 석전례 때에 입는다. 구복[109]으로 원유관은 3량으로 하고 금박
산장식을 더하고, 9수의 매미장식을 붙이며, 진주와 비취장식을 하
며, 흑개책을 쓰고, 끈으로 머리카락을 묶고 그 끈의 끝에는 물총새
깃털을 달며[髮纓翠緌], 무소뿔 잠도를 꽂고, 강사포를 입고, 홍색 치
마를 입는다. 백색 비단 중단은 목둘레 옷깃, 소맷부리, 가선, 옷자락
은 흑색이다. 백색 치마[裙][110]와 저고리[襦][111]를 입고, 백색 가대를

---

108) 원유관遠遊冠 : 통천관과 같은 모양이나 산 모양이
없다.『後漢書』권30「輿服志」"遠遊冠, 制如通天,
有展筩横之於前, 無山述, 諸王所服也"

宋 聶崇義『三禮圖』

109) 구복具服 : 조복을 가리키는 것으로『新唐書』권24「車服志」에 "具服
者, 五品以上陪祭, 朝饗, 拜表, 大事之服也, 亦曰朝服"라 하였다.

110) 군군裙 : 踢串 또는 裙子라고도 한다. 5폭, 6폭, 8폭의 포백을 재단하여 만
들며 허리 아래부터 있는 하의로 일종의 치마 형태다. 한위시대에는 남
녀 모두 입었으나, 당나라 이후 주로 여자들이 입었다.

두르며 방심곡령方心曲領을 하고, 강색 비단실로 만든 폐슬을 드리운다. 백색 버선에 흑색 석鳥을 신는다. 삭일에 입조할 때는 고습[112)]을 입는다.

公服者, 五日常朝·元日冬至受朝之服也. 遠遊冠, 絳紗單衣, 白裙·襦, 革帶金鉤䚢, 假帶, 瑜玉隻佩, 方心, 紛, 金縷鞶囊, 純長六尺四寸, 廣二寸四分, 色如大綬.

孫晨陽 張珂 편저, 『中國古代服飾辭典』, 2015, 中華書局
(福建 福州 宋墓出土 羅裙)

111) 유襦 : 길이가 무릎 아래로 내려가지 않는 상의다. 단의를 말하는 "禪襦"는 안에 내의로 입기도 한다.
112) 고습褲褶 : '袴褶'이라고도 하며, 본래 戎服이다.

孫晨陽 張珂 편저 『中國古代服飾辭典』, 2015, 中華書局
(小口褲褶/唐 孫位『高逸圖』, 大口褲褶)

공복은 5일마다 열리는 상조, 원일과 동지에 조회를 받을 때 입는다. 원유관을 쓰고 강색 비단실로 만든 단의單衣[113]를 입으며, 백색 치마저고리를 입고, 금 혁대 고리가 달린 혁대를 차며, 가대를 차고 아름다운 옥으로 만든 패를 드리우며, 방심과 분을 하고, 금실로 짠 반낭을 차는데 가선의 길이는 6척 4촌이고 너비는 2촌 4분이며, 색은 대수의 색과 같다.

烏紗冒者, 視事及燕見賓客之服也. 白裙·襦, 烏皮履.

오사모[114]는 공무를 처리하거나 연회에서 빈객을 맞이할 때 입는다. 백색 치마저고리를 입고 오피리를 신는다.

弁服者, 朔望視事之服也. 鹿皮爲之, 犀簪導, 組纓九璪, 絳紗衣, 素裳, 革帶, 鞶囊, 小綬, 雙佩. 自具服以下, 皆白襪, 烏皮履.

변복은 삭망에 공무를 처리할 때 입는다. 녹피로 만들며, 무소뿔

---

113) 단의單衣 : 안감이 없는 홑겹 상의로, 혹은 관리들이 조복으로 입었다.
114) 오사모烏紗帽 : 본래 민간에서 착용되던 모자류인데, 東晉 이후 관료의 관모로 사용되기 시작하였고, 수나라를 거쳐 당나라에서 주로 착용하였다.

孫晨陽 張珂 편저 『中國古代服飾辭典』, 2015, 中華書局
(明 王圻 『三才圖會』, 上海盧灣區明潘氏墓出土)

잠도를 꽂으며 직조한 관끈과 9개의 옥을 꿴 기璲로 장식하며, 강색 비단실로 짠 상의와 소색 치마[裳]를 입고, 혁대, 반낭, 소수, 상패를 찬다. 구복부터 그 이하는 모두 백색 버선에 오피리를 신는다.

平巾幘者, 乘馬之服也. 金飾, 犀簪導, 紫裙, 白褲, 起梁珠寶鈿帶, 靴. 進德冠者, 亦乘馬之服也. 九璲, 加金飾, 有褲褶, 常服則有白裙·襦.

평건책은 말을 탈 때 입는다. 금장식에 무소뿔 잠도[115]를 꽂고 자색 치마[裙]에 백색 고褲를 입고, 양을 넣고 보석과 나전으로 장식한 띠를 차고, 가죽신을 신는다. 진덕관은 역시 말을 탈 때 입는데, 9개의 옥을 꿴 기璲로 장식하고 금으로 만든 장식을 더하며, 고습을 입는다. 상복으로 입을 때는 백색의 치마저고리를 입는다.

皇太子妃之服有三:

황태자비의 복식은 3종류다.

褕翟者, 受冊·助祭·朝會大事之服也. 青織成, 文爲搖翟, 青質, 五色九等. 素紗中單, 黼領, 朱羅縠褾·襈, 蔽膝隨裳色, 用繼

---

115) 금잠金簪 : 머리의 모양을 고정시키는 용도
　　로 꽂는 비녀를 말한다. 재질에 따라, 금, 은,
　　옥 등의 비녀가 있다.

爲領緣, 以翟爲章二等. 青衣, 革帶·大帶隨衣色, 不朱裏, 青襪,
舃加金飾, 佩·綬如皇太子.

요적褕翟[116]은 책명을 받거나, 제사를 돕거나, 조회와 같은 큰 행사 때 입는다. 청색 직물로 만드는데, 문양으로 요적搖翟[117]을 넣으며, 청색 바탕에 5색으로 배색을 하는데 문양은 9줄[等]이다. 소색 비단을 만든 중단中單[118]을 입는데 목둘레 옷깃에는 도끼 문양을 넣고, 주색 얇은 주름 비단으로 소맷부리와 가선을 두르고, 폐슬은 치마의 색과 같게 하며, 검붉은 비단으로 옷깃의 선을 두르며, 꿩 문양은 2줄이다. 청색 상의에 혁대를 차며, 대대는 상의의 색에 맞추지만, 주색으로 안을 하지는 않는다. 청색 버선을 신고 석에는 금장식

宋 聶崇義 『三禮圖』

116) 요적褕翟 : 왕후가 왕을 따라 先公에 대한 제사를 지내러 갈 때 입는 복식이다.

117) 요적搖翟 : "搖狄"이라고도 한다. 搖는 鷂라고도 하는데, 새매 혹은 오색의 꿩을 가리킨다. 옷에 이 새의 문양을 그려 넣는 것을 말한다. 『釋名』 「釋衣服」에는 "搖翟, 畫搖雉之文於衣也"라하였다. 『舊唐書』 「儒學傳下·祝欽明」에는 『三禮義宗』明王後六服, 謂褘衣, 搖翟 … '褘衣從王祭先王則服之, 搖翟祭先公及饗諸侯則服之'"라 하였다. 『周禮』 「天官·內司服」에는 "揄狄"이라고 하였는데, 孔穎達 疏에서 "揄狄者, 揄当为搖, 狄当为翟"이라 하였다.

118) 중단中單 : 朝服, 祭服의 안에 입는 옷이다. 『隋書』 권11 「禮儀志」 "公卿以下祭服, 裏有中衣, 即今中單也."

을 더하고, 패와 인끈은 황태자의 패·인끈과 같다.

鞠衣者, 從蠶之服也. 以黃羅爲之, 制如褕翟, 無雉, 蔽膝·大帶隨衣色.

국의는 친잠례를 따라갈 때 입는다. 황색 얇은 비단[黃羅]으로 만들며, 형태는 요적과 같으나 꿩 문양은 없고, 폐슬과 큰 띠는 상의의 색과 같다.

鈿釵禮衣者, 燕見賓客之服也. 九鈿, 其服用雜色, 制如鞠衣, 加雙佩, 小綬, 去舃加履, 首飾花九樹, 有兩博鬢.

전채단의鈿釵禮衣는 연회에서 빈객을 맞을 때 입는다. 9개의 비녀를 꽂으며, 그 옷은 잡색을 쓰며, 형태는 국의와 같고, 쌍패와 소수를 더한다. 석을 신지 않고 리를 신으며, 머리에는 9가지의 꽃을 장식하고 양쪽의 뺨에 귀밑머리 장식을 한다.

群臣之服二十有一:

신료들의 복식은 21종류가 있다.

袞冕者, 一品之服也. 九旒, 青纊爲珠, 貫三采玉, 以組爲纓, 色如其綬. 青纊充耳, 寶飾角簪導. 青衣纁裳, 九章: 龍·山·華蟲·火·宗彝在衣, 藻·粉米·黼·黻在裳, 皆絳爲繡遍衣. 白紗中單, 黼領, 青褾·襈·裾. 朱襪, 赤舃. 革帶鉤䤩, 大帶, 黻隨裳色. 金寶

玉飾劍鏢首, 山玄玉佩. 綠綟綬, 綠質, 綠·紫·黃·赤爲純, 長一
丈八尺, 廣九寸, 二百四十首. 郊祀太尉攝事亦服之.

　곤면복은 1품관의 복식이다. 9가닥의 류를 드리우고, 청색 기[璂]
에 옥구슬 장식을 만드는데 3가지 색의 옥을 꿰고, 직조로 관끈을
다는데 색은 수의 색과 같다. 청색 귀막이 솜을 달고, 보석으로 장식
한 뿔잠도를 꽂는다. 청색 상의에 훈색 치마를 입으며, 9장의 문양을
넣는데, 용·산·화충·화·종이는 상의에, 조·분미·보·불은 치마에
넣는데, 모두 진홍강색으로 옷에 수를 놓는다. 백사중단을 입는데
목둘레 옷깃은 도끼 문양을 넣고, 소맷부리, 가선, 옷자락은 청색으
로 하고, 주색 버선, 적색 석을 신는다. 혁대에는 혁대 고리가 있으
며, 큰 띠와 불의 식은 치마의 색과 같게 한다. 금, 보석, 옥으로 검
의 머리를 장식한 검을 차고, 산현옥패를 찬다. 연녹색[綠綟] 색 인
끈을 차는데, 녹색 바탕에 녹색, 자색, 황색, 적색으로 가장자리를 두
르며 길이가 1장 8척, 너비는 9촌이며, 240수로 만든다. 교제사[119]에
서 태위太尉[120]가 섭사할 때 역시 이 옷을 입는다.

---

119) 교사郊祀: 고대 중국에서 천자가 교외에서 천지에 지내던 제사다. 南郊
　　에서 天에 제사하고, 北郊에서 地에 제사하였다. 『漢書』 권25하 「郊祀
　　志」에 "帝王之事莫大乎承天之序, 承天之序莫重於郊祀 … 祭天於南
　　郊, 就陽之義也 ; 瘞地於北郊, 即陰之象也"라 하였다

120) 태위太尉: 秦漢 시대 이래 三公 중의 하나였다. 당나라에서는 정1품이
　　다. 황제를 정치적으로 보좌하며, 제사의 섭행을 담당하였다. 『新唐書』
　　권46 「百官志」 "太師, 太傅, 太保, 各一人, 是爲三師 ; 太尉, 司徒, 司
　　空, 各一人, 是爲三公. 皆正一品. 三師, 天子所師法, 無所總職, 非其
　　人則闕. 三公, 佐天子理陰陽, 平邦國, 無所不統. 親王拜者不親事, 祭
　　祀闕則攝."

鷩冕者, 二品之服也. 八旒, 靑衣纁裳, 七章: 華蟲·火·宗彝在
衣; 藻·粉米·黼·黻在裳, 銀裝劍, 佩水蒼玉, 紫綬, 紫質, 紫·黃
·赤爲純, 長一丈六尺, 廣八寸, 一百八十首. 革帶之後有金鏤鞶
囊, 金飾劍, 水蒼玉佩, 朱襪, 赤舃.

별면복은 2품관이 입는다. 8가닥의 류를 드리운다. 청색 상의에
훈색 치마를 입는데 문양은 7개 문장으로 화충·화·종이는 상의에,
조·분미·보·불은 치마에 넣는다. 은으로 장식한 검과 수창옥을 차
고, 자색 수를 차는데 자색 바탕에, 자색, 황색, 적색으로 가장자리를
두르며 길이가 1장 6척, 너비는 8촌이며, 180수로 만든다. 혁대의 뒷
부분에는 금을 입힌 반낭을 차고 금으로 장식한 검과 수창옥패를 차
고, 주색 버선과 적색 석을 신는다.

毳冕者, 三品之服也. 七旒, 寶飾角簪導, 五章: 宗彝·藻·粉米
在衣; 黼·黻在裳. 韍二章: 山·火. 紫綬如二品, 金銀鏤鞶囊, 金飾
劍, 水蒼玉佩, 朱襪, 赤舃.

취면복은 3품관이 입는다. 7가닥의 류를 드리운다. 보석으로 장식
한 뿔잠도를 꽂으며, 문양은 5개 문장인데, 종이·조·분미는 상의에,
보·불은 치마에 넣는다. 불韍에는 2개 문장의 문양을 넣는데 산·화
문양이다. 자수는 2품관과 같다. 금은을 입힌 반낭, 금장식을 한 검
을 차고, 수창옥패를 차며, 주색 버선과 적색 석을 신는다.

絺冕者, 四品之服也. 六旒, 三章: 粉米在衣; 黼·黻在裳, 中單,
靑領. 韍, 山一章. 銀鏤鞶囊. 自三品以下皆靑綬, 靑質, 靑·白·

紅爲純, 長一丈四尺, 廣七寸, 一百四十首, 金飾劍, 水蒼玉佩, 朱襪, 赤舄.

　치면복은 4품관이 입는다. 6가닥의 류를 드리운다. 문양은 3개 문장으로 하는데, 분미는 상의에 보·불은 치마에 넣는다. 중단을 입는데 목둘레 옷깃은 청색이다. 불에는 산 문양 하나만을 넣는다. 은을 입힌 반낭을 찬다. 3품관부터 그 이하는 모두 청수인데 청색 바탕에 청색, 백색, 홍색으로 가장자리를 두르는데 길이가 1장 4척, 너비는 7촌이며, 140수로 만든다. 금으로 장식한 검과 수창옥패를 차며, 주색 버선과 적색 석을 신는다.

　玄冕者, 五品之服也. 以羅爲之, 五旒, 衣·鞞無章, 裳刺黻一章. 角簪導, 青衣纁裳, 其服用紬. 大帶及韠, 外黑內黃, 黑綬紺質, 青紺爲純, 長一丈二尺, 廣六寸, 一百二十首. 象笏, 上圓下方, 六品以竹木, 上挫下方. 金飾劍, 水蒼玉佩, 朱襪, 赤舄. 三品以下私祭皆服之.

　현면복은 5품관이 입는다. 라羅로 만들며 5가닥의 류를 드리운다. 상의와 불에는 문양이 없고, 치마에는 불 문양 하나만을 수놓는다. 뿔잠도를 꽂으며 청색 상의에 훈색 치마를 입는데 그 복식에는 주紬를 사용한다. 대대와 비韠는 겉은 흑색, 안쪽은 황색이다. 흑수를 차는데 감색 바탕에 청색과 감색으로 가장자리를 두르고, 길이가 1장 2척, 너비는 6촌이며, 120수로 만든다. 상아홀을 잡고 있는데 위는 둥글고 아랫부분은 네모지고, 6품관은 대나무로 만든 것을 드는데 윗부분은 꺾여 있고, 아랫부분은 네모지다. 금장식을 한 검과 수창옥패를 차며, 주색 버선과 적색 석을 신는다. 3품관 이하는 사사로이 제사할 때도 모두 이 옷을 입는다.

平冕者, 郊廟武舞郎之服也. 黑衣絳裳, 革帶, 烏皮履.

평면복은 교묘에서 무무武舞[121]를 추는 랑[122]의 복식이다. 흑색 상의에 강색 치마를 입고 혁대를 차며, 오피리를 신는다.

爵弁者, 六品以下九品以上從祀之服也. 以紬爲之, 無旒, 黑纓, 角簪導, 靑衣纁裳, 白紗中單, 靑領·褾·襈·裾, 革帶鉤䤨, 大帶 及韠內外皆緇, 爵韠, 白襪, 赤履. 五品以上私祭皆服之.

작변爵弁[123]복은 6품 이하 9품 이상의 관리가 제사에 따라갈 때

---

121) 무무武舞 : 雅舞의 한 종류로 "文舞"에 상대된다. 周代에 시작되었으며, 춤을 출 때 손에 斧盾을 잡고 춘다. 춤의 내용은 군주의 武功을 찬양하는 것으로 교묘 제사나 조하, 연회에서 춘다. 『尙書』「大禹謨」에 "舞干 羽於兩階"라한 대목에 대해서 唐의 孔穎達疏에서는 "「明堂位」朱干 玉戚, 以舞大武. 戚, 斧也. 是武舞執斧執楯"라고 풀이하였다. 『新唐 書』권21「禮樂志11」에서도 "爲國家者, 揖讓得天下, 則先奏文舞 ; 征 伐得天下, 則先奏武舞"라 하여 문무를 춘 후에 무무를 춘다고 하였다.

122) 무무랑武舞郎 : 관직은 아닌 것으로 보이며 낭관 중에서 64인이 무무를 담당하였던 것이 아닌가 추측된다. 『舊五代史』권144「樂志」上에는 무 무랑 64인이라고 하였다. "武舞郎 六十四人, 分爲八佾. 左手執干"

123) 작변爵弁 : 흑색의 관으로, 형태는 冕과 같으나 류가 없다.

孫晨陽 張珂 편저 『中國古代服飾辭典』, 2015, 中華書局(聶崇義 『三禮圖』)

입는다. 명주로 만들며, 류는 없고, 관끈은 흑색이고 뿔잠도를 꽂는
다. 청색 상의에 훈색 치마를 입고, 백사중단은 목둘레 옷깃과 소맷
부리, 가선, 옷자락은 청색이다. 혁대 고리가 달린 혁대를 차고, 큰
띠와 비는 안과 밖 모두 검은 비단[纚]을 사용한다. 작 문양의 폐슬
[爵韠]을 차고, 백색 버선과 적색 리를 신는다. 5품 이상의 관리는 사
사로이 제사할 때도 이 옷을 입는다.

　武弁者, 武官朝參·殿庭武舞郞·堂下鼓人·鼓吹桉工之服也.
有平巾幘, 武舞緋絲布大袖, 白練襠襠, 螣蛇起梁帶, 豹文大口絝,
烏皮靴. 鼓人朱褠衣, 革帶, 烏皮履. 鼓吹桉工加白練襠襠.

　무변복은 조회에 참석하는 무관, 전정에서 춤을 주는 무무랑, 당
아래에 북을 치는 고인鼓人, 고취 악인의 좌석을 설치하는 고취안공
[鼓吹桉工]124)이 입는다. 평건책을 쓰는데 무무를 추는 사람이 입는
비사포는 소매를 크게 하고, 백색 비단으로 만든 합당襠襠125)을 입고,

---

124) 고취안공鼓吹桉工 : 전정에서 고취대가 연주할 때 악기를 늘어놓아 좌
　　석을 마련하던 공인이 아닌가 추측된다. 『文選』〈招魂〉의 “陳鍾桉鼓”에
　　대해 李善은 주에서 “桉, 徐也”라 하여 桉鼓를 ‘북을 늘어놓는 것’으로
　　풀었다. 『舊五代史』 권144 「樂志」에서는 “殿庭仍加鼓吹十二桉. 義鏡
　　云 : 常設䕽桉. 以䕽爲牀也. 今請制大牀十二, 牀容九人, 振作歌樂, 其
　　牀爲熊羆貙豹騰倚之狀以承之, 象百獸率舞之意. 分置於建鼓之外, 各
　　三 桉, 每桉羽葆鼓一, 大鼓一, 金錞一, 歌二人, 簫二人, 笳二人”라 하
　　였다.
125) 합당襠襠 : 당대 번역경전인 『陀羅尼集經』에 대반야보살의 옷차림으로
　　襠襠이 보이며, 이에 대해 당대 慧琳이 찬술한 『一切經音義』에서는 “方
　　言云, 關中謂襦曰襠襠”라고 하였다. 관중지역에서 襦를 합당으로 불렀

등사[126] 문양을 넣은 기량대起梁帶[127]를 차고 표범 무늬의 대구고大口絝[128]를 입으며, 오피화烏皮靴[129]를 신는다. 북을 치는 사람은 주색 구의褠衣[130]에 혁대를 차고 오피리烏皮履[131]를 신는다. 고취 악인의 좌석을 설치하는 공인은 백색 비단으로 만든 합당을 더하여 입는다.

음을 지적한 것인데, 손기는 이 글 안의 襦襠을 갑옷 안에 입는 襦로 추정하였다.(孫機, 『中國古輿服論叢』, 1993, 문물출판사, 421-422쪽)

126) 등사螣蛇 : 중국 고대 전설상의 동물로 날아다니는 뱀이다.

127) 기량대起梁帶 : 梁帶라고도 줄여 부른다. 걸쇠를 띠의 끝에 단 가죽 허리띠를 말한다. 띠의 걸쇠 상의 扣針이 있는데, 그 모양이 혁대의 양 끝에 교량이 갈고리로 연결되어 있는 것 같다고 하여 기량대라는 이름이 붙었다고 한다. 옥으로 만든 걸쇠를 만든 것은 玉梁帶, 금으로 만든 것은 金梁帶라 불렀다. 전국시대 이전에는 西域에서 주로 사용하였던 것인 데, 秦漢 이후 중원에 들어와 무관들이 주로 사용하였다.

128) 대구고大口絝 : 바지의 가랑이가 넓고 길이가 긴 褲다. 통상 袴(褲)褶의 袴(褲)를 가리킨다. 위진남북조시기에 북방의 유목민족들로부터 들여와 바지의 가랑이를 넓게 개조하여 당시 사람들에게 크게 유행하였다.

대구고습

孫晨陽 張珂 편저 『中國古代服飾辭典』, 2015, 中華書局
(河南省 洛陽 北魏 元邵墓出土陶俑)

129) 오피화烏皮靴 : 검은 가죽 신발이다. 당대 남자들이 일상적으로 신었으 며, 오늘날의 장화 모양이다.

弁服者, 文官九品公事之服也. 以鹿皮爲之, 通用烏紗, 牙簪導.
纓: 一品九璸, 二品八璸, 三品七璸, 四品六璸, 五品五璸, 犀簪導,
皆朱衣素裳, 革帶, 鞶囊, 小綬, 雙佩, 白襪, 烏皮履. 六品以下去璸
及鞶囊·綬·佩. 六品·七品綠衣, 八品·九品靑衣.

변복은 문관 9품관이 공적인 일을 처리할 때 입는다. 녹피로 만들
며 검은 색[烏]의 사紗를 사용하여 만들며, 상아로 만든 잠도를 꽂으
며, 관끈은 1품관은 9기璸, 2품관 8기, 3품관은 7기, 4품관은 6기, 5품
관은 5기로 한다. 무소뿔로 만든 잠도를 꽂으며, 모두 주색 상의에 소

孫晨陽 張珂 편저 『中國古代服飾辭典』, 2015, 中華書局
(明 王圻 『三才圖會』) (聶崇義 『三禮圖』)

130) 구의褲衣 : 소매가 좁고 직선으로 내려온 單衣를 말한다. 한위시대에는
   예복으로, 북조에서는 공복으로 입었다. 『隋書』 권11 「禮儀志」 "流外五
   品已下, 九品已上, 皆著褲衣爲公服."

孫晨陽 張珂 편저 『中國古代服飾辭典』, 2015, 中華書局
(陝西省 咸陽 漢墓 출토도용)

131) 오피리烏皮履 : 검은 가죽으로 만든 履를 말한다.

색 치마를 입고, 혁대, 반낭, 소수, 쌍패를 찬다. 백색 버선에 오피리를 신는다. 6품관 이하는 기璲 및 반낭, 수, 패를 차지 않는다. 6품·7품 관은 녹색 상의를 입고, 8품·9품 관은 청색 상의를 입는다.

進賢冠者, 文官朝參·三老五更之服也. 黑介幘, 青綾. 紛長六尺四寸, 廣四寸, 色如其綬. 三品以上三梁, 五品以上兩梁, 九品以上及國官一梁, 六品以下私祭皆服之. 侍中·中書令·左右散騎常侍有黃金璫, 附蟬, 貂尾. 侍左者左珥, 侍右者右珥. 諸州大中正一梁, 絳紗公服. 殿庭文舞郞, 黃紗袍, 黑領·禩, 白練襈襠, 白布大口絝, 革帶, 烏皮履.

진현관[132]은 문관으로 조회에 참석하는 관리·삼노오경三老五更[133]의 복식이다. 흑개책을 쓰고, 관끈은 청색이다. 분紛은 길이가

---

132) 진현관進賢冠 : 일반적으로 문관 관료들이 쓰던 관이다.

聶崇義『三禮圖』

133) 삼노오경三老五更 : 고대에 三老五更의 지위를 정해 놓고 천자의 父兄의 禮로 봉양하였다. 『禮記』「文王世子」에 "適東序, 釋奠於先老, 遂設三老, 五更, 群老之席位焉"라 하였는데, 鄭玄注에서는 "三老五更各一人也, 皆年老更事致仕者也, 天子以父兄養之, 示天下之孝悌也. 名以三五者, 取象三辰五星, 天所因以照明天下者"라 풀이하였다. 또 『禮記』「樂記」에도 "食三老五更於大學"라는 대목이 나오는데 역시 鄭玄注에서는 "三老五更, 互言之耳, 皆老人更知三德五事者也"라 하였고, 孔穎達疏에서는 "三德謂正直, 剛, 柔. 五事謂貌, 言, 視, 聽, 思也"라고

6척 4촌이고, 너비는 4촌이며, 색은 수의 색과 같다. 3품관 이상은
3양으로 하고, 5품관 이상은 2양으로 하며, 9품 이상 및 국의 관리는
1양으로 한다. 6품 이하의 관리가 사사로이 제사할 때 모두 이 복식
을 입는다. 시중·중서령[134]·좌우산기상시[135]는 황금당[136] 장식을

구체적인 덕목을 기술하였다. 역대 사서 예악지에 그 기록이 있다.『漢
書』권22「禮樂志」에 "養三老五更於辟廱"라 하였는데, 顏師古注에서
는 李奇를 인용하여 "王者父事三老, 兄事五更"라고 풀이하였다.『後漢
書』권2「明帝紀」에서는 "三老五更皆以二千祿養終厥身"라 하였는
데, 李賢注에서는『漢官儀』를 인용하여 "三老五更, 皆取有首妻男女全
具者"라 하였다.『三國志』권4「魏書·高貴鄕公髦傳」에서는 "其以祥
(王祥)爲三老, 小同(鄭小同)爲五更"라고 하였으며,『北史』권3「魏紀
三」"以尉元爲三老, 遊明根爲五更. 又養國老, 庶老, 將行大射之禮"
라 하여 역대 왕조에서도 예우하였음을 알 수 있다.

134) 侍中과 中書令, 尙書令은 당나라의 재상직이다. 상서령의 경우는 이세
민이 지냈던 관직으로 이후에는 尙書僕射가 그 직을 대신하였다.『新唐
書』권46「百官志」1, 初, 唐因隋制, 以三省之長中書令, 侍中, 尙書令
共議國政, 此宰相職也. 其後, 以太宗嘗爲尙書令, 臣下避不敢居其職,
由是僕射爲尙書省長官, 與 侍中, 中書令號爲宰相, 其品位旣崇, 不欲
輕以授人, 故常以他官居宰相職, 而假以他名.

135) 좌우산기상시左右散騎常侍 : 散騎常侍는 漢代의 散騎와 中常侍를 위
문제 시기에 합하여 산기상시로 하였다.『漢書』권19上「百官公卿表」
晉灼曰 "漢儀注諸吏, 給事中日上朝謁, 平尙書奏事, 分爲左右曹. 魏
文帝合散騎, 中常侍爲散騎常侍也." 당나라 초에는 수나라의 산기상시
관을 폐지하였다가, 태종 貞觀 원년에 다시 설치하였고, 고종 현경 2년
에 좌우로 나누어 문하성과 중서성에 각각 두었다.『新唐書』권47「百官
志」2, 左散騎常侍 二人, 正三品下. 掌規諷過失, 侍從顧問. 隋廢 散騎
常侍. 貞觀元年復置, 十七年爲職事官. 顯慶二年, 分左右, 隸門下, 中
書省, 皆金蟬, 珥貂, 左散騎與侍中爲左貂, 右散騎與中書令爲右貂, 謂

하고 매미 장식을 붙이며[附蟬], 담비꼬리[貂尾]137)를 장식한다. 왼쪽에서 모시는 자는 왼쪽 귀에, 오른쪽에서 모시는 자는 오른쪽 귀에 꽂는다. 모든 주의 대중정大中正은 1양관을 쓰며, 강색 비단으로 만든 공복을 입는다. 전정에서 춤을 주는 문무랑은 황사포를 입는데 목둘레 옷깃과 가선은 흑색으로 하고 백색 비단으로 만든 합당을 입으며, 백포로 만든 대두고를 입고, 혁대를 차고 오피리를 신는다.

之八貂. 龍朔二年日侍極.

136) 당璫 : 관에 다는 장식이다. 본래 漢代 황제의 환관 중에서 武官으로 충당되던 자들은 璫과 貂尾로 장식하였는데, 이 때문에 후에는 환관을 지칭하는 말로 쓰였다. 『後漢書』 권30 「輿服志」下에 "武冠, 一日武弁大冠, 諸武官冠之. 侍中, 中常侍加黃金璫, 附蟬爲文, 貂尾爲飾"라는 기록이 있다.

137) 초미貂尾 : 지위가 높은 자의 관을 장식하는 담비의 털이다. 『後漢書』 권30 「輿服志」下 胡廣의 말에 의하면, 전국시대 조나라의 무령왕이 호복을 입고 金璫으로 머리를 장식하였는데, 그 앞에 초미를 꽂아 지위를 드러냈다고 한다. 진시황이 조나라를 멸망시키고 조나라 군주의 관을 近臣에게 주었다고 전한다. 胡廣說曰 "趙武靈王效胡服, 以金璫飾首, 前插貂尾, 爲貴職. 秦滅趙, 以其君冠賜近臣."

孫晨陽 張珂 편저 『中國古代服飾辭典』, 2015, 中華書局
(河南省 寧縣墓 出土 北朝石刻)

遠遊冠者, 親王之服也. 黑介幘, 三梁, 青緌, 金鉤䚢大帶, 金寶飾劍, 玉鏢首, 纁朱綬, 朱質, 赤·黃·縹·紺爲純, 長一丈八尺, 廣九寸, 二百四十首. 黃金璫, 附蟬, 諸王則否.

원유관은 친왕의 복식이다. 흑개책을 쓰고 삼량관을 쓰는데 관 끈은 청색이며 금으로 만든 고리가 있는 큰 띠를 차고, 금과 보석으로 장식한 검을 차는데 옥으로 칼집의 머리부분을 장식한다. 훈주수를 차는데 주색 바탕에 적색, 황색, 옥[縹]색, 감紺색으로 가장자리를 두르는데 길이가 1장 8척이고, 너비는 9촌이며, 240수로 만든다. 황금당을 장식하고 매미장식을 붙이는데 친왕이 아닌 왕은 하지 않는다.

法冠者, 御史大夫·中丞·御史之服也. 一名解廌冠.

법관[138]은 어사대부·어사중승·어사[139]의 복식이다. 일명 해치관

---

138) 법관法冠: 일명 柱後라고도 한다. 높이
는 5촌이고 리纚로 전통과 철로 된 기둥
과 테두리를 감싼다. 법을 집행하는 자
가 쓴다. 시어사, 정위정, 정위감, 정위평
이 그들이다. 혹은 해치관이라고도 말한
다. 해치는 신령스러운 양인데 능히 잘

宋 聶崇義 『三禮圖』

잘못을 구별할 수 있다. 초나라 왕이 일찍이 이것을 얻어 관을 만들었다.
호광은 "『춘추좌씨전』에 '남쪽나라의 관을 쓰고 고삐를 잡는다'는 관이
있는데, 즉 초나라의 관이다. 진이 초를 멸망시킨 후에 그 군주의 복식을
법을 집행하는 근신 어사에게 주어 입게 하였다."고 하였다. 法冠, 一曰
柱後. 高五寸, 以纚爲展筩, 鐵柱卷, 執法者服之, 侍御史·廷尉正監平
也.或謂之獬豸冠.獬豸神羊, 能別曲直, 楚王嘗獲之, 故以爲冠. 胡廣說

解廌冠이다.

高山冠者, 內侍省內謁者·親王司閣·謁者之服也.

고산관[140]은 내시성 내알자[141]·친왕의 사합司閣[142]·알자[143]의

曰:「春秋左氏傳有南冠而縶者, 則楚冠也. 秦滅楚, 以其君服賜執法
近臣御史服之.」(『後漢書』권30「輿服志」下)

139) 御史大夫·中丞·御史는 모두 御史臺의 관료다. 御史大夫는 어사대의
장관이고, 中丞은 부장관 격이다. 御史는 侍御史와 殿中侍御史로 구분
되는데, 모두 담당 부서에 대한 감찰업무를 맡는다. 『新唐書』권48「百
官志」3 "御史臺, 大夫一人, 正三品; 中丞二人, 正四品下. 大夫掌以刑
法典章糾正百官之罪惡, 中丞爲之貳. 其屬有三院: 一曰臺院, 侍御史
隷焉; 二曰殿院, 殿中侍御史隷焉; 三曰察院, 監察御史隷焉."

140) 고산관高山冠: 모양은 통천관과 같다. 『後漢書』권30
「輿服志」"高山冠, 一曰側注. 制如通天, 〔頂〕不邪
却, 直豎. 無山述展筩, 中外官, 謁者, 僕射所服. 太
傅胡廣說曰「高山冠, 蓋齊王冠也. 秦滅齊, 以其君
冠賜近臣謁者服之.」"

宋 聶崇義 『三禮圖』

141) 내알자內謁者: 『舊唐書』권44「職官志」內侍省 조에 내알자에 대해서
는 "內謁者 監六人, 正六品下. 內謁者 十二人, 從八品下. 內寺伯二人.
正七品下. 內謁者監掌內宣傳. 凡諸親命婦朝會, 所司籍其人數, 送內
侍省. 內謁者掌諸親命婦朝集班位. 內寺伯掌糾察諸不法之事. 歲大
儺, 則監其出入"라 하였다. 내알자는 종8품하에 해당한다.

142) 사합司閣: 친왕부의 司閣은 『新唐書』권49「百官志」4, 王府官 조에
"武德中, 改功曹以下書佐, 法曹行書佐, 士曹佐皆曰參軍事, 長兼行書
佐曰行參軍, 廢城局參軍事. 又有鎧曹參軍事二人, 掌儀衞兵仗; 田曹
參軍事一人, 掌公廨, 職田, 弋獵; 水曹參軍事二人, 掌舟船, 漁捕, 芻
草. 皆正七品下. 家史二人, 百司問事謁者一人, 正七品下. 司閣一人,

복식이다.

委貌冠者, 郊廟文舞郞之服也. 有黑絲布大袖, 白練領·褾, 絳布大口袴, 革帶, 烏皮履.

위모관[144]은 교묘에서 문무 춤을 출 때 문무랑의 복식이다. 큰 소매의 흑색 사포를 입는데 목둘레 옷깃과 소맷부리를 백색 비단으로 하고 강색의 포와 대구고를 입으며, 혁대를 차고 오피리를 신는다.

正九品下"라 하였다. 사합은 정9품하에 해당한다.

143) 알자謁者 : 친왕부의 謁者는 『新唐書』 권49 「百官志」4, 王府官 조에 "武德中, 改功曹以下書佐, 法曹行書佐, 士曹佐皆曰參軍事, 長兼行書佐曰行參軍, 廢城局參軍事. 又有鎧曹參軍事二人, 掌儀衞兵仗 ; 田曹參軍事一人, 掌公廨, 職田, 弋獵 ; 水曹參軍事二人, 掌舟船, 漁捕, 芻草. 皆正七品下. 家史二人, 百司問事謁者一人, 正七品下. 司閤一人, 正九品下"라 하였다. 알자는 정7품하에 해당한다.

144) 위모관委貌冠 : 모양은 피변과 같다. 『後漢書』 권30 「輿服志」 "委貌冠, 皮弁冠同制, 長七寸, 高四寸, 制如覆杯, 前高廣, 後卑銳, 所謂夏之(母)〔母〕追, 殷之章甫者也. 委貌以皁絹爲之, 皮弁以鹿皮爲之. 行大射禮於辟雍, 公卿諸侯大夫行禮者, 冠委貌, 衣玄端素裳. 執事者冠皮弁, 衣緇麻衣, 皁領袖, 下素裳, 所謂皮弁素積者也.

宋 聶崇義 『三禮圖』

卻非冠者, 亭長・門僕之服也.

각비관145)은 정장146)・문복147)의 복식이다.

平巾幘者, 武官・衛官公事之服也. 金飾, 五品以上兼用玉, 大
口綈, 烏皮靴, 白練裙・襦, 起梁帶. 陪大仗, 有裲襠・螣蛇. 朝集從
事・州縣佐史・岳瀆祝史・外州品子・庶民任掌事者服之, 有緋褶・
大口綈, 紫附褠. 文武官騎馬服之, 則去裲襠・螣蛇. 褲褶之制: 五
品以上, 細綾及羅爲之, 六品以下, 小綾爲之, 三品以上紫, 五品
以上緋, 七品以上綠, 九品以上碧. 裲襠之制: 一當胸, 一當背, 短

---

145) 각비관卻非冠: 長冠과 같은 모양이고 아래로 내려
    가면 좁아진다. 『後漢書』 권30 「輿服志」 "却非冠,
    制似長冠, 下促. 宮殿門吏僕射冠之"

宋 聶崇義 『三禮圖』

146) 정장亭長: 尙書省의 속관이다. "以亭長啟閉, 傳禁約"을 담당하였고,
    尙書省뿐만 아니라, 吏部, 戶部, 禮部, 兵部, 刑部, 工部에도 각각 6인
    이 있었다. 『新唐書』 권46 「百官志」1, 有令史各十八人, 書令史各三十
    六人, 亭長各六人, 掌固各十四人.

147) 문복門僕: 武德 5년에 城門郞의 속관으로 설치되었던 관직이다. 有令史
    二人, 書令史二人. 武德五年, 置門僕八百人, 番上送管鑰. 『新唐書』
    권47 「百官志」). 한편 『後漢書』 권30 「輿服志」에서는 각비관의 형태와
    이 관을 쓰는 사람에 대해 "却非冠, 制似長冠, 下促. 宮殿門吏・僕射冠
    之"라고 설명하고 있는데, 여기에 대해서 獨斷에서는 "禮無文"라고 하
    였다. 亭長과 함께 나열되었으므로, 궁전의 문에서 교대로 번을 섰던 門
    僕으로 보는 것이 타당하다.

袖覆膊. 螣蛇之制: 以錦爲表, 長八尺, 中實以綿, 象蛇形. 起梁帶
之制: 三品以上, 玉梁寶鈿, 五品以上, 金梁寶鈿, 六品以下, 金飾
隱起而已.

평건책은 무관·위관이 공무에 근무할 때 입는 복식이다. 금으로
장식하는데 5품관 이상은 옥을 함께 장식하며, 대구고를 입고, 오
피화를 신으며, 백색 비단으로 만든 군과 유를 입고, 기량대를 찬
다. 배대장은 양당補襠[148]과 등사 장식을 한다. 조집사朝集使[149]의
종사, 주현의 좌佐와 사史,[150] 악독의 축사,[151] 외주관품 관리의 자,

148) 양당補襠 : 넓게 재단된 판을 어깨에서 끈으로 연결하여 가슴과 등만을
가리던 복식이다. 軍士가 입은 것은 補襠甲이라 불렸고, 일반인이 입은
것은 補襠衫이라 불렸다.

图 44 吴桥北齐墓   图 45 吴桥北齐墓   图 46 东八里洼北朝墓

149) 조집사朝集使 : 한 해의 연말에 諸州에서 보고하기 위해 조정으로 보냈
던 관리다. 매년 10월 25일까지 경사에 모이고 11월 1일에는 戶部로 나
아가 諸州의 일을 보고하였다. 漢代의 上計吏와 같은 성격의 관리다.
『舊唐書』 권43 「職官志」2, 凡天下朝集使, 皆以十月二十五日至京師,
十一月一日戶部引見訖, 於尙書省與羣官禮見, 然後集于考堂, 應考績
之事. 元日, 陳其貢篚於殿廷. 凡京都諸縣令, 每季一朝.

150) 府州縣의 속관으로 佐 1인, 史 1인이다. 『舊唐書』 권44 「職官志」3.

151) 축사祝史 : 태상시의 속관으로 祝史 6인과 州縣의 속관 축사 3인이 있었

서민으로서 공무를 담당하게 된 자도 이 복식을 입는데, 비색의 습褶, 대구고大口絝, 자부구紫附褠를 입는다. 문무관이 말을 탈 때도 이 복식을 입는데 양당과 등사 장식은 하지 않는다. 고습褲褶의 제도는 5품관 이상은 세릉細綾과 라羅로 고습을 만들고, 6품관 이하는 소릉小綾으로 만들며, 3품관 이상은 자색, 5품관 이상은 비색, 7품관 이상은 녹색, 9품관 이상은 벽색으로 한다. 양당의 제도는 1당은 가슴에, 1당은 등에 하며, 짧은 소매로 어깨 부근의 팔뚝을 덮는다. 등사의 제도는 비단 금으로 표면을 만드는데, 길이는 8척으로 중간에 면綿을 채워서 뱀의 형상으로 만든다. 기양대의 제도는 3품관 이상은 옥으로 만든 양에 보석 꽃을 장식하고, 5품관 이상은 금양에 보석 꽃을 하며, 6품관 이하는 금으로 장식만을 도드라지게 할 뿐이다.

黑介幘者, 國官視品·府佐謁府·國子大學四門生俊士參見之服也. 簪導, 白紗單衣, 青襈·褾·領, 革帶, 烏皮履. 未冠者, 冠則空頂黑介幘, 雙童髻, 去革帶. 書算律學生·州縣學生朝參, 則服烏紗冒, 白裙·襦, 青領. 未冠者童子髻.

흑개책은 국의 관료인 시품[152]과 부좌알부府佐謁府 및 ·국자·대

는데, 여기서는 주현의 속관으로 五岳四瀆廟를 담당하였던 축사를 말한다. 태상시의 축사는 종9품상에 해당한다. 『舊唐書』권44 「職官志」3, 祝史六人. 奉禮二人, 從九品上 … . 五岳四瀆廟: 令各一人. 正九品上. 齋郎三十人, 祝史三人.

152) 시품視品 : 본래 수나라 때의 관직이다. 수에서는 流內官, 流外官 외에 또 視流內官과 視流外官을 두었는데, 品이 있다고 하여 視品이라고 하

학·사문의 생도와 준사153)가 황제를 알현할 때 입는 복식이다. 잠도를 꽂고, 백색의 비단으로 만든 단의를 입는데 옷깃[襟]과 소맷부리와 목둘레 옷깃은 청색이며, 혁대를 차고 오피리를 신는다. 아직 관례를 치르지 않은 자는 관을 정수리가 빈[空頂] 흑개책을 쓰고, 쌍동계154)를 하며, 혁대는 차지 않는다. 서書와 산算과 율律학생155)·주현州縣학생으로 조에 참석하는 자는 오사모를 입는데 백색 치마와 백색 웃옷[白裙·襦]을 입고, 목둘레 옷깃을 청색으로 한다. 아직 관

였다. 수나라의 視流內官은 정2품에서 종9품까지 14등이었고, 行臺尙書令에서 公國의 侍郎에 이르기까지 視流外官의 視品은 視9품으로 9등이었다. 당나라의 관직체계를 기록한 「백관지」나 「직관지」에는 시품을 찾을 수 없지만, 『新唐書』 권45 「選擧志」에 "視品 及流外, 則判補. 皆給以符, 謂之「告身」"라는 기록으로 보아 당에서도 시품이 있었음을 알 수 있다.

153) 『舊唐書』 권45 「輿服志」에는 "國子·太學·四門學生參見則服之"라 하여 俊士는 빠져 있다. 國子, 太學, 四門學 등은 국자감 내의 각급 학교로 국자학은 3품 이상 관료의 자제, 태학은 5품 이상 관료의 자제, 사문학은 7품 이상의 자제가 입학할 수 있다. 『新唐書』 권48 「國子監」 "掌儒學訓導之政, 總國子, 太學, 廣文, 四門, 律, 書, 算凡七學."

154) 쌍동계雙童髻 : 雙髻를 한 여인 도용으로, 머리를 양 갈래로 하여 틀어 올리는 형태로 당대 여인의 도용에서 많이 나타난다.

유금와당박물관 동양복식연구회 엮음, 『아름다운 여인들』, 2010, 미술문화 (北朝 河南省)

155) 書學, 律學, 算學은 8품 이하 관료의 자제 및 서인이 입학할 수 있었다.

례를 치르지 않은 자는 동자계를 한다.

介幘者, 流外官·行署三品以下·登歌工人之服也. 絳公服, 以
縵緋爲之, 制如絳紗單衣, 方心曲領, 革帶鉤䚢, 假帶, 襪, 烏皮履.
九品以上則絳褠衣, 制如絳公服而狹, 袖形直如溝, 不垂, 緋褶大
口絝, 紫附褠, 去方心曲領·假帶. 登歌工人, 朱連裳, 革帶, 烏皮
履. 殿庭加白練襠襠.

개책은 유외관,[156] 행서[157]의 3품 이하 관리 및 등가[158]하는 악공
인의 복식이다. 강색 공복은 만비縵緋로 만드는데 형태는 강색 비단
으로 만든 단의와 같다. 방심곡령을 하고, 혁대와 혁대고리[159]를 차
고, 가대를 차며, 버선, 오피리를 신는다. 9품관 이상은 강색 구의를
입는데, 양식은 강색 공복과 같으나 좁으며, 소매의 형태가 도랑처
럼 곧아서 아래로 드리우지 않으며, 비색 습, 대구고, 자색 부구를
입는데 방심곡령과 가대는 하지 않는다. 등가하는 악공인은 주색으

---

156) 유외관流外官 : 魏晉 이래의 제도를 隋唐에서 답습하였다. 6품 이하 9품
    이상 관리의 자손 및 주현의 佐吏로서 아직 9류에 들어가지 못한 자들을
    말한다. 유외관도 9품으로 나누며, 최고의 품은 勛品이라고 부르며, 나머
    지는 2~9품까지 있다. 해마다 고과에 따라 승진하여 정식의 품관이 된다.
157) 행서行署 : 唐代 流外官의 통칭이다. 『舊唐書』 권42 「職官志」1 "郎中
    一人掌小銓, 亦分爲九品, 通謂之行署. 以其在九流之外, 故謂之流外
    銓, 亦謂之小選."
158) 등가登歌 : 고대에 제사나 큰 조회가 열릴 때 악사가 堂에 올라 노래하던
    일을 말한다. 『周禮』 「春官·大師」 "大祭祀, 帥瞽登歌, 令奏擊拊." 鄭
    玄注引鄭司農曰 : "登歌, 歌者在堂也.
159) 혁구帶鉤 : 혁대의 고리 장식이다.

로 (웃옷과) 연결된 치마[連裳]를 입는데, 혁대를 차고, 오피리를 신는다. 전정에 나갈 때는 백색 련으로 만든 합당을 더 입는다.

平巾綠幘者, 尙食局主膳, 典膳局典食, 太官署·食官署供膳· 奉觶之服也. 靑絲布褲褶. 羊車小史, 五辮髻, 紫碧腰襻, 靑耳屩. 漏刻生·漏童, 總角髻, 皆靑絲布褲褶.

평건록책은 상식국주선尙食局主膳,[160] 전선국전식典膳局典食,[161] 태관서太官署[162]·식관서공선食官署供膳·봉치奉觶[163]의 복식이다. 청

孫晨陽 張珂 편저 『中國古代服飾辭典』, 2015, 中華書局
(河南城 輝縣全國墓出土)

160) 상식국주선尙食局主膳 : 尙食局은 殿中省 휘하의 기구로 황제의 음식을 담당하는데 主膳은 그 속관이다. 主膳이 840인이었다. 『新唐書』 권 47 「百官志」2 "尙食局. 奉御二人, 正五品下 ; 直長五人, 正七品上. 諸奉御, 直長, 品皆如之. 食醫八人, 正九品下. … 龍朔二年, 改尙食局曰奉膳局, 諸局奉御皆曰大夫. 有書令史二人, 書吏五人, 主食十六人, 主膳八百四十人, 掌固八人."

161) 전선국전식典膳局典食 : 典膳局은 동궁 소속 부서로 황태자의 음식을 담당하였다. 典食은 전선국의 속관으로 200인이다. 『新唐書』 권49上 「百官志」4上 "典膳局, 典膳郎二人, 從六品下 ; 丞二人, 正八品上. 掌進膳, 嘗食, 丞爲之貳. 每夕, 更直於廚. 龍朔二年, 改典膳監曰典膳郎. 有書令史二人, 書吏四人, 主食六人, 典食二百人, 掌固四."

162) 태관서太官署 : 光祿寺의 부서다. 조정에서 연회나 조회가 열릴 때, 또

사포 고습을 입는다. 양거소사羊車小史164)는 오변계五辮髻165)를 하
고 자색과 푸른색 허리 옷끈[紫碧腰襻]을 매고 귀가 달린 청색 짚신
[靑耳屩]을 신는다. 누각생漏刻生166)과 누동漏童167)은 총각계를 하고

각종 제사를 할 때 음식을 담당한다. 『新唐書』 권48 「百官志」3 "太官署,
令二人, 從七品下 ; 丞四人, 從八品下. 掌供祠宴朝會膳食. 祭日, 令白
卿詣厨省牲鑊, 取明水, 明火, 帥宰人割牲, 取毛血實豆, 遂烹. 又實籩
簋, 設于饌幕之內."

163) 식관서공선食官署供膳 : 식관서는 四時에 5품 이상의 관료들에게 음식
을 보내는 일을 담당한다. 供膳과 奉觶는 속관으로 공선은 140인, 봉치
는 30인이다. 『新唐書』 권49上 「百官志」4 "令一人, 從八品下 ; 丞二人,
從九品下. 掌飲膳, 酒醴. 凡四時供送設食皆顗焉. 供六品以下元日, 寒
食, 冬至食於家令廚者. 有府二人, 史四人, 掌膳四人, 供膳百四十人,
奉觶三十人."

164) 양거소사羊車小史 : 太僕寺의 부서인 乘黃署의 속관으로 14인이다. 『新
唐書』 권48 「百官志」3, 乘黃署, 令一人, 從七品下 ; 丞一人, 從八品下.
掌供車路及馴馭之法. 凡有事, 前期四十日, 率駕士調習, 尙乘隨路色
供馬 ; 前期二十日, 調習於內侍省. 有府一人, 史二人, 駕士一百四十
人, 羊車小史十四人, 掌固六人.

165) 오변계五辮髻 : 辮이 직물처럼 직조한 상태를 말하는 것이므로, 아마도
머리를 땋아 올린 것을 말하는 것 같다.

166) 누각생漏刻生 : 수나라 때 처음으로 설치하였다. 본래 秘書省 太史曹에
두었는데, 唐에서는 司天臺에 두었다. 『舊唐書』 권42 「職官志」1에는 司
天臺의 속관으로 "漏刻典事二十二人, 漏刻博士九人, 漏刻生三百六
十人, 典鐘一百一十二人"라 하여 누각생을 360인이라 하였는데, 『新唐
書』 권47 「百官志」2에서는 "武后長安二年, 置挈壺正. 乾元元年, 與靈
臺郎, 保章正, 司曆, 司辰, 皆加五官之名. 有漏刻生四十人, 典鐘, 典
鼓三百五十人. 初, 有刻漏視品, 刻漏典事, 掌知刻漏, 檢校刻漏, 後皆
省"라 하여 누각생을 40인이라 해서 차이가 있다.

모두 청사포 고습을 입는다.

具服者, 五品以上陪祭·朝饗·拜表·大事之服也, 亦曰朝服. 冠
幘, 簪導, 絳紗單衣, 白紗中單, 黑領·袖, 黑褾·襈·裾, 白裙·襦,
革帶金鉤䚢, 假帶, 曲領方心, 絳紗蔽膝, 白襪, 烏皮舃, 劍, 紛,
鞶囊, 雙佩, 雙綬. 六品以下去劍·佩·綬, 七品以上以白筆代簪,
八品·九品去白筆, 白紗中單, 以履代舃.

구복은 5품관 이상이 제사에 배석할 때·조정의 향연에 나갈 때
·황제에게 표表[168]를 올릴 때·대사가 있을 때 입는 복식이다. 조복
이라고도 한다. 관과 책을 쓰고, 잠도를 꽂으며, 강색 비단 단의, 백
색 비단 중단을 입는데 목둘레 옷깃과 소매는 흑색이고, 소맷부리,

---

167) 누동漏童 : 『舊唐書』 권44 「職官志」3 太子率更寺 조에 그 속관으로
"令一人, 從四品上. 丞二人, 從七品上. 主簿一人, 正九品下. 錄事一
人, 伶官師二人, 漏刻博士二人, 掌漏六人, 漏童六十人, 典鼓二十四
人. 率更令掌宗族次序, 禮樂, 刑罰及漏刻之政令"라 하여 누동 60인을
두었다고 하였는데, 『新唐書』 권49上 「百官志」 東宮官, 率更寺의 속관
으로 "龍朔二年, 改曰司更寺, 令曰司更大夫. 有錄事一人, 府三人, 史
四人, 漏刻博士三人, 掌漏六人, 漏童二十人, 典鍾, 典鼓各十二人, 亭
長四人, 掌固四人. 漏刻博士掌教漏刻"라 하여 누동 20인을 두었다고
해서 차이가 있다.

168) 표表 : 唐代에 황제에게 올릴 수 있는 문서 종류 중의 하나이다. 『新唐
書』 권46 「百官志」1, 凡上之逮下, 其制有六 : 一曰制, 二曰敕, 三曰冊,
天子用之 ; 四曰令, 皇太子用之 ; 五曰教, 親王, 公主用之 ; 六曰符, 省
下於州, 州下於縣, 縣下於鄉. 下之達上, 其制有六 : 一曰表, 二曰狀,
三曰牋, 四曰啟, 五曰辭, 六曰牒. 諸司相質, 其制有三 : 一曰關, 二曰
刺, 三曰移.

가선, 옷자락도 흑색이다. 백색 군과 유를 입는데, 혁대와 혁대고리를 차고, 가대를 차며, 곡령방심을 하고, 강색 비단 폐슬을 드리운다. 백색 버선에 오피리를 신고, 검, 분, 반낭, 쌍패, 쌍수를 찬다. 6품관 이하는 검과 패와 수는 없다. 7품관 이상은 백필로 잠을 대신하여 꽂으며, 8품관과 9품관은 백필을 꽂지 않으며, 백색 비단 중단을 입고 석을 대신하여 리를 신는다.

從省服者, 五品以上公事·朔望朝謁·見東宮之服也, 亦曰公服. 冠幘緌, 簪導, 絳紗單衣, 白裙·襦, 革帶鉤䤼, 假帶, 方心, 襪, 履, 紛, 鞶囊, 雙佩, 烏皮履. 六品以下去紛·鞶囊·雙佩. 三品以上有公爵者, 嫡子之婚, 假絺冕. 五品以上子孫, 九品以上子, 爵弁. 庶人婚, 假絳公服.

종성복은 5품관 이상이 공무를 볼 때·삭일과 망일에 조알할 때·태자를 알현할 때 입는 복식이다. 공복이라고도 한다. 관과 책을 쓰고 관끈을 매며, 잠도를 꽂는다. 강색 비단 단의와 백색의 치마저고리를 입으며 고리가 있는 혁대를 차고, 가대를 차며, 방심을 두르고, 버선과 리를 신고, 분紛, 반낭, 쌍패를 차고, 오피리를 신는다. 6품 이하는 분, 반낭, 쌍패를 차지 않는다. 3품관 이상인데 공의 작위를 받은 자와 적자의 혼례에는 치면絺冕을 가차하여 입는다. 5품관 이상의 자손과 9품관 이상 자의 혼례에는 작변을 입는다. 서인의 혼례에서는 강색 공복을 가차하여 입는다.

命婦之服六:

명부인의 복식은 여섯 종류다.

翟衣者, 內命婦受冊·從蠶·朝會, 外命婦嫁及受冊·從蠶·大
朝會之服也. 青質, 繡翟, 編次於衣及裳, 重爲九等. 青紗中單, 黼
領, 朱縠標·襈·裾, 蔽膝隨裳色, 以緅爲領緣, 加文繡, 重雉爲章
二等. 大帶隨衣色, 以青衣, 革帶, 青襪, 鳥, 佩, 綬, 兩博鬢飾以寶
鈿. 一品翟九等, 花釵九樹; 二品翟八等, 花釵八樹; 三品翟七等,
花釵七樹; 四品翟六等, 花釵六樹; 五品翟五等, 花釵五樹. 寶鈿視
花樹之數.

적의는 내명부인[169]이 책명을 받을 때·친잠례를 따라가거나·조
회에 나갈 때·외명부인[170]이 출가하거나 책봉을 받을 때·친잠례를
따라갈 때·대조회에 나갈 때 입는 복식이다. 청색 바탕에 꿩을 수놓
는데, 편차에 따라 웃옷과 치마에 놓아, 중첩하여 9줄이 되게 한다.
청색 비단 중단을 입는데 목둘레 옷깃에는 도끼 문양을 넣고, 소맷
부리와 가선, 옷자락은 주색 주름 비단으로 하며, 폐슬의 색은 치마
색과 같게 하며, 검붉은 비단으로 옷깃 가선을 두른다. 꽃수를 더하

---

169) 내명부內命婦 : 1품~4품관의 母를 말한다. 『新唐書』 권46 「百官志」1,
　　內命婦, 一品母爲正四品郡君, 二品母爲從四品郡君, 三品, 四品母爲
　　正五品縣君.

170) 외명부外命婦 : 王, 嗣王, 郡王의 母와 妻, 및 고위 관리들의 모와 처를
　　말한다. 『新唐書』 권46 「百官志」1, 凡外命婦有六 : 王, 嗣王, 郡王之母,
　　妻爲妃, 文武官一品, 國公之母, 妻爲國夫人, 三品以上母, 妻爲郡夫人,
　　四品母, 妻爲郡君, 五品母, 妻爲縣君, 勳官四品有封者母, 妻爲鄉君.

여 놓고, 치를 중첩하여 2개 문장의 문양을 넣는다. 큰 띠의 색은 상
의의 색과 같게 하고, 청색 상의에 혁대, 청색 버선, 석을 신고, 패와
수를 차고 양 볼의 귀밑머리는 보석 비녀로 장식한다. 1품 부인은
적翟 9개의 문양에 꽃비녀[金釵][171] 9개, 2품 부인은 적 8개 문양에
꽃비녀 8개, 3품 부인은 적 7장 문양에 꽃비녀 7개, 4품 부인은 적
6장 문양에 꽃비녀 6개, 5품 부인은 적 5장 문양에 꽃비녀 5개를 꽂
는다. 보석 꽃장식의 수는 꽃비녀의 수에 따라 정한다.

鈿釵禮衣者, 內命婦常參·外命婦朝參·辭見·禮會之服也. 制
同翟衣, 加雙佩·小綬, 去鳥, 加屨. 一品九鈿, 二品八鈿, 三品七
鈿, 四品六鈿, 五品五鈿.

전채례의鈿釵禮衣는 내명부인이 평상시 알현할 때·외명부인이 조
회에서 알현할 때·고별하기 위해 알현할 때·예회에 갈 때 입는 복
식이다. 양식은 적의와 같은데, 쌍패와 소수를 더하고,[172] 석은 신지

---

171) 꽃비녀[花釵]:花釵 숫자의 다소에 따라 내명부인의 품급을 표시하였다.
『隋書』 권11「禮儀志」 "內外命婦從五品已上, 蔽髻, 唯以鈿數花釵多
少爲品秩. 二品已上金玉飾, 三品已下金飾."

孫機, 『華夏衣冠』, 2016, 上海古籍出版社
1. 浙江長興下華橋出土 2. 瑞典斯德哥尒摩 C.Kempe 氏 旧藏 3. 廣州皇帝崗出土

않으며 리를 신는다. 1품 부인은 9전, 2품 부인은 8전, 3품 부인은 7전, 4품 부인은 6전, 5품 부인은 5전으로 장식한다.

禮衣者, 六尙·寶林·御女·采女·女官七品以上大事之服也. 通用雜色, 制如鈿釵禮衣, 唯無首飾·佩·綬.

예의는 육상, 보림, 어녀, 채녀, 여관[173] 등 7품 이상이 큰 행사에 나갈 때 입는 복식이다. 모두 색을 섞어서 쓰며 양식은 전채례의와 같으나 오직 머리장식, 패, 수는 없다.

公服者, 常供奉之服也. 去中單·蔽膝·大帶, 九品以上大事·常供奉亦如之. 半袖裙襦者, 東宮女史常供奉之服也. 公主·王妃佩·綬同諸王.

공복은 평상시 공봉할 때 입는 복식이다. 중단과 폐슬, 큰띠는 하지 않는다. 9품 이상이 큰 행사에 나갈 때와 평상시 공봉할 때 역시 이 복식을 입는다. 반소매 군유[174]는 동궁에 있는 여사女史[175]가 평상시

---

172) 손기는 일반적으로 당대에 소수는 척패와 짝하고, 대수는 쌍패와 짝을 한다고 밝히고 있다. 그래서 이 부분은 '雙'이 아니라 '隻'을 써야 한다고 교감하였다.(손기, 앞의 책, 423쪽, 435쪽)

173) 육상, 보림, 어녀, 채녀, 여관은 唐代의 內官들이다. 『新唐書』권47「百官志」2, 寶林二十七人, 正六品；御女二十七人, 正七品；采女二十七人, 正八品. 六尙亦曰諸尙書, 正三品.

174) 반수半袖：반소매의 상의를 말한다. 한위시대에는 공식적인 장소에서 입지 않았으나, 隋나라 이후 "半臂"라고 불리며, 부녀들이 供奉할 때 예복으로 있었다. 나중에는 궁중의 궁녀들 복식이 되었다. 후에 점차

공봉할 때 입는 복식이다. 공주와 왕비의 패와 수는 제왕과 같다.

花釵禮衣者, 親王納妃所給之服也.

화채예의花釵禮衣는 친왕이 비를 들일 때에 지급하는 복식이다.

大袖連裳者, 六品以下妻, 九品以上女嫁服也. 青質, 素紗中單, 蔽膝·大帶·革帶, 襪·履同裳色, 花釵, 覆笄, 兩博鬢, 以金銀雜寶飾之. 庶人女嫁有花釵, 以金銀琉璃塗飾之. 連裳, 青質, 青衣, 革帶, 襪·履同裳色.

대수연상大袖連裳은 6품관 이하의 처와 9품관 이상의 딸이 혼례할 때 입는 복식이다. 청색 바탕에 소색 비단 중단을 입고, 폐슬, 큰 띠, 혁대를 차며, 버선과 리의 색은 치마의 색과 같다. 화채, 복계覆笄, 양박빈兩博鬢[176]은 금은과 여러 보석으로 장식한다. 서인의 딸이

민간에서도 유행하다가 당나라 중기 이후 점차 줄어들었다.

孫晨陽 張珂 편저
『中國古代服飾辭典』, 2015, 中華書局

175) 여사女史 : 태자궁의 내관으로 여러 부서에 女史 3인이 있다.(『新唐書』 권47 「百官志」2)
176) 양박빈兩博鬢 : 당, 송, 명대에 유행하였던 여성의 머리모양이다. 『三才

혼례할 때는 화채를 사용하는데 금은과 유리로 도금한 것으로 장식한다. 치마는 상의와 연결되어 있으며, 청색 바탕이고, 청색 상의에 혁대를 차며, 버선과 리의 색은 치마의 색과 같다.

　婦人燕服視夫. 百官女嫁·廟見攝母服. 五品以上媵降妻一等, 妾降媵一等, 六品以下妾降妻一等.

　부인의 연복은 남편의 지위에 따라 정해진다. 백관의 딸이 혼례할 때나, 묘에 참배할 때에는 모母의 복식을 빌려 입는다. 5품관 이상의 잉첩177)은 처보다 1등급을 낮추고, 첩은 잉첩보다 1등급 낮추며, 6품관 이하의 첩은 처보다 1등급을 낮춘다.

　天子有傳國璽及八璽, 皆玉爲之. 神璽以鎭中國, 藏而不用. 受命璽以封禪禮神, 皇帝行璽以報王公書, 皇帝之璽以勞王公, 皇帝信璽以召王公, 天子行璽以報四夷書, 天子之璽以勞四夷, 天子信璽以召兵四夷, 皆泥封. 大朝會則符璽郞進神璽·受命璽於御座, 行幸則合八璽爲五輿, 函封從於黃鉞之內.

圖會」“兩博鬢即今之掩鬢.下垂過耳, 鬢上飾有花鈿, 翠葉之類的飾物, 爲一種假鬢. 歷代貴族婦女專用以表貴賤, 別等級. 這種發式始於隋, 而流行於唐, 宋, 明各朝的貴族婦女.

177) 잉媵 : 고대에 제후가 결혼을 할 때 신부의 侄娣가 함께 시집 간 경우 그 侄娣를 媵이라고 한다.『儀禮』「士昏禮」“婦徹於房中, 媵御餕, 姑酳之.” 鄭玄注 : “古者嫁女必姪娣從, 謂之媵. 姪, 兄之子 ; 娣, 女弟也.”

천자에게는 전국새傳國璽와 8종의 새가 있는데 모두 옥으로 만든다. 신새神璽는 중원[中國]을 진압하는 용도로 사용하는데, 보관만 하고 사용하지 않는다. 수명새受命璽는 신에게 봉선례를 할 때 사용한다. 황제행새皇帝行璽는 왕공의 주서에 답할 때 사용하고, 황제지새皇帝之璽는 왕공을 위로할 때 사용하고, 황제신새皇帝信璽는 왕공을 불러오게 할 때 사용한다. 천자행새天子行璽는 사이四夷에서 온 상주서에 답할 때 사용하고, 천자지새天子之璽는 사이를 위로할 때 사용하고, 천자신새天子信璽는 사이의 병사를 일으킬 때 사용하는데, 모두 봉니[泥封]178)라 한다. 대조회가 열릴 때 부새랑符璽郎179)이 신새, 서명새를 황제가 앉아 있는 어좌에 가지고 나아가고, 행차할 때는 8새를 모두 다섯 수레에 싣고 가는데, 함에 넣어 봉하고 황월의 의장대 행렬 안에 두고 따라간다.

---

178) 봉니封泥 : 고대에 문서를 봉인할 때 문서를 말아 묶은 매듭에 진흙을 바르고 그 위에 도장을 찍어 봉하는 것을 말한다. 봉해진 진흙을 봉니라고 하는데 오늘날까지 남아 있는 봉니가 많다. 문서가 수취인에게 도달하기 전에 개봉되는 것을 방지하였다.

　　東京國立博物館 編, 『中國の封泥』, 1998, 二玄社(皇帝信璽, 菑川王璽)

179) 부새랑符璽郎 : 符寶郎이라 하며, 門下省의 속관으로 4인이다. 『舊唐書』 권43 「職官志」2 "符寶郎四員. 從六品上. 周有典瑞之職, 秦有符璽令, 漢曰符璽郎. 兩漢得秦六璽及傳國璽, 後代傳之. 隋置 符璽郎 二員, 從六品. 天后惡璽字, 改爲寶. 其受命傳國等八璽文, 並改彫寶字. 神龍初, 復爲 符璽郎. 開元初, 又改爲符寶."

太皇太后·皇太后·皇后·皇太子及妃, 璽皆金爲之, 藏而不用.
太皇太后·皇太后封令書以宮官印, 皇后以內侍省印, 皇太子以
左春坊印, 妃以內坊印.

태황태후·황태후·황후·황태자 및 비의 새는 모두 금으로 만들
며 보관하고 사용하지 않는다. 태황태후·황태후의 봉령서封令書는
궁관인宮官印[180]을 사용하고, 황후는 내시성인內侍省印[181]을 사용하
고, 황태자는 좌춘방인左春坊印[182]을 사용하고 황태자비는 내방인內
坊印[183]을 사용한다.

初, 太宗刻受命玄璽, 以白玉爲螭首, 文曰:「皇天景命, 有德者

---

180) 궁관宮官 : 尙宮局을 부속기구로 하며 궁내의 여러 업무를 담당한다. 『新
    唐書』권47「百官志」2 "尙宮局, 尙宮二人, 正五品. 六尙皆如之. 掌導
    引中宮, 總司記, 司言, 司簿, 司闈. 凡六尙事物出納文籍, 皆涖其印署."

181) 내시성內侍省 : 황후나 궁내의 관련 업무를 주로 담당한다. 『新唐書』권
    47「百官志」2 "內侍省, 監二人, 從三品 ; 少監二人, 內侍四人, 皆從四
    品上. 監掌內侍奉, 宣制令. 其屬六局, 曰掖庭, 宮闈, 奚官, 內僕, 內府,
    內坊. 少監, 內侍爲之貳. 皇后親蠶, 則升壇執儀 ; 大駕出入, 爲夾引."

182) 좌춘방左春坊 : 동궁의 관서이다. 황태자의 일상생활과 관련된 전반적인
    일을 담당한다. 『新唐書』권50「百官志」4 "左春坊, 左庶子二人, 正四
    品上 ; 中允二人, 正五品下. 掌侍從贊相, 駁正啓奏. 總司經, 典膳, 藥
    藏, 內直, 典設, 宮門六局. 皇太子出, 則版奏外辦, 中嚴 ; 入則解嚴. 凡
    令書下, 則與中允, 司議郎等畫諾, 覆審, 留所畫以爲案, 更寫印署, 注
    令諾, 送詹事府."

183) 내방內坊 : 內侍省의 부속기구로이며 여기서는 황태자의 內坊局이 아닐
    까 추측된다. "『新唐書』권47「百官志」2, 太子內坊局, 令二人, 從五品
    下 ; 丞二人, 從七品下. 掌東宮閤內及宮人糧稟. 坊事五人, 從八品下."

昌.」至武后改諸璽皆爲寶. 中宗卽位, 復爲璽. 開元六年, 復爲寶. 天寶初, 改璽書爲寶書. 十載, 改傳國寶爲承天大寶.

(당나라) 초에 태종은 검은 색의 수명새[受命玄璽][184]를 새겼는데, 백옥으로 용[螭] 모양의 인뉴를 만들고, 문구는 "황천경명皇天景命, 유덕자창有德者昌"이라는 글을 새겼다. 무후 때에 이르러 모든 새璽를 보寶라고 고쳤다. 중종이 즉위하여 다시 새璽라고 하였다. 개원[185] 6년(718)에 다시 보寶라고 하였다. 천보[186] 초에 새서璽書를 보서寶書라고 고쳤다. 10년에는 전국보傳國寶를 승천대보承天大寶라고 고쳤다.

初, 高祖入長安, 罷隋竹使符, 班銀菟符, 其後改爲銅魚符, 以起軍旅·易守長, 京都留守·折衝府·捉兵鎭守之所及左右金吾·宮

---

184) 현새玄璽: 중국 정사 중에서 단 두 군데 기록되어 있는데, 하나는 『晋書』 권106 「戴記」 石季龍 부분이다. 石季龍은 石勒의 아들이다. 咸康 3年에 大趙天王을 칭하고 南郊에서 즉위하였는데, 이 때 현옥새가 헌상되었다는 기록이 있다. "武鄕長城徙人韓彊獲玄玉璽, 方四寸七分, 龜紐金文, 詣鄴獻之. 拜彊騎都尉, 復其一門. 夔安等又勸進曰 '臣等謹案大趙水德, 玄龜者, 水之精也 ; 玉者, 石之寶也 ; 分之數以象七政, 寸之紀以準四極. 昊天成命, 不可久違. 輒下史官擇吉日, 其禮儀, 謹昧死上皇帝尊號.' 季龍下書曰 : '過相襃美, 猥見推逼, 覽增惄然, 非所望也, 其亟止茲議. 今東作告始, 自非京城內外, 皆不得表慶.' 中書令王波上玄璽頌以美之. 季龍以石弘時造此璽, 彊遇而獻之."
185) 개원開元: 唐 玄宗의 두 번째 연호다. 開元(713~741).
186) 천보天寶: 唐 玄宗의 세 번째 연호다. 天寶(742~755).

苑總監·牧監皆給之. 畿內則左三右一, 畿外則左五右一, 左者進
內, 右者在外, 用始第一, 周而復始. 宮殿門·城門, 給交魚符·巡
魚符. 左廂·右廂給開門符·閉門符. 亦左符進內, 右符監門掌之.
蕃國亦給之, 雄雌各十二, 銘以國名, 雄者進內, 雌者付其國. 朝
貢使各齎其月魚而至, 不合者劾奏.

처음에 고조가 장안에 입성하고 수왕조의 죽사부竹使符[187]를 폐
지하고 은토부銀菟符를 반포하였다가, 그 후에 고쳐서 동어부銅魚符
가 되었는데,[188] 이 부를 가지고 군대를 일으키거나, 수장을 교체할
때 사용하도록 하여, 경도유수京都留守·절충부折衝府·병사들의 주
둔지[捉兵鎮守之所]와 좌우금오左右金吾·궁원총감宮苑總監·목감牧監
에게 지급하였다. 경기지역 내에는 좌부 3매, 우부 1매를 지급하고,
경기지역 밖에는 좌부 5매, 우부 1매를 지급하는데, 좌부는 궁 안에
두고, 우부는 밖에 두며, 처음 사용할 때 첫 번째 1매를 사용하고,

---

187) 죽사부竹使符 : 『史記』 권10 「文帝本紀」에는 "九月, 初與郡國守相爲
銅虎符·竹使符"라 하여, 한 문제 2년에 군국의 태수와 상에게 동호부
와 죽사부를 지급하였다는 기록이 있는데, 이에 대해서 應劭의 『史記集
解』에서는 "'銅虎符第一至第五, 國家當發兵, 遣使者至郡合符, 符合
乃聽受之. 竹使符皆以竹箭五枚, 長五寸, 鐫刻篆書, 第一至第五.' 張
晏曰 '符以代古之珪璋, 從簡易也'"라 하였다. 『史記索隱』에서는 "漢舊
儀銅虎符發兵, 長六寸. 竹使符出入徵發. 說文云分符而合之. 小顏云
'右留京師, 左與之.' '古今注云 '銅虎符銀錯書之.' 張晏云'銅取其同心
也'"라 하였다.

188) 고조 즉위 원년(618) 하4월에 은토부를 반포하였다가 그해 9월에 동어부
로 바꾸었다. 『舊唐書』 권1 「高祖本紀」 "夏四月辛卯, 停竹使符, 頒銀
菟符於諸郡. … 중략 … 九月乙巳, 親錄囚徒, 改銀菟符爲銅魚符"

한번 다 돌아가면 다시 처음부터 시작한다. 궁전문·성문에는 교어
부交魚符·순어부巡魚符를 지급한다. 좌상左廂·우상右廂에는 개문부
開門符·폐문부閉門符를 지급한다. 역시 좌부는 궁 안에 두고, 우부
는 감문이 관리한다. 번국에도 역시 부를 지급하는데 그 국가의 명
을 새기며, 웅자雄雌 각각 12매로 웅부는 궁 안에 두고 자부는 그
나라에 교부한다. 조공 사신은 각자 월어부를 가지고 오는데 불합치
한 자에 대해서는 탄핵을 상주한다.

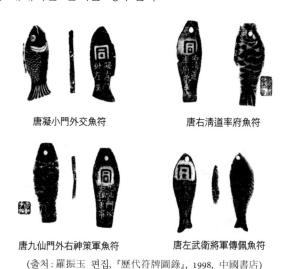

唐凝小門外交魚符   唐右淸道率府魚符

唐九仙門外右神策軍魚符   唐左武衛將軍傳佩魚符

(출처 : 羅振玉 편집, 『歷代符牌圖錄』, 1998, 中國書店)

傳信符者, 以給郵驛, 通制命. 皇太子監國給雙龍符, 左右皆十.
兩京·北都留守給麟符, 左二十, 右十九. 東方諸州給靑龍符, 南
方諸州朱雀符, 西方諸州騶虞符, 北方諸州玄武符, 皆左四右三.
左者進內, 右者付外. 行軍所亦給之.

　전신부傳信符는 우역郵驛에 지급하여 황제의 명령을 전달한다. 황
태자가 감국監國하는 경우는 쌍룡부雙龍符를 지급하는데 좌우 모두

10매다. 장안과 낙양 두 도읍과 북도 유수에게는 인부麟符를 지급하는데 좌부 20매와 우부 19매다. 동방의 모든 주州에는 청룡부를 지급하고, 남방의 모든 주에는 주작부를 지급하고, 서방의 모든 주에는 추우부騶虞符를 지급하고, 북방의 모든 주에는 현무부를 지급하는데, 좌부 4매, 우부 3매다. 좌부는 궁 안에 들이고, 우부는 밖에 지급한다. 행군하는 곳에도 역시 지급한다.

隨身魚符者, 以明貴賤, 應召命, 左二右一, 左者進內, 右者隨身. 皇太子以玉契召, 勘合乃赴. 親王以金, 庶官以銅, 皆題某位姓名. 官有貳者加左右, 皆盛以魚袋, 三品以上飾以金, 五品以上飾以銀. 刻姓名者, 去官納之, 不刻者傳佩相付.

수신어부는 귀천을 밝혀 황제의 명에 응하게 할 때 사용하는데 좌부 2매, 우부 1매로 좌부는 궁에 두고, 우부는 몸에 지닌다. 황태자는 옥결玉契로 부르는데, 합치하면 (황태자의 앞으로) 나아갈 수 있다. 친왕은 금부를 사용하고, 백관[庶官][189]은 동부를 사용하는데 모두 지위와 이름을 넣는다. 두 개의 관직을 겸한 자는 좌우를 더하여 지급하고 모두 어대魚袋에 담는데, 3품관 이상은 금으로 장식하고 5품관 이상은 은으로 장식한다. 이름을 새긴 것은 관직을 떠날 때는 반납하고, (이름을) 새기지 않은 것은 후임에게 전한다.

有傳符·銅魚符者, 給封符印, 發驛·封符及封魚函用之. 有銅

---

189) 백관[庶官] : 각종 관직, 백관, 즉 일반 관원을 말한다.

魚而無傳符者, 給封函, 還符·封函用之.

　전부傳符·동어부銅魚符가 있는 자는 봉부인을 지급하여, 역驛을 출발할 때·부符를 봉할 때·어함魚函을 봉할 때 사용한다. 동어부銅魚符는 있으나, 전부가 없는 자는 봉함을 지급하고, 부를 반환할 때와 봉함할 때 사용한다.

天子巡幸, 則京師·東都留守給留守印, 諸司從行者, 給行從印.

　천자가 순행할 때는 경사와 동도유수에게 유수인을 지급하고 순행을 따라가는 모든 사람에게 행종인을 지급한다.

木契符者, 以重鎭守·愼出納, 畿內左右皆三, 畿外左右皆五. 皇帝巡幸, 太子監國, 有軍旅之事則用之, 王公征討皆給焉, 左右各十九. 太極殿前刻漏所, 亦以左契給之, 右以授承天門監門, 晝夜勘合, 然後鳴鼓. 玄武門苑內諸門有喚人木契, 左以進內, 右以授監門, 有敕召者用之. 魚契所降, 皆有敕書. 尚書省符, 與左同乃用.

　목결부는 (군대의) 주둔을 엄중하게 하여 출입을 삼가기 위한 것으로 경기 내에 좌우부 모두 3매를, 경기 외에 좌우부 모두 5매를 지급한다. 황제의 순행, 태자의 감국, 출정할 때 이것을 사용한다. 왕공이 정벌하러 갈 때 모두 지급하는데 좌우 각 19매다. 태극전 앞 각루刻漏所에서 좌결을 지급하고 우결은 승천문감문에게 주고 주야로 맞춰 합치하면 그 후에 고를 울린다. 현무문 원내의 모든 문에는 환인목결喚人木契을 지급하는데 좌결은 궁 안에 두고, 우결을 감무에게 주어, 칙명으로 불러올 때 이것을 사용한다. 어부와 목결을 내릴 때에는 모두 칙서가 있다. 상서성에서 발부한 부는 이상 궁내에서 나가는 좌부와 동일하게 사용한다.

大將出, 賜旌以顓賞, 節以顓殺. 旌以絳帛五丈, 粉畫虎, 有銅龍一, 首纏緋幡, 紫縑爲袋, 油囊爲表. 節, 懸畫木盤三, 相去數寸, 隅垂赤麻, 餘與旌同.

대장이 출정할 때에는 정旌을 주어 (전장에서) 상 주는 일을 일임하고[顓賞], 절節을 주어 사람을 죽이는 일을 일임[顓殺]한다.[190] 정기는 강색 비단으로 하는데 크기는 5장이며, 백색으로 호랑이를 그리고, 동으로 만든 용을 한 마리를 다는 데 용의 머리에는 붉은 번幡을 묶는다. 자겸紫縑으로 자루를 만들고, 겉은 기름을 먹인 주머니로 감싼다. 절은 그림이 그려진 나무반 3개를 거는데 서로 거리가 몇 촌 떨어져 있으며, 모서리에는 적색 마포를 늘어뜨리며, 나머지는 정의 형식과 같다.

高宗給五品以上隨身魚銀袋, 以防召命之詐, 出內必合之. 三品以上金飾袋. 垂拱中, 都督·刺史始賜魚. 天授二年, 改佩魚皆爲龜. 其後三品以上龜袋飾以金, 四品以銀, 五品以銅. 中宗初, 罷龜袋, 復給以魚. 郡王·嗣王亦佩金魚袋. 景龍中, 令特進佩魚, 散官

---

190) 『舊唐書』 권44 「職官志」3에 지절에 대한 유래가 기술되어 있다. 初, 漢代奉使者皆持節, 故刺史臨部, 皆持節. 至魏, 晉, 刺史任重者, 爲使持節 都督, 輕者爲持節. 後魏, 北齊, 總管, 刺史, 則加 使持節諸軍事, 以此爲常.

佩魚自此始也. 然員外·試·檢校官, 猶不佩魚. 景雲中, 詔衣紫者魚袋以金飾之, 衣緋者以銀飾之. 開元初, 駙馬都尉從五品者假紫·金魚袋, 都督·刺史品卑者假緋·魚袋, 五品以上檢校·試·判官皆佩魚. 中書令張嘉貞奏, 致仕者佩魚終身, 自是百官賞緋·紫, 必兼魚袋, 謂之章服. 當時服朱紫·佩魚者衆矣.

고종은 5품관 이상에게는 몸에 지니고 다니는 어은대를 지급하여 황제를 알현하는 명령을 속이는 일을 방지하도록 하였는데 출입 때에는 반드시 부합해야 했다. 3품관 이상에게는 금으로 장식한 어대191)를 지급하였다. 수공垂拱192) 연간(685~688)에는 도독都督·자사刺史에게 처음으로 어대를 주었다. 천수天授 2년(691)에는 차는 어대魚袋를 구대龜袋로 바꾸었다. 그 후 3품관 이상의 구대에는 금

---

191) 어대魚袋 : 唐宋시대에 관원의 품급의 고하를 나타내기 위해 차고 다니던 신분증명 용품이다. 물고기 모양을 새겨 넣어 어대라고 하였다. 당에서 시작되어, 송대까지 이어졌으나 송 이후에 점차 사용하지 않았다.

그림 : 孫機, 『華夏衣冠』, 2016, 上海古籍出版社
(좌)唐 李賢墓壁畫, (우)莫高窟 156굴 晩唐壁畫

192) 수공垂拱 : 측천무후 시기의 연호다. 측천무후는 文明(684), 光宅(684), 垂拱(685~688), 永昌(689), 載初(690), 天授(690~691), 如意(692), 長壽(692~693), 延載(694), 證聖(695), 天冊萬歲(695), 萬歲登封(696), 萬歲通天(696), 神功(697), 聖曆(698~699), 久視(700), 大足(701), 長安(701~704) 등 18개의 연호를 사용하였다.

으로 장식하고, 4품관은 은으로 장식하고, 5품관은 동으로 장식하였다. 중종193)초에는 구대를 폐지하고 다시 어대를 지급하였다. 군왕, 사왕 역시 금어대를 찼다. 경룡 景龍 연간(707~709)에 영을 내려 특진에게 어대를 차게 했는데, 산관이 어대를 차는 것은 이때부터 시작되었다. 원외관, 시관, 검교관은 오히려 어대를 차지 않았다. 경운 景雲 연간(710~011)에 조를 내려 자색 상의를 입는 자의 어대는 금으로 장식하고 비색 상의를 입는 자는 은으로 장식하게 하였다. 개원開元(713~741) 초에 부마도위로 종5품인 자는 자색 상의를 차용하고 금어대를 차고, 도독과 자사로 관품이 낮은 자는 비의를 차용하고 어대를 차며, 5품 이상의 검교, 시, 판관은 모두 어대를 차게 하였다. 중서령 장가정張嘉貞이 상주하여 관리로 임용되었던 자는 종신토록 어대를 찰 수 있게 하자고 하자, 이때부터 백관에게 비의와 자의를 상주고, 겸하여 어대를 반드시 차게 하고, 이것을 장복이라고 하였다. 이때에 주색과 자색 옷을 입고, 어대를 차는 자가 많아졌다.

初, 隋文帝聽朝之服, 以赭黃文綾袍, 烏紗冒, 折上巾, 六合靴, 與貴臣通服. 唯天子之帶有十三鐶, 文官又有平頭小樣巾, 百官常

---

193) 中宗의 재위 기간은 684~710년이며, 691년에 어대를 구대로 바꾸었다가 다시 어대로 바꾸었다고 하니, 691년 이후 어느 시점인 듯하다. 중종의 재위 기간 대부분이 측천무후의 통치 기간이었는데, 측천무후의 주나라는 존속기간이 684~704년 정도에 그치므로, 중종 초가 어느 시기인지는 명확하지 않다.

服同於庶人.

처음에 수문제가 조정에 나아가 청정할 때는 자황문능포赭黃文綾袍를 입고 오사모와 절상건을 쓰고 육합화를 신어서 지위가 높은 신하들과 복식이 같았다. 오직 천자의 띠에만 13개 환[闠][194]이 있었고, 문관은 평두소양건을 썼으며, 백관의 상복도 서인과 같았다.

至唐高祖, 以赭黃袍·巾帶爲常服. 腰帶者, 撮垂頭於下, 名曰鉈尾, 取順下之義. 一品·二品銙以金, 六品以上以犀, 九品以上以銀, 庶人以鐵. 旣而天子袍衫稍用赤·黃, 遂禁臣民服. 親王及三品·二王後, 服大科綾羅, 色用紫, 飾以玉. 五品以上服小科綾羅, 色用朱, 飾以金. 六品以上服絲布交梭雙紃綾, 色用黃. 六品·七品服用綠, 飾以銀. 八品·九品服用靑, 飾以鍮石. 勳官之服, 隨其品而加佩刀·礪·紛·帨. 流外官·庶人·部曲·奴婢, 則服紬絹紬布, 色用黃白, 飾以鐵·銅.

당 고조 때에 이르러 자황포와 건과 대를 평상복으로 하였다. 요대는 진수두撮垂頭[195]로, 이름을 차미鉈尾라고 하며, 순조롭게 아래로 향하는 뜻을 취한 것이다. 1품과 2품관의 대구는 금으로 하고, 6

---

194) 唯天子之帶有十三闠. 이 부분은 『舊唐書』권 45「輿服志」에는 "天子朝服亦如之, 惟帶加十三環以爲差異, 蓋取於便事"라고 하여 '闠'을 '環'이라고 하였다.

195) 진수두撮垂頭 : 당대에 유행했던 허리띠 끝에 달았던 것으로 혁대의 끝부분을 보호하기 위한 것이었다. 일명 鉈尾라고도 한다. 鉈는 그 발음이 명확하지 않아서 鉈(chá)라고도 하는데, 『康熙字典』에서는 "鉈, 音未詳. …『宋志』鉈尾, 即今之魚尾"라 하였다.

품관 이상은 무소뿔로 하며 9품관 이상은 은으로 하고, 서인은 철로 한다. 이미 천자의 포삼에 점차 적색과 황색을 사용하자, 마침내 신료와 백성들의 복식에서는 금지하였다. 친왕 및 3품관, 이왕후二王後[196]는 대과릉라大科綾羅를 입는데, 색은 자색을 사용하고 옥으로 장식한다. 5품관 이상은 소과릉라小科綾羅를 입고, 색은 주색을 사용하고 금으로 장식한다. 6품관 이상은 사포교사쌍순릉絲布交梭雙紃綾을 입고, 색은 황색을 사용한다. 6품관 7품관은 녹색을 사용하고 은으로 장식한다. 8품관 9품관은 청색을 사용하고, 유석鍮石으로 장식한다. 훈관의 복식은 그 품에 맞추어 입고, 패도佩刀·려礪·분紛·세帨를 더한다. 유외관流外官·서인庶人·부곡部曲[197]·노비奴婢는 주견시포紬絹絁布를 입고, 황백색을 사용하여 철과 동으로 장식한다.

太宗時, 又命七品服龜甲雙巨十花綾, 色用綠. 九品服絲布雜綾, 色用靑. 是時士人以棠苧襴衫爲上服, 貴女功之始也. 一命以黃, 再命以黑, 三命以纁, 四命以綠, 五命以紫. 士服短褐, 庶人以白.

---

196) 이왕후二王後 : 『新唐書』 권46 「百官志」의 "二王後子孫視正三品, 鄼公歲賜絹三百, 米粟亦如之, 介公減三之一"에 따르면 당시 2왕은 鄼公과 介公이다. 『通典』 권74에는 각각 "奉隋帝爲鄼公"과 "隋封後周靖帝爲介國公"의 기록이 있고, 『白香山詩集·長慶集』 권3 「新樂府·二王後」에도 "二王後, 彼何人. 介公鄼公爲國賓, 周武隋文之子孫."의 기록이 있어, 개공은 북주 황제의 후예이며, 鄼公은 수 황제의 후예임을 알수 있다.

197) 부곡部曲 : 본래 군대의 편성 단위였으나 점차 귀족에게 사적으로 귀속되어 부자유민이 된 자들이다. 각 시기마다 부곡의 존재 형태에 관하여는 여러 견해가 있다.

中書令馬周上議:「禮無服衫之文, 三代之制有深衣. 請加襴·袖·
襟·襈, 爲士人上服. 開骻者名曰缺骻衫, 庶人服之.」又請:「裹頭
者, 左右各三襉, 以象三才, 重繫前脚, 以象二儀.」詔皆從之. 太尉
長孫無忌又議:「服袍者下加襴, 緋·紫·綠皆視其品, 庶人以白.」

태종 때에 또 명을 내려 7품관은 구갑쌍거십화릉龜甲雙巨十花綾을
입고 녹색을 사용하며, 9품관은 사포잡릉絲布雜綾을 입고, 청색을 사
용하도록 하였다. 이때 사인士人은 당저란삼棠苧襴衫을 최상의 복식
으로 입었으니 여자들의 노동을 귀하게 여기는 시초가 되었다. 1명
은 황색으로 하고, 2명은 흑색으로 하고, 3명은 훈색, 4명은 녹색, 5
명은 자색이다. 사인은 단갈短褐198)을 입고, 서인은 백색을 입는다.
중서령 마주馬周199)가 의를 올려 말하기를, "예에는 삼을 입는다는
조문이 없으며, 삼대의 제도에는 심의가 있습니다. 난襴·수袖·표標
·선襈을 더하여 사인들의 최상복으로 삼기를 청합니다. 개과開骻는
결과삼缺骻衫이라 부르고 서인이 입도록 하기를 청합니다". 또 청하
기를 "과두裹頭는 좌우에 각각 3개씩 주름을 접어, 삼재三才를 상징

---

198) 단갈短褐 : 짐승의 털이나, 거친 마포로 만든 짧은 상의를 말한다. 평민
의 복식을 묘사하는 말이다.

199) 마주馬周(601~648) : 博州 茌平 사람이다. 당 태종 정관 18년에 중서령
이 되었다. 장안에 왔을 때 中郎將 常何에게 의탁하였는데, 태종이 정관
5년에 백관에게 득실을 물었을 때, 常何는 무인이라 학문이 짧았기 때문
에 馬周가 20여 가지의 일을 알려 주었다. 태종이 常何의 말을 듣고
기이하여 묻자 馬周가 가르쳐준 사실을 아뢰었다. 태종이 馬周를 불러
그의 말을 듣고는 크게 기뻐하여 그를 발탁하였다. 태종에게 다양한 의
견을 상주하였던 일들이 그의 열전에 기록되어 있다. 『新唐書』권98「馬
周傳」.

하게 하고 정강이 앞에 두 번 묶어 이의二儀를 상징하게 하십시오"
라고 하였다. 황제가 조를 내려 이를 따랐다. 태위 장손무기[200]가 또
의를 올려 말하기를, "포를 입는 자에 아래로는 난삼을 더하는데 비
색, 자색, 녹색으로 하여 모두 그 품에 맞게 하고, 서인은 백색으로
입게 하십시오"라고 하였다.

太宗嘗以襆頭起於後周, 便武事者也. 方天下偃兵, 採古制爲翼
善冠, 自服之. 又製進德冠以賜貴臣, 玉璪, 制如弁服, 以金飾梁,
花趺, 三品以上加金絡, 五品以上附山雲. 自是元日‧冬至‧朔‧望
視朝, 服翼善冠, 衣白練裙襦. 常服則有褲褶與平巾幘, 通用翼善

---

200) 장손무기長孫無忌(?~659) : 字는 輔機이며, 河南省 洛陽 사람이다. 본
래 鮮卑族 출신이다. 당나라에서 재상을 지냈으며, 외척이다. 수나라 때
右驍衛將軍 長孫晟의 아들이며, 文德皇後의 同母 兄이다. 母는 北齊
樂安王高勱의 딸이다. 어려서 아버지를 잃고, 외조부 高士廉에 의해서
양육되었다. 太宗과는 布衣之交를 맺었고, 결혼으로 결합되었다. 晉陽
에서 起兵한 후에 秦王 李世民을 따라 四方을 정벌하였고, 그의 心腹
이 되었다. 많은 공을 세워 上黨縣公에 책봉되었고, 玄武門의 變에도
참여하였다. 貞觀 연간에 左武侯大將軍, 領吏部尙書‧右僕射를 역임
하였고, 司空‧司徒兼侍中‧檢校中書令으로 승진하였다. 趙國公에 세
습 책봉되었고, 凌煙閣 제1위 자리에 그의 초상화가 걸렸다. 또 晉王
李治를 지지하여 태자가 되었으며, 高宗 즉위 후에는 太尉‧同中書門
下三品에 제수되었다. 永徽 연간에는 〈貞觀律〉을 기초로 〈唐律疏議〉의
修訂을 주관하였다. 顯慶 4년(659)에 中書令 許敬宗으로부터 무고를
당하여 관작이 삭탈되어 黔州(현재 重慶市 彭水縣)으로 유배되었다가
목매어 죽었다. 上元 元年(674)에 관작을 복위시키고, 昭陵에 배장하였
다.(『舊唐書』 권65「長孫無忌傳」)

冠. 進德冠制如襆頭, 皇太子乘馬則服進德冠, 九璆, 加金飾, 犀簪
導, 亦有褲褶, 燕服用紫. 其後朔·望視朝, 仍用弁服.

태종은 일찍이 복두襆頭[201]는 북주[後周]에서 만들었으며, 전쟁에
서 편리했다고 생각하였다. 천하의 전쟁이 그치자 옛 제도를 채택하
여 익선관翼善冠[202]을 만들어 자신이 착용하였다. 또 진덕관進德冠
을 만들어 높은 신하들에게 하사하였는데, 옥기玉璆는 변복의 양식
과 같고, 금으로 양을 장식하고, 화부花趺를 장식하고 3품 이상의 관
리는 금락을 더하고, 5품관 이상은 산운을 붙인다. 이때부터 원일,
동지, 삭일과 망일에 조정에 나갈 때 익선관을 쓰고 백색 비단 군유
를 입는다. 평상시에는 고습과 평건책을 입으며, 대개는 익선관을

---

201) 복두襆頭 : 일종의 두건으로, 折上巾이라고도 한다. 일반적으로 북주에
서 사용하기 시작했다고 하지만, 최근의 출토자료나 회화를 통해서 그
원형적인 형태는 商代에 이미 출현했다는 견해도 있다.

복두의 초기모습   수대의 복두   송대의 복두

孫晨陽 張珂 편저 『中國古代服飾辭典』, 2015, 中華書局

202) 익선관翼善冠 : 唐 太宗이 古制를 채용하여 만들었다. 양쪽에 날개처럼
위로 향한 모양의 장식을 달아 익선관이라 하였다.

孫晨陽 張珂 편저 『中國古代服飾辭典』, 2015, 中華書局

사용한다. 진덕관은 형태가 복두와 같으며, 황태자가 말을 탈 때는 진덕관을 쓰고, 9개의 옥을 꿴 기璂와 금 장식을 더하고, 무소뿔 잠도를 꽂으며, 역시 고습을 입는데, 연복으로 입을 때는 자색을 입는다. 그 후에 삭일과 망일에 조정에 나갈 때는 변복을 입었다.

顯慶元年, 長孫無忌等曰:「武德初, 撰衣服令, 天子祀天地服大裘冕. 桉周郊被衮以象天, 戴冕藻十有二旒, 與大裘異. 月令: 孟冬, 天子始裘以禦寒. 若啓蟄祈穀‧冬至報天, 服裘可也. 季夏迎氣, 龍見而雩, 如之何可服? 故歷代唯服衮章. 漢明帝始采周官‧禮記制祀天地之服, 天子備十二章, 後魏‧周‧隋皆如之. 伏請郊祀天地服衮冕, 罷大裘. 又新禮, 皇帝祭社稷服絺冕, 四旒, 三章; 祭日月服玄冕, 三旒, 衣無章. 按令文, 四品‧五品之服也. 三公亞獻皆服衮, 孤卿服毳‧鷩, 是天子同於大夫, 君少臣多, 非禮之中. 且天子十二爲節以法天, 烏有四旒三章之服? 若諸臣助祭, 冕與王同, 是貴賤無分也. 若降王一等, 則王服玄冕, 群臣服爵弁, 旣屈天子, 又貶公卿. 周禮此文, 久不用矣, 猶祭祀之有尸侑, 以君親而拜臣子. 䎗蔟‧蟈氏之職, 不通行者蓋多, 故漢魏承用衮冕. 今新禮親祭日月, 服五品之服, 請循歷代故事, 諸祭皆用衮冕.」制曰:「可.」無忌等又曰:「禮, 皇帝爲諸臣及五服親擧哀, 素服, 今服白袷, 禮令乖舛. 且白袷出近代, 不可用.」乃改以素服. 自是鷩冕以下, 天子不復用, 而白袷廢矣. 故歷代唯服衮章. 漢明帝始采周官‧禮記制祀天地之服, 天子備十二章, 後魏‧周‧隋皆如之. 伏請郊祀天地服衮冕, 罷大裘. 又新禮, 皇帝祭社稷服絺冕, 四旒, 三章; 祭日月服玄冕, 三旒, 衣無章. 按令文, 四品‧五品之服也. 三公亞獻皆服衮, 孤卿服毳‧鷩, 是天子同於大夫, 君少臣多, 非禮

之中. 且天子十二爲節以法天, 烏有四旒三章之服? 若諸臣助祭,
冕與王同, 是貴賤無分也. 若降王一等, 則王服玄冕, 群臣服爵弁,
旣屈天子, 又貶公卿. 周禮此文, 久不用矣, 猶祭祀之有尸侑, 以
君親而拜臣子. 碧蔟·蝒氏之職, 不通行者蓋多, 故漢魏承用袞冕.
今新禮親祭日月, 服五品之服, 請循歷代故事, 諸祭皆用袞冕.」制
曰:「可.」無忌等又曰:「禮, 皇帝爲諸臣及五服親擧哀, 素服, 今服
白帢, 禮令乖舛. 且白帢出近代, 不可用.」乃改以素服. 自是鷩冕
以下, 天子不復用, 而白帢廢矣.

현경 원년(656)에 장손무기 등이 말하였다. "무덕 초에 의복령을
찬하여 천자가 천지에 제사할 때는 대구면을 입는 것으로 하였습니
다. 살펴보면 주나라 때 교제사에는 곤면을 입어 천을 상징하고 면
에는 12가닥의 류를 드리워 대구면과는 달랐습니다. 월령에는 맹동
에 천자가 구복을 입기 시작해서 냉기를 막는다고 하였습니다. 만약
계칩에 풍년을 기원하고, 동지에 천에 보답할 때에는 대구면을 입어
도 좋습니다. 계하에는 절기를 맞이하여 용성이 나타나 비를 내려달
라고 기원할 때에는 어찌 대구면을 입을 수 있겠습니까. 역대로 오
직 곤 문양의 복식을 입었을 뿐입니다. 후한 명제 때에 비로소 『주
관』과 『예기』에서 뽑아 천지에 제사할 때 입는 복식을 제정하여 천
자는 12장 문양을 갖추었으니, 북위와 북주, 수나라가 모두 이와 같
이 하였습니다. 청컨대, 교사에서 천지에 제사할 때는 곤면복을 입
고, 제사가 끝나면 대구면복 입는 것을 그만 두어야 합니다. 또 〈신
례〉에 의하면 황제가 사직에 제사할 때는 치면絺冕을 입고, 류는 4
가닥, 문양은 3장으로 하고, 일월에 제사할 때는 현면을 입고 류는
3가닥, 문양은 없습니다. 영을 살펴보니 (이 복식은) 4품·5품관의

복식입니다. 삼공이 아헌을 할 때는 모두 곤복을 입고, 고경이 취면氈冕·별면鷩冕을 입게 되니 이것은 천자가 대부와 같은 것이고, 군주는 적고 신하는 많게 되어 예에 맞지 않습니다. 또 천자는 12장 문양으로 절도를 삼은 것은 천을 본뜬 것인데, 어찌 4가닥의 류와 3장 문양의 복식이 있습니까? 만약 여러 신하가 제사를 돕게 된다면 면복이 왕과 같게 되니 이것은 귀천의 분별이 없는 것입니다. 만약 왕을 1등급 내리면 왕이 현면을 입게 되고, 여러 신하는 작변을 입게 되니 이미 천자를 굽힌 것이 되고, 또 공경을 폄하한 것이 됩니다. 『주례』의 이 조문은 오랫동안 쓰지 않았는데, 만일 제사 때에 시유尸侑를 하게 되면 군주나 부친을 신하나 자식에 배사하는 것과 같아집니다. 척족𥙽蔟203)·괵씨蟈氏204)의 직분은 모두 행하지 않는 것이 많았으니, 이 때문에 한나라와 위나라에서는 곤면복을 입는 것을 계승한 것입니다. 지금 〈신례〉에 의하면 황제가 일월에 제사할 때 5품관의 복식을 입습니다. 지금 역대의 고사에 의해서 모든 제사 때는 곤면복을 입기를 청합니다." 황제가 제를 내려 "그렇게 하라."고 하였다. 장손무기 등이 또 말하였다. "예에 의하면 황제는 여러 신하와 오복을 위해서 친히 애도하며 소복을 입는다고 하였는데 지금의

---

203) 척족𥙽蔟 : 옛 官名이다. 해로운 새의 둥지를 제거하는 일을 담당하였다. 『周禮』「秋官·𥙽蔟氏」에는 "𥙽蔟氏掌覆妖鳥之巢"라 하였고, 唐의 陸龜蒙의 『孤雁』라는 詩에서는 "𥙽蔟書尙存, 寧容恣妖幻"라는 구절이 있다.

204) 괵씨蟈氏 : 옛 관명이다. 개구리류의 동물을 제거하는 일을 담당하였다. 『周禮』「秋官·蟈氏」에는 "蟈氏, 掌去鼃黽. 焚牡蘜, 以灰灑之, 則死"라 하였는데, 이에 대해 鄭玄의 注에서는 "齊魯之間謂鼃爲蟈 ; 黽, 耿黽也. 蟈與耿黽尤怒鳴, 爲聒人耳, 去之"라고 하였다.

영에 의하면 백합을 입으라고 하니 예와 영이 서로 어긋납니다. 하물며 백합은 가까운 시대에 나온 것이므로 사용할 수 없습니다." 이에 고쳐서 소복을 입도록 하였다. 이로부터 별면 이하는 천자가 다시는 사용하지 않았고, 백합은 폐지되었다.

其後以紫爲三品之服, 金玉帶銙十三; 緋爲四品之服, 金帶銙十一; 淺緋爲五品之服, 金帶銙十; 深綠爲六品之服, 淺綠爲七品之服, 皆銀帶銙九; 深靑爲八品之服, 淺靑爲九品之服, 皆鍮石帶銙八; 黃爲流外官及庶人之服, 銅鐵帶銙七.

그 후 자색은 3품관의 복식으로 하였고, 금과 옥으로 장식한 혁대에 과銙[205]는 13개로 하였다. 비緋색은 4품관의 복식으로 금장식한 혁대에 과는 11개로 하였다. 옅은 비색은 5품관의 복식으로 금장식한 혁대에 과는 10개로 하였다. 짙은 녹색은 6품관의 복식이고, 옅은 녹색은 7품관의 복식인데, 모두 은장식한 혁대에 과는 9개로 하였다. 짙은 청색은 8품관의 복식이고, 옅은 청색은 9품관의 복식인데 모두 유석장식의 혁대에 과는 8개로 하였다. 황색은 유외관 및 서인

205) 과銙 : 혁대에 물건들을 매달 수 있게 만든 고리를 말한다.

孫機, 『華夏衣冠』, 2016, 上海古籍出版社(唐懿德太子墓石槨綫刻)

의 복식으로 동과 철로 장식한 혁대에 과는 7개로 하였다.

武后擅政, 多賜群臣巾子·繡袍, 勒以回文之銘, 皆無法度, 不足紀. 至中宗又賜百官英王踣樣巾, 其製高而踣, 帝在藩時冠也. 其後文官以紫黑縐爲巾, 賜供奉官及諸司長官; 則有羅巾·圓頭巾子, 後遂不改.

측천무후가 정치를 천단하면서 많은 군신에게 건자巾子·수포繡袍를 상으로 주었으며, 회문回文을 새겨 모두 법도가 없었으니, 기술할 만한 것이 없다. 중종 때에 이르러 또 백관에게 영왕英王 시절의 북양건踣樣巾을 하사하였는데 그 형태가 높아서 꺾였다. 황제가 번藩에 있을 때 썼던 관이다.206) 그 후 문관은 자흑시건紫黑縐巾을 쓰게 하였고, 공봉관 및 여러 관사의 장관에게 하사하였다. 즉 나건羅巾·원두건圓頭巾이 있었으며, 그 후에는 고치지 않았다.

初, 職事官三品以上賜金裝刀·礪石, 一品以下則有手巾·算袋·佩刀·礪石. 至睿宗時, 罷佩刀·礪石, 而武官五品以上佩䪜鞢七事, 佩刀·刀子·礪石·契苾眞·噦厥針筒·火石是也.

초에 직사관 3품 이상에게는 금장식한 도刀와 여석礪石207)을 하

---

206) 중종은 儀鳳 2년(676)에 영왕으로 책봉되었다가 永隆 元年(680)에 황태자로 책봉되었다. 북양건은 중종이 영왕 시절에 사용하던 복식이었다. 『新唐書』 권3 「高宗本紀」 "十月壬辰, 徙封顯爲英王, 更名哲. … 乙丑, 立英王哲爲皇太子, 大赦, 改元, 賜酺三日."

207) 여석礪石 : 칼을 갈 수 있는 숫돌이다. 고대에는 금속공예가 아직 충분히 발달하지 않아서, 자주 갈아 주지 않으면 금방 녹이 쓸었다.

사하였고, 1품관 이하는 즉 수건手巾 · 산대算袋 · 패도佩刀 · 여석礪石을 주었다. 예종 때에 이르러 패도와 여석은 하사하지 않고 무관으로서 5품관 이상에게는 접섭칠사鞊鞢七事[208])를 차게 하였는데, 패도佩刀 · 도자刀子 · 여석礪石 · 계필진契苾眞[209]) · 홰궐噦厥[210]) · 침통針

208) 접섭칠사鞊鞢七事 : 접섭은 7가지의 도구들을 허리띠에 매달아 장식한 것을 말하는데, 장식적 효과도 있지만 佩刀 · 刀子 · 礪石 · 契苾眞 · 噦厥 · 針筒 · 火石으로 실제 사용할 수도 있는 도구였다. 본래 유목민족들의 복식이었으나 중국에 들어와서 유행하였다.

권현주, 「접섭대에 관한 연구」, 『중앙아시아연구』 11, 2006.

209) 계필진契苾眞 : 계필은 鐵勒의 일족으로 전투에 능했던 유목민족이었다. 당나라 때 契苾何力(?~677)可汗이 당에 귀부하여 지금의 감숙성 지역에 정착하였다. 당시 계필의 문화는 다소 낙후되어 문자를 새겨서 쓰는 방법을 가지고 있었는데, 秦漢시대의 書刀와 유사했다. 문서를 새기는 이 칼을 楔子 혹은 契苾針이라 하였고, 계필에서는 관리의 필수품이었다. 당나라 때 계필이 정착하면서 계필침 역시 당에 전해졌다.

210) 홰궐噦厥 : 당대 무관이 혁대고리에 차던 물건이라고 하는데 아마도 작은 방울이 아닌가 추정된다.

筒211) · 화석火石212)이 이것이다.

時皇太子將釋奠, 有司草儀注, 從臣皆乘馬著衣冠, 左庶子劉子
玄議曰:「古大夫乘車, 以馬爲騑服, 魏·晉朝士駕牛車. 如李廣北
征, 解鞍憩息; 馬援南伐, 據鞍顧眄. 則鞍馬行於軍旅, 戎服所便.
江左尙書郞乘馬, 則御史治之. 顔延年罷官, 騎馬出入, 世稱放誕.
近古專車則衣朝服, 單馬則衣褻服. 皇家巡謁陵廟, 冊命王公, 則
盛服冠履, 乘路車. 士庶有以衣冠親迎者, 亦時服箱. 其餘貴賤, 皆
以騎代車. 比者, 法駕所幸, 侍臣朝服乘馬. 今旣舍車, 而冠履不
易, 何者? 褒衣·博帶·革履·高冠, 車中之服也. 襪而鐙, 跣而乘,
非唯鷔古, 亦自取驚蹶. 議者以祕閣梁南郊圖, 有衣冠乘馬者, 此
圖後人所爲也. 古今圖畫多矣, 如畫群公祖二疏, 而有曳芒屬者;
畫昭君入匈奴, 而婦人有施帷冒者. 夫芒屬出於水鄕, 非京華所
有; 帷冒創於隋代, 非漢宮所用. 豈可因二畫以爲故實乎? 謂乘馬
衣冠宜省.」太子從之, 編於令.

당시 황태자가 석전례213)를 하려 할 때 담당관이 의주를 초하였
는데, 따르는 신하는 모두 말을 타고 의관을 갖추도록 하였다. 좌서

---

211) 침통針筒 : 竹筒이라고도 한다. 종이나 백서 문건이 훼손되지 않도록 문
　　서를 넣어 휴대하기 위한 통이다.

212) 화석火石 : 지금의 성냥이나 라이터 같은 용도다. 언제 어디서든 불을 사
　　용할 수 있도록 휴대하였다.

213) 석전釋奠 : 고대에 학교에서 음식을 차려 놓고 선성과 선사에게 존경의
　　제를 지내던 풍습이다. 『禮記』「王制」 "出征執有罪, 反釋奠於學, 以訊
　　馘告."

자左庶子214) 유자현劉子玄215)이 논의하여 말하기를, "옛날에 대부가 수레를 탈 때는 말이 수레를 끌었는데, 위진대의 조정의 관리들은 소가 끄는 수레를 탔다고 합니다. 이광李廣216)이 북방을 정벌할 때에는 안장을 풀고 휴식하였고, 마원馬援217)이 남쪽을 토벌할 때에는 안장에 앉아 돌아보았다고 합니다. 즉 군대의 행렬 중에는 말을 타고, 융복을 입는 것이 편했던 것입니다. 동진 때에는 상서랑이 말을 탔더니 어사가 이를 탄핵하였습니다. 안연년顔延年218)은 관직에서

---

214) 좌서자左庶子 : 東宮의 부속기구에 속하며, 左春坊의 관리로 2인이며 정4품상에 해당한다.

215) 유자현劉子玄(661~721) : 본명은 知幾이며, 楚州刺史 胤之의 族孫이다. 어려서 兄 知柔와 함께 詞學으로 유명하였고, 弱冠에 進士가 되었다. 태자좌서자와 숭문관학사를 지냈다. 또 〈무후실록〉을 찬수하였는데, 바르게 고쳐야 한다는 건의를 武三思가 받아들이지 않자, 『史通』 49편을 지었다.

216) 이광李廣(기원전?~기원전119) : 전한의 명장이다. 흉노정벌에서 큰 공을 세웠고, 경제 때에는 오초칠국의 난을 평정하는데 참여하였다. 무제 때에는 미앙궁위위에 제수되었고, 元光 6년(129)에는 驍騎將軍으로 흉노 공격에 나서기도 하였다. 『漢書』 권54 「李廣傳」.

217) 마원馬援(기원전14~49) : 전한말 후한 초의 명장이며, 후한의 개국공신이다. 또 후한 明帝 明德皇后의 아버지다. 후한 건국 후에 서쪽으로는 羌族을 정벌하고, 남쪽으로는 交趾 정벌, 북쪽으로는 烏桓을 정벌하는데 나서 伏波將軍에 올랐으며 新息侯에 봉해졌다. 『後漢書』 권24 「馬援傳」.

218) 안연년顔延年(384~456) : 이름은 顔延之이고 자가 延年이다. 琅邪 臨沂(현재 山東省 臨沂市) 사람으로 南朝 宋의 文學家다. 陶淵明과도 교유하였으며, 남조의 송나라에서 太常博士, 金紫光祿大夫 등을 지냈다. 명나라 사람이 집일한 『顔光祿集』이 있다. 『宋書』 권73 「顔延之傳」.

물러난 뒤에도 말을 타고 출입하여 세간에서 방탄放誕하다는 평가를 들었습니다. 가까운 옛날에는 오직 수레 탈 때만 조복을 입었고, 말을 탈 때에는 평상복[褻服]을 입었습니다. 황제의 가문에서 능묘를 돌아가며 제사할 때, 왕공을 책봉할 때에는 의복과 관과 신발을 모두 갖추어 입고, 노거를 탑니다. 사인과 서인이 의관을 입고 친영할 때에도 역시 수레를 탔습니다. 그 나머지는 귀하거나 천하거나 모두 말을 타는 것으로 수레를 대신하였다. 근래에 법가가 행차할 때 황제를 모시는 신하는 조복을 입고 말을 탑니다. 지금은 이미 수레를 버렸으면서도 관과 신발을 바꾸지 않았으니 어떻게 해야 합니까? 포의褒衣·박대博帶·혁리革履·고관高冠은 수레를 탈 때에 입는 복식입니다. 버선을 신고 말의 등자를 밟고, 맨발로 말을 타는 것은 옛 제도에 어긋나는 것일 뿐 아니라, 세속을 놀라게 하는 것입니다. 의논하는 자가 말했던 비각에 새겨 있는 양나라 시대의 「남교도南郊圖」에서 의관을 갖추고 말을 타는 자가 있는 그림은 후대의 사람이 그린 그림입니다. 고금의 도화는 매우 많은데, 〈군공조이소群公祖二疏〉[219]와 같은 그림에는 초혜를 신은 사람이 있고, 〈소군입흉노昭君入匈奴〉[220]의 그림에서는 여자가 유모帷冒를 쓴 모습도 있습니다.

---

219) 군공조이소群公祖二疏 : 양나라 때 화가 張僧繇가 그린 그림이다. 장증요는 江蘇省 蘇州 사람으로 6세기 전반 梁武帝 치세에 활동하였던 인물이다. 불교회화를 잘 하는 것으로 유명했고, 인물초상, 화조, 동물, 산수화 등 다양한 분야에서 뛰어난 화풍을 발달시켰다. 강남의 사원 벽화도 다수 그렸다. '畵龍點睛'이라는 일화로 유명하다. 그가 그렸다는 그림 속 '이소二疏'는 전한 宣帝 치세기에 활동한 名臣 疏廣과 그의 조카인 疏受이다.

220) 소군입흉노昭君入匈奴 :『舊唐書』권45「輿服志」에 의하면 당나라 때

초혜는 수향水鄉에서 나온 것으로, 경성에서 있었던 것은 아닙니다, 유모는 수대에 만들어진 것으로 한나라 때 궁에서 사용하던 것이 아닙니다. 어찌 이 2개의 그림이 선례가 될 수 있겠습니까? (신은) 말을 타고 의관을 갖추는 것은 생략하는 것이 마땅하다고 생각합니다." 태자가 이 논의를 따랐으며, 율령에 기재하였다.

開元初, 將有事南郊, 中書令張說請遵古制用大裘, 乃命有司製二冕. 玄宗以大裘樸略, 不可通寒暑, 廢而不服. 自是元正朝會用袞冕·通天冠, 百官朔·望朝參, 外官衙日, 則佩算袋, 餘日則否. 玄宗謁五陵, 初用素服, 朔·望朝謁用常服. 弁服·翼善冠皆廢.

개원 초에 장차 남교에서 제사하려고 할 때 중서령 장열張說²²¹⁾이

화가 염립본이 그린 그림이다. 염립본閻立本(601~673)은 雍州 萬年(현재 陝西省 西安市 臨潼區) 사람으로 수나라 때 음서로 관직에 나아갔으며, 당나라에서는 재상을 지냈으며, 화가로서 유명하다. 정관 연중에 主爵郎中, 刑部郎中, 遷將作少監을 역임하였다. 이 때 "昭陵六駿"과 "淩煙閣"功臣圖를 그렸으며 翠微宮을 감수하였다. 顯慶 元年(656) 將作大匠을 거쳐 工部尙書에 올랐다. 總章 元年(668)에는 檢校右丞相에 올라 博陵縣男에 책봉되었다. 중서령에까지 승진하였다. 篆書와 隸書에 뛰어났으며, 건축에도 조예가 깊었으며, 특히 회화에서 걸출한 업적을 남겼다. 대표작으로 〈步輦圖〉〈歷代帝王像〉을 남겼다.

221) 장열張說 : 字는 道濟 또는 說之라고 한다. 선조가 范陽에서 河南으로 이주하였고, 다시 洛陽으로 옮겼다. 永昌 연간에 武后가 賢良方正을 구하는 책을 내렸을 때 대책문이 1등으로 뽑혀 太子校書郎에 제수되었고, 곧 左補闕로 승진하였다가, 睿宗 때에 中書侍郎兼雍州長史, 同中書門下平章事·監脩國史 등을 역임하였다. 『新唐書』 권125 「張說傳」.

고제를 따라 대구면을 입을 것을 청하자, 이에 유사에게 2종의 면복을 만들도록 하였다. 현종은 대구면은 질박하고 소박하지만 겨울이나 여름에는 입을 수가 없으니 폐지하고 입지 않았다. 이때부터 정월 초하루의 조회에는 곤면복과 통천관을 썼고, 백관이 삭일과 망일에 조회를 참석하거나, 외관이 근무하는 날에는 산대를 찼고 다른 날에는 차지 않았다. 현종이 5릉을 배알할 때 처음 소복을 입었고, 삭일과 망일 조회에 오로지 상복만을 입었다. 변복과 익선관은 모두 없앴다.

唐初, 賞朱紫者服於軍中, 其後軍將亦賞以假緋紫, 有從戎缺胯之服, 不在軍者服長袍, 或無官而冒衣綠. 有詔殿中侍御史糾察. 諸衛大將軍·中郎將以下給袍者, 皆易其繡文: 千牛衛以瑞牛, 左右衛以瑞馬, 驍衛以虎, 武衛以鷹, 威衛以豹, 領軍衛以白澤, 金吾衛以辟邪. 行六品者, 冠去璫珠, 五品去鞶囊·雙佩, 襆頭用羅縠.

당나라의 초기에는 군대에 주자색 복식을 상으로 주었으며, 그 후에 군장에게는 역시 비자색 복식을 차용하여 입을 수 있도록 상으로 주었다. 종군하는 자는 결과缺胯222) 포를 입었으며, 종군하지 않는 자는 장포를 입었다. 혹 관직이 없는 자가 제멋대로 녹의綠衣를 입기도 하였다. (황제가) 전중시어사에게 규찰하도록 조를 내렸다. 모

---

222) 결과缺胯 : 缺胯袍 혹은 缺胯衫은 胡服系統에 속하는 복식으로 北周시대에 출현하였다. 1952년에 西安市 東郊 蘇思勗墓甬道의 東壁에서 두 남자가 입고 있었던 圓領袍衫을 발굴하였는데, 양쪽 옆 아래 쪽으로 허리에서 사타구니 부근까지 개방되어 있는 모양이었다. 이 복식을 "缺胯衫" 또는 "缺胯袍"라고 한다.

든 위의 대장군223)·중랑장中郎將 이하에게는 포를 지급하고 모두 수를 놓은 문자는 다르게 하였다. 천우위千牛衛는 '서우瑞牛'를 수 놓고, 좌우위右衛는 '서마瑞馬'를 수 놓고, 효위驍衛는 '호虎'를 수 놓았으며, 무위武衛는 '응鷹'을 수 놓고, 위위威衛는 '표豹'를 수 놓고, 영군위領軍衛는 '백택白澤', 금오위金吾衛는 '벽사辟邪'를 수 놓았다. 행6품 자는 관에 기주璂珠를 장식하지 않으며, 6품관은 반낭鞶囊·상패雙佩를 차지 않으며 복두는 나곡을 사용한다.

婦人服從夫·子, 五等以上親及五品以上母·妻, 服紫衣, 腰襷襟緣用錦繡. 九品以上母·妻, 服朱衣. 流外及庶人不服綾·羅·縠·五色線靴·履. 凡襴色衣不過十二破, 渾色衣不過六破.

부인의 복식은 남편이나 아들의 지위에 따르는데, 5등 이상의 친척과 5품관 이상의 모와 처는 자의를 입고, 허리[腰] 옷끈[襷] 소맷부리[襟] 가선[緣]은 수놓은 비단[錦繡]을 사용한다. 9품관 이상의 모와 처는 주의를 입는다. 유외관 및 서인은 능綾·라羅·곡縠·오색선화五色線靴224)·리履를 사용할 수 없다. 모든 잡색[襴色] 옷은 12조각 이상을 사용하여 만들 수 없고, 혼색渾色 옷은 6조각 이상을 사용하여 만들 수 없다.

---

223) 당의 16衛에는 上將軍 각 1인과 대장군 각 1인이 있는데, 대장군은 정3품이다. 『新唐書』 권49上 「百官志」4 "十六衞, 左右衞 上將軍各一人, 從二品 ; 大將軍各一人, 正三品 ; 將軍各二人, 從三品. 掌宮禁宿衞, 凡五府及外府皆總制焉."

224) 선화線靴 : 麻로 짠 신발로 당나라에서 처음으로 사용하기 시작했으며, 여성들이 주로 신었다.

二十五年, 御史大夫李適之建議:「冬至·元日大禮, 朝參官及六品清官服朱衣, 六品以下通服褲褶.」天寶中, 御史中丞吉溫建議:「京官朔·望朝參, 衣朱褲褶, 五品以上有珂傘.」德宗嘗賜節度使時服, 以鶡銜綬帶, 謂其行列有序, 牧人有威儀也. 元和十二年, 太子少師鄭餘慶言:「百官服朝服者多誤. 自今唯職事官五品兼六品以上散官者, 則有佩·劍·綬, 其餘皆省.」

(개원) 25년(737) 어사대부 이적지李適之[225]가 건의하여 말하기를, "동지와 원일의 대례에 참석하는 조참관 및 6품 청관은 주색 상의를 입고, 6품 이하는 모두 고습을 입게 하십시오"라고 하였다. 천보 연간(742~756)에 어사중승 길온吉溫[226]이 건의하여 말하기를, "경관이 삭일과 망일에 조회에 참석할 때에는 주색 고습을 입고, 5품관 이상은 가산珂傘을 갖추도록 하십시오"라고 하였다. 덕종은 일찍이 절도사에게 사계절의 복식을 하사하였는데, 새가 수대를 물고 있는 모습[鶡銜綬帶]을 묘사함으로써 행렬 상의 순서가 있게 하였으니, 목민관으로서의 위엄이 있었다. 원화 12년(818)에 태사소사 정여경鄭餘慶[227]이 말하기를, "백관이 입는 조복 중에서는 잘못된 것이

---

225) 이적지李適之 : 恆山愍王의 손자로 당왕조의 종실로서 재상의 지위에 올랐던 사람이다. 神龍(705~706) 初에 左衞郎將에 발탁되어, 通州刺史, 御史大夫, 幽州長史, 知節度事 등을 역임하였고, 천보 연간(742~756)에는 左相으로 올랐으며, 清和縣公에 책봉되었다. 『新唐書』 권131 「李適之傳」.

226) 길온吉溫(?~755) : 吉溫은 宰相 吉頊의 從子다. 『新唐書』 권209 「酷吏傳」

227) 정여경鄭餘慶 : 字는 居業이고 鄭州 滎陽사람이다. 三代가 모두 높은 벼슬을 하였다. 어려서부터 문장을 잘 지어 進士로 급제하였다.(『新唐書』 권165 「鄭餘慶傳」)

많습니다. 지금부터 오직 직사관으로서 5품관과 겸6품 이상 산관인 관리에게만 패옥과 검과 수를 차게 하고 나머지는 모두 생략하십시오"라고 하였다.

初, 婦人施冪䍦以蔽身, 永徽中, 始用帷冒, 施裙及頸, 坐檐以代乘車. 命婦朝謁, 則以駝駕車. 數下詔禁而不止. 武后時, 帷冒益盛, 中宗後乃無復冪䍦矣. 宮人從駕, 皆胡冒乘馬, 海內傚之, 至露髻馳騁, 而帷冒亦廢, 有衣男子衣而靴, 如奚 · 契丹之服. 武德間, 婦人曳履及線靴. 開元中, 初有線鞋, 侍兒則著履, 奴婢服襴衫, 而士女衣胡服, 其後安祿山反, 當時以爲服妖之應.

당초에 부인들은 멱리冪䍦[228]를 사용하여 몸을 가렸는데, 영휘 중에 처음으로 유모帷冒[229]를 착용하였다. 유모에 드리운 망사가 목까

---

228) 멱리冪䍦 : 고대 일종의 모자의 종류로 얼굴을 가리는 용도다. 晋代에 처음 나왔는데, 유행 초기에는 남녀 모두 사용할 수 있었다. 당 이후에는 주로 여자들이 외출할 때 착용하였다.

孫晨陽 張珂 편저, 『中國古代服飾辭典』, 2015, 中華書局

229) 유모帷冒 : 둘레에 망사로 씌운 얼굴을 가릴 수 있는 모자로 당나라 이전부터 여인들이 외출할 때 주로 썼다고 하지만, 당에 들어와 크게 유행하였다. 당나라 이전에는 주로 멱리를 썼는데, 멱리는 길고 거추장스러운

지 이르렀으며, 가마[檐子]230)에 앉는 것으로 수레에 타는 것을 대체하였다. 명부인이 조회에 참석하여 황제를 알현하고자 할 때에는 낙타가 끄는 수레를 탔다. 수차례 조를 내려 금지하였으나 그치지 않았다. 무후시대에는 유모가 더욱 성하여, 중종 이후에는 다시 멱리를 사용하지 않았다. 궁인이 수레를 따라 갈 때는 모두 호모를 쓰고 말을 탔는데, 해내 사람들이 모두 이를 모방하였고 심지어 계髻를 드러내고 말 타고 달리기도 하여, 유모 역시 사라졌다.231) 남자의 의

반면, 유모는 가리개가 짧고 모자 형태라 간편하였다. 특히 영휘 연간 이후 유모가 크게 유행하였는데 일반적인 외출을 하거나 말을 탈 때 매우 편리하게 사용하였다.

孫晨陽 張珂 편저 『中國古代服飾辭典』, 2015, 中華書局(三才圖會)

230) 첨자檐子 : 肩輿의 종류다. 唐初에 유행했으며, 竿抬를 사용하였고, 屛障은 없었다. 唐 劉肅 『大唐新語』「厘革」 "只坐簷子, 過於輕率, 深失禮容." 『宋史』 권150 「輿服志」2 "龍肩輿, 一名樓簷子, 一曰龍簷子, 舁以二竿, 故名簷子, 南渡後所製也".

231) 당대 여인들의 개방성을 보여주는 승마 도용은 비교적 많이 발견된다.

유금와당박물관 동양복식연구회 엮음, 『아름다운 여인들』, 2010, 미술문화
(唐 陝西省, 河南省 洛陽, 河南省 洛陽)

복과 가죽신을 신는 자도 있었는데, 해奚[232]나 거란契丹[233]의 복식
과 같았다.[234] 무덕 연간(615~626)에는 부인이 리履를 끌거나 선화線
靴를 신기도 하였다. 개원 연간(713~741)에는 처음에는 선혜線鞋[235]

232) 해奚 : 한나라에서 당나라 시기까지 활약하던 북방민족이다. 庫莫奚의
    간칭이라고도 한다. 본래 鮮卑族 宇文部의 일파로 알려져 있다. 지금의
    내몽고 西拉木倫河南部나 老哈河 일대에 거주하였다.
233) 거란契丹 : 중국의 동북부에서 반농반목의 경제생활을 하며 발전하였던
    유목민족이다. 당나라 초에 민족 간의 통합이 성립되었고, 당 태종 이후
    에는 松漠都督府를 설치하여 관리하기도 하였다. 당 말기에 耶律阿保
    機가 可汗으로 즉위한 후 916년에 거란국을 세웠다가, 947년 국호를 遼
    로 바꾸고 중국의 燕雲16州를 차지하는 등 발전하였다.
234) 唐代 남장을 한 여인의 도용.

유금와당박물관 동양복식연구회 엮음, 『아름다운 여인들』, 2010, 미술문화
(唐 출토지 미상, 출토지 미상)

235) 선혜線鞋 : 細麻의 실로 짠 신발로 조직이 성글어서 여름에 신는 신이다.
    당나라에서 유행하였으며, 세마 본래의 색인 신이 많았으나, 염색을 한
    채색신도 있었다.

孫晨陽 張珂 편저 『中國古代服飾辭典』, 2015, 中華書局(莫高窟晚唐壁畫)

를 신었고, 시동[侍兒]들은 리履를 신었으며, 노비는 난삼襴衫을 입었고, 사대부 집의 여자들은 호복을 입었다. 그 후에 안록산의 반란이 있자 당시 사람들은 복식이 요망했기 때문이라고 생각하였다.

巴·蜀婦人出入有兜籠, 乾元初, 蕃將又以兜籠易負, 遂以代車.

파와 촉 지방의 부인들이 출입할 때에는 두농兜籠을 탔는데, 건원乾元(758~760)[236] 초에는 번장이 또 두롱이 등에 지기 간편하다고 여겨 마침내 수레를 대신하였다.

文宗卽位, 以四方車服僭奢, 下詔準儀制令, 品秩勳勞爲等級. 職事官服綠·靑·碧, 勳官諸司則佩刀·礪·紛·帨. 諸親朝賀宴會之服: 一品·二品服玉及通犀, 三品服花犀·班犀. 車馬無飾金銀. 衣曳地不過二寸, 袖不過一尺三寸. 婦人裙不過五幅, 曳地不過三寸, 襦袖不過一尺五寸. 袍襖之制: 三品以上服綾, 以鶻銜瑞草, 鴈銜綬帶及雙孔雀; 四品·五品服綾, 以地黃交枝; 六品以下服綾, 小窠無文及隔織·獨織. 一品導從以七騎; 二品·三品以五騎; 四品以三騎; 五品以二騎; 六品以一騎. 五品以上及節度使冊拜·婚會, 則車有幰. 外命婦一品·二品·三品乘金銅飾犢車, 檐舁以八人, 三品舁以六人; 四品·五品乘白銅飾犢車, 檐舁以四人; 胥吏·商賈之妻老者乘葦軬車, 兜籠舁以二人. 度支·戶部·鹽鐵門官等服細葛布, 無紋綾, 綠闇銀藍鐵帶, 鞍·轡·銜·鐙以鍮石. 未有官者, 服粗葛布·官絁, 綠銅鐵帶, 乘蜀馬·鐵鐙. 行官服紫粗布·

---

236) 건원乾元 : 당 숙종 때의 연호다. 건원(758~759).

絁, 藍鐵帶. 中官不衣紗縠綾羅, 諸司小兒不服大巾, 商賈·庶人
·僧·道士不乘馬. 婦人衣青碧纈·平頭小花草履·彩帛縵成履,
而禁高髻·險妝·去眉·開額及吳越高頭草履. 王公之居, 不施重
栱·藻井. 三品堂五間九架, 門三間五架; 五品堂五間七架, 門三
間兩架; 六品·七品堂三間五架, 庶人四架, 而門皆一間兩架. 常
參官施懸魚·對鳳·瓦獸·通栿乳梁. 詔下, 人多怨者. 京兆尹杜悰
條易行者爲寬限, 而事遂不行. 唯淮南觀察使李德裕令管內婦人
衣袖四尺者闊一尺五寸, 裙曳地四五寸者減三寸.

문종237)이 즉위하여 사방의 수레와 복식의 제도가 사치스럽다고
하여 조를 내렸다. 의제령에 준하도록 하여 관품과 질록, 훈급의 위
로로 등급을 삼았다. 직사관은 녹綠·청青·벽碧색 복식을 입으며, 훈
관 각 부문에서는 도刀·려礪·분紛·세帨를 찬다. 황친들이 직접 조
하와 연회에 참석할 때의 복식은 1품, 2품관은 옥과 통서通犀의 복
식을 입고, 3품관은 화서花犀·반서班犀의 복식을 입는다. 수레와 말
에는 금은 장식을 하지 않는다. 옷이 땅에 끌리는 길이는 2촌을 넘
을 수 없고, 소매의 길이는 1척 3촌을 넘을 수 없다. 부인의 치마는
5폭을 넘을 수 없으며 땅에 끌리는 길이는 3촌을 넘을 수 없고 유襦
의 소매[袖]는 1척 5촌을 넘을 수 없다. 포오袍襖238)의 제도는 3품관
이상은 능으로 제작한 포오를 입는데 송골매가 서초를 물고 있는 문
양[鶻銜瑞草]과 기러기가 인끈과 띠를 물고 있는 문양[鴈銜綬帶] 및
두 마리의 공작 문양을 넣는다. 4품, 5품관은 능으로 제작한 포오를

---

237) 문종文宗: 당의 14번째 황제로 이름은 李昂(809~840)이다. 재위 기간은
    826~840년이다.
238) 포오袍襖: 솜을 둔 겨울 두루마기.

입는데 지황地黃의 가지 문양을 넣는다. 6품관 이하는 능으로 제작한 포오를 입는데 소과직조에 문양은 없으며, 간격이 있는 직조나 독단화직이다.239) 1품관 앞에서 인도하는 시종은 7인이 말을 인도하며 따르고, 2품, 3품관은 5인이 말을 타고 인도하며 따르고, 4품은 3인이 말을 타고 인도하며 따르고, 5품은 2인이 말을 타고 인도하며 따르고, 6품은 1인이 말을 타고 인도하며 따른다. 5품 이상 및 절도사가 책봉을 받거나 관직을 배수 받을 때, 혼인할 때는 수레에 헌幰을 씌운다.

외명부의 1품 2품 3품은 금동을 장식한 독거를 타는데 첨자를 메는 자[檐昇]는 8인이다. 3품의 여는 6인이 맨다. 4품 5품은 백동으로 장식한 독거를 타는데 첨여는 4인이 맨다. 서리와 상인의 나이가 든 처는 위분거葦輦車를 타며 두농의 여는 2인이 맨다. 탁지度支·호부戶部·염철문鹽鐵門의 관리들은 세갈포와 무늬가 없는 능으로 제작한 옷을 입는데 녹색에 암은남철띠[綠闇銀藍鐵帶]를 차고, 안장[鞍]·고삐[轡]·재갈[銜]·등자[鐙]는 유석鍮石으로 만든다. 관직이 없는 자는 조갈포粗葛布·관시官絁로 만든 복식을 입고, 녹색 동철 띠를 차며 촉마를 타고 철로 된 등자를 사용한다. 행관직자는 자색 조포나 시로 만든 복식을 입고 남철로 만든 띠[藍鐵帶]를 두른다.

환관은 사, 곡, 능, 라로 만든 옷을 입지 않으며, 모든 부서의 어린 사환들은 대건을 쓰지 않는다. 상인과 서인, 승, 도사는 말을 타지 않는다. 부인은 청색과 벽색으로 홀치기 염색을 한 직물로 만든 옷

---

239) 〈24사 전석〉을 따라서 해석을 하면 '문양이 없는 작은 원형 도안만 직조되었거나, 혹은 간격을 둔 원형의 보상화문이나 한 개의 원형 보상화문 직조를 말한다.'

[靑碧纈]을 입고, 평두소화초리平頭小花草履·채백만성리彩帛縵成履를 신으며, 고계高髻·험장險妝·거미去眉·개액開額 및 오월고두초리吳越高頭草履는 금한다. 왕공의 거처에는 이중 두공과 조정藻井을 설치할 수 없다. 3품관은 당은 5칸 9개 시렁[架]으로 하고, 문은 3개 시렁으로 한다. 5품관은 당은 5개 7시렁, 문은 3개 2시렁으로 한다. 6품 7품은 당은 3개 5시렁으로 한다. 서인은 4시렁으로 하며 문은 모두 1개 2시렁으로 한다. 상참관은 현어懸魚·대봉對鳳·와수瓦獸·통복유량通栿乳梁을 장식한다. 조가 내려지자 사람들 중에 원망하는 자가 많았다. 경조윤 두종은 조문 중에서 행하기 쉬운 것을 가려 제한을 넓게 하였으나 이 일은 마침내 시행되지 않았다. 오직 회남 관찰사 이덕유李德裕240)만 관내의 부인들에게 영을 내려 소매가 4척인 것을 너비가 1척 5촌으로 고치고, 치마가 땅에 끌리는 부분이 4~5촌인 것을 3촌으로 고치도록 하였다.

開成241)末, 定制: 宰相·三公·師保·尚書令·僕射·諸司長官及致仕官, 疾病許乘檐, 如漢·魏載輿·步輿之制, 三品以上官及刺史, 有疾暫乘, 不得舍驛.

---

240) 이덕유李德裕(787~850) : 字는 文饒이며, 趙郡 贊皇(현재 河北省 贊皇縣) 사람이다. 唐代의 뛰어난 정치가, 문학가, 전략가이며, 中書侍郎 李吉甫의 둘째 아들이다. 校書郎, 遷監察禦史, 轉翰林學士·中書舍人 등을 역임하였다. 헌종, 목종, 경종, 문종 대에 걸쳐서 재상을 지냈으며, 牛僧孺의 牛黨과 대립하여 李黨의 영수로 역할 하였다.

241) 개성開成 : 문종의 두 번째 연호다. 문종은 太和(827~835), 開成(836~840) 두 연호를 사용하였다.

개성 말년에 제도를 정하여, 재상·삼공·사보·상서령·복야·모든 부서의 장관 및 치사관과 질병에 걸린 자는 첨자檐子를 타는 것을 허용하였는데, 이는 한위시대의 보여의 제도와 같다. 3품 이상의 관리 및 자사가 질병이 있으면 임시로 탈 수 있었으나, 역참에서 머물 수는 없게 하였다.

『周易正義』『尙書正義』『毛詩正義』『周禮注疏』『儀禮注疏』『禮記正義』
『春秋左傳正義』『春秋公羊傳注疏』『春秋穀梁傳注疏』『論語注疏』『爾雅
注疏』『孟子注疏』『孝經注疏』(十三經注疏整理委員會 整理, 北京大學出
版社, 2000년 12月 第1版)
『史記』『漢書』『後漢書』『三國志』『晉書』『宋書』『南齊書』『梁書』『陳書』
『魏書』『北齊書』『周書』『南史』『北史』『隋書』『舊唐書』『新唐書』『舊五
代史』『新五代史』『宋史』(中華書局 標點本)

宋 聶崇義『三禮圖』.
明 王圻『三才圖會』.
上海博物館,『周秦漢唐文明』, 2004.

羅振玉 편집,『歷代符牌圖錄』, 中國書店, 1998.
劉永華,『中國古代車輿馬具』, 淸華大學出版社, 2013.
孫機,『華夏衣冠』, 上海古籍出版社, 2016.
孫晨陽 張珂 편저『中國古代服飾辭典』, 中華書局, 2015.
汪少華,『中國古車輿名物考辨』, 商務印書館, 2005.
유금와당박물관 동양복식연구회 엮음,『아름다운 여인들』, 미술문화, 2010.
張仲立,『秦陵銅車馬與車馬文化』, 陝西人民教育出版社, 1994.
沈從文,『中國古代服飾硏究』, 商務印書館, 2011.

顧洪賀; 趙亞靜,「唐宋服制對高麗前期服制的影響」『湖南包裝』, 2020.2.
권현주,「접섭대에 관한 연구」,『중아아시아연구』 11, 2006.
심연옥,『한국직물 오천년』, 고대직물연구소 출판부, 2002.
李志生,「隋唐後妃命婦禮服制淵源考析」『唐史論叢』, 2021.1.
宋軍風,「唐宋商人輿服演變考述」『重慶社會科學』, 2006.6.
楊怡悅,「唐律令五服制度與日本律令五等親制辨異;種社會功能角度的分析」
　　『中華民族優秀法律傳統與當代中國法制建設硏討會論文集』,
　　2014.11.

吳麗娛,「唐高宗龍朔二年服制爭端的再解讀」『隋唐遼宋金元史論叢』, 2016.6.

汪少華,「中國古車與名物考辨」『華東師範大學』, 2004.4.

陳奇,「《唐律》中的"禮"──以服制爲中心」『雞西大學學報』, 2009.2.

焦陽寧,「探析唐律中的服制」『法制與社會』, 2014.6.

최규순,「진한에서 위진남북조시대의 복식」,『도용 : 매혹의 자태와 비색의
　　　아름다움』, 유금와당박물관, 2009.

侯維亞; 吳曉淳,「《考工記》之制車標准化探究」『標准科學』, 2011.9.

당송 예악지 역주 총서

연구책임 김현철

| 연구 책임 |

김현철

연세대학교 중국연구원 원장
중국 언어와 문화 전공자. 한국연구재단 중점사업 '중국 정사 당송 예악지 역주' 사업
연구책임자. 연세대학교 우수업적 교수상, 우수강의 교수상, 공헌교수상 및 우수업적
논문분야 최우수상을 수상
200여 편의 논문과 저역서 편찬, 『중국 언어학사』가 '1998년 제31회 문화관광부 우수학
술도서', 『중국어어법 연구방법론』이 '2008년 대한민국학술원 기초학문육성 우수 학술
도서', 『대조분석과 중국어교육』이 '2019년 학술부문 세종도서'로 선정

| 역주자 |

방향숙

연세대학교 중국연구원 연구교수
이화여자대학교 학사·석사, 서강대학교 박사
저저서로 『중국 한대 정치사 연구』(서강대학교 출판부), 『한중관계사상의 교역과 교통로』
(공저, 주류성), 역서로 『중국 고대 정사 예악지 역주 : 후한서, 진서, 송서, 남제서, 수서』
(공역, 혜안), 『고대 동북아시아 교통사』(공역, 주류성), 논문으로 「전한의 외척보정과 왕망
정권의 출현 배경」, 「백제 고토에 대한 당의 지배체제」, 「전한 말기 예제 논쟁과 왕망의
정치집단」, 「중국 정사 '예악지'와 『삼국사기』 잡지 비교 분석」, 「고대 '중국'과 '요동'의
정치적 관계」, 「당태종·고종대 한반도 정책과 백제의 위상」 등이 있다.

당송 예악지 역주 총서 06

구당서 여복지·신당서 거복지

초판 1쇄 인쇄 2023년 8월 1일
초판 1쇄 발행 2023년 8월 16일

연세대학교 중국연구원 당송 예악지 연구회 편
연구책임 l 김현철

역 주 자 l 방향숙
펴 낸 이 l 하운근
펴 낸 곳 l 學古房

주   소 l 경기도 고양시 덕양구 통일로 140 삼송테크노밸리 A동 B224
전   화 l (02)353-9908   편집부(02)356-9903
팩   스 l (02)6959-8234
홈페이지 l http://hakgobang.co.kr
전자우편 l hakgobang@naver.com, hakgobang@chol.com
등록번호 l 제311-1994-000001호

ISBN 979-11-6586-392-0 94910
     979-11-6586-091-2 (세트)

값 : 24,000원

■ 파본은 교환해 드립니다.